Zu diesem Buch

Auf der Weltrangliste der Bananenrepubliken belegt Deutschland inzwischen Platz achtzehn. Ob in Politik, Verwaltung oder Wirtschaft, in kommunalen Betrieben, Medien oder Kliniken: Das Monster Korruption breitet sich metastasenartig aus. Doch es stammt nicht aus Sizilien oder Abu Dhabi – wir haben es selbst erschaffen. Oder dulden es doch. Nun frisst es uns auf, unser Gemeinwesen, unsere Moral.

Hans Leyendecker erschließt anhand von großen Fällen systematisch ganze Korruptionslandschaften und legt die Funktionsweise ihrer «Schattenordnung» frei. Mit bisher unbekannten Fakten, aktuell auf den neuesten Stand gebracht.

Der Autor

Hans Leyendecker, Jahrgang 1949, hat fast zwei Jahrzehnte für den «Spiegel» geschrieben und ist heute leitender politischer Redakteur der «Süddeutschen Zeitung». Der «Chefenthüller» der Republik – er deckte allein oder im Team u. a. die Affären Flick, Lambsdorff, Späth, Steffi Graf, Schreiber und Kohl auf – beschäftigt sich seit langem mit Korruptionsfällen in Deutschland.

HANS LEYENDECKER
DIE KORRUPTIONSFALLE

WIE UNSER LAND IM FILZ VERSINKT

ROWOHLT TASCHENBUCH VERLAG

Veröffentlicht im Rowohlt Taschenbuch Verlag,
Reinbek bei Hamburg, November 2004
Copyright © 2003 by Rowohlt Verlag GmbH,
Reinbek bei Hamburg
Umschlaggestaltung ZERO Werbeagentur, München
nach einer Idee von any.way, Walter Hellmann
Satz bei KCS GmbH, Buchholz/Hamburg
Druck und Bindung Druckerei C.H. Beck, Nördlingen
Printed in Germany
ISBN 3 499 61550 9

Inhalt

Die geschmierte Republik

Wir lassen uns nichts vormachen. Uns kann nichts mehr überraschen; wir machen uns keine Illusionen. Mit bleierner Gelassenheit haben wir in den vergangenen Jahren immer wieder neue Nachrichten über Korruptionsskandale aufgenommen. Das heißt: Anfangs waren wir schon empört, aber dieses Gefühl hat sich bald abgenutzt.

Dabei ist unsere Position in der Weltrangliste der Bananenrepubliken mittlerweile ziemlich unerfreulich. Platz achtzehn, zwischen Chile und Belgien; vorne liegt Finnland, hinten Bangladesch. Manchmal ist dieser Tabellenstand in den Zeitungen und Magazinen ein Thema, aber erreichen uns die Klagen der Leitartikler noch? Empfindet nicht mancher die Umgehung von Moral und Regeln zum eigenen Vorteil insgeheim als pfiffig? Es wird Zeit, sich der Korruption und ihrem Halbbruder, dem Filz, einmal genauer zuzuwenden. Es wird Zeit, sie nicht nur darzustellen, sondern auch bloßzustellen. Wenn Sie dieses Buch gelesen haben, werden Sie möglicherweise weniger gelassen sein.

Jedes Jahr präsentiert das Wiesbadener Bundeskriminalamt (BKA) ein «Lagebild Korruption». In den Vorbemerkungen steht meist, dass «exakte Aussagen» zur Lage gerade nicht gemacht werden können. Denn erstens bekommt das BKA nicht alle Daten der Justiz, zweitens ist Korruption ein typisches Delikt aus dem Bereich der so genannten Kontrollkriminalität. Das heißt: Wo nicht kontrolliert wird, fällt sie in der Regel auch nicht auf. Die oberste Polizeibehörde jedenfalls geht von einem «Dunkelfeld in beachtlicher Größe» aus. Andererseits gilt: Wo gegraben wird, wird auch gefunden. Überall, wo sich Staatsanwaltschaften oder Schwer-punkt-Staatsanwaltschaften ernsthaft um die Aufdeckung von Korruptionsfällen bemühen, stoßen sie auf «situative Korruption», wie die Kriminologen spontane Abzockereien umschreiben. Damit sind Vorgänge gemeint wie dieser:

Im hessischen Hanau fiel eine CDU-Oberbürgermeisterin auf, die sich im Spätherbst 2002 von ihrem Chauffeur zu einer kosme-tischen Operation in eine Spezialklinik nach Warschau hatte brin-gen lassen. Auch die Bezahlung von zwei Restaurantrechnungen in Höhe von insgesamt 777 Euro für Familienessen waren von Mit-arbeitern der Oberbürgermeisterin als dienstlich fingiert worden. Einer der Restaurantbesuche ging als «Operation Zwiebelschnit-zel» in die Stadtgeschichte ein, weil auf der Rechnung auch ein Zwiebelschnitzel stand und einer der erfundenen Teilnehmer an dem Essen Wert darauf legte, dass er niemals Zwiebelschnitzel isst. Selbst einen Blumenstrauß für ihre Mutter über zwanzig Euro hatte die Gute aus der Stadtkasse bezahlen lassen. Am 11. Mai 2003 ist die Dame, die immerhin neun Jahre lang Oberbürgermeis-terin war, von den Bürgern der Stadt abgewählt worden. Im Janu-ar 2004 stellte die 5. Große Strafkammer des Landgerichts Hanau ein Verfahren gegen die Politikerin, in dem ihr Untreue und Betrug vorgeworfen wurden, wegen geringer Schuld ein und verknüpfte dies mit der Zahlung einer Geldbuße in Höhe von 4000 Euro an eine gemeinnützige Einrichtung.

Wichtiger als die situative ist die strukturelle Korruption – aller-orten haben sich Kartelle und Netzwerke gebildet, die längst ein Eigenleben führen. Es gibt keinen Bereich, in dem nicht kriminell der Vorteil gesucht wird. Es gibt keinen Fußbreit Boden in der Po-litik, in der Wirtschaft, den man sorglos betreten könnte. Und das gilt auch für die Medien und den Journalismus.

In Kommunen wie Wuppertal oder Köln sind längst geschlos-sene Gesellschaften entstanden, die nach eigenen Regeln funktio-nieren, Regeln, die in einer Demokratie nichts zu suchen haben.

Denn ihr Lebenselixier ist sicher nicht das Schweigegebot, sie braucht vielmehr Offenheit und Transparenz. Auch Großstadtverwaltungen wie München, Berlin oder Frankfurt haben ihre eigenen Korruptionsaffären, und das Problem ist, dass die Beispiele beliebig vermehrbar sind.

Dass Deutschland in der Korruptionsfalle sitzt, daran lassen Ermittlungen der Fahnder, die Recherchen von Reportern und auch die Feldforschungen von Soziologen keinen Zweifel. Die Frage ist nur, wie es sich in der Falle lebt: angenehm? – Oder ist es inzwischen schon ein bisschen stickig und eng geworden?

Schleichend hat sich das Land verändert. Postenvergabe nach Proporz und Parteienherrschaft haben die Moral der Bürger zerstört. Weil das Minenfeld aus privaten Interessen, öffentlicher Kungelei und kaum noch verhüllter Apathie der Verantwortlichen nie geräumt wurde, hatte die Wirtschaftskriminalität beste Chancen, sich üppig zu entwickeln.

Ein System des Gebens und Nehmens ist entstanden. Lokalbehörden sind in Deutschland mit geldlicher Nachhilfe dazu zu bewegen, das eine Auge für die Notwendigkeiten offen und das andere vor dem Gesetz geschlossen zu halten. Horst Eberhard Richter hat diesen Zustand der Gesellschaft einmal mit der «Ars corrumpendi» beschrieben, deren besonderes Kennzeichen die Geringschätzung der Folgen für das Gemeinwohl ist.

Korruption wird gern mit Schmutz, Fäulnis und Verdorbenheit der Sitten gleichgesetzt. Das Wort «corruptio» bezeichnete in der katholischen Kirche und vor allem in den Bekenntnisschriften der Reformation die Erbsünde. «Meyers Neues Lexikon» erklärt den Begriff mit Bestechung und allgemeinem moralischem Verfall. Die kriminologische Forschung definiert Korruption als «Missbrauch eines öffentlichen Amtes, einer Funktion in der Wirtschaft oder eines politischen Mandats – zugunsten eines anderen, auf dessen Veranlassung oder aus Eigeninitiative, zur Erlangung eines Vorteils für sich oder für einen Dritten». Korruption ist der Missbrauch eines öffentlichen Amtes zu privaten Zwecken. Der *Corrupti* nimmt «den Eintritt eines Schadens oder Nachteils für die Allgemeinheit oder für ein Unternehmen» wegen des eigenen Vorteils in Kauf.

Eine der wichtigsten Definitionen stammt von dem Amerikaner J. S. Nye. In einem 1978 erschienenen Aufsatz mit dem Titel «Corruption and Political Development» beschrieb er Korruption als ein «Verhalten, das von den normalen Pflichten einer öffentlichen Rolle aus Gründen privater Interessen (Familie, enge private Cliquenbildung) oder um eines Geld- oder Statusgewinns willen abweicht oder das Regeln zugunsten der Anwendung unterschiedlicher Typen von privat verpflichtetem Einfluss bricht».

In den Paragraphen 331 bis 335 des Strafgesetzbuches wird festgehalten, wo die Verletzung der politischen Moral strafbar wird und verfolgt werden muss. Die Paragraphen 331 und 333 beschäftigen sich mit der «Vorteilsannahme» beziehungsweise «Vorteilsgewährung», sozusagen einer dezenten Form der Bestechung. Von der Bestechlichkeit trennt denjenigen, der einen Vorteil nach Paragraph 331 annimmt, ein einziges Detail: Seine Diensthandlung, für die ihm ein Vorteil gewährt wird, ist an und für sich pflichtgemäß. Um den Tatbestand der Bestechlichkeit zu erfüllen, muss eine «Unrechtsvereinbarung» hinzukommen. Die Übereinkunft, für amtliche Tätigkeiten Vorteile zu geben und zu nehmen, kann dabei gewissermaßen im Geiste stattfinden. Sie muss keineswegs ausdrücklich erklärt sein. Auf besonders schwere Fälle der Bestechlichkeit und Bestechung reagiert seit 1997 der neu gefasste Paragraph 335. In Verbindung mit den Paragraphen 332 und 334 erweitert er den Strafrahmen auf bis zu zehn Jahre Freiheitsstrafe. Bestraft wird sowohl derjenige, der besticht, als auch der, der sich bestechen lässt.

Allerdings ist der Korruption zu allen Zeiten durch strafrechtliche Konsequenzen allein nicht beizukommen gewesen. Auch drakonische Strafen haben sie nicht verhindert, künden heute aber davon, welche ihrer Spielarten einer Gesellschaft als besonders verwerflich galten. In Ägypten zum Beispiel mussten Priester um das Jahr 1300 v. Chr. die Todesstrafe gewärtigen, wenn sie sich in Ausübung ihres Richteramtes bestechen ließen. Der Rat der Stadt Basel verlangte 1372 n. Chr. jedem seiner Mitglieder einen Schwur zu den Heiligen ab, von niemandem gefährlich kompromittierende Gaben – «miet» genannt – anzunehmen. Wer den Schwur brach, wurde ein Jahr aus der Stadt verbannt und lebenslang von allen Ämtern ausgeschlossen. Später wurde die Verbannungsstrafe auf fünf Jahre erhöht. Der Augsburger Bürgermeister Ulrich Schwarz wurde 1478 gar zum Tode verurteilt. Ihm war vorgeworfen worden, als Makler und Schlichter in Streitfällen Geschenke angenommen, von städtischen Gefangenen Geld erpresst und bei der Besetzung städtischer Ämter die Hand aufgehalten zu haben.

Auch Pensionen waren damals bereits ein stetes Ärgernis. Allerdings hatte der Begriff eine etwas andere Bedeutung als heute. Er bezeichnete einen bestimmten Typus von Gaben, unter anderem offizielle, wenn auch vertraulich gehandhabte Zahlungen von auswärtigen Höfen an Einzelpersonen, Amtsleute, Räte und politische Körperschaften. Pensionen unterfütterten, wie der Privatdozent an der Uni Basel, Valentin Groebner, in einem lesenswerten Buch über Korruption im späten Mittelalter beschreibt, die Machtbasis manches Bürgermeisters. Wer erwischt wurde, musste mit dem Schlimmsten rechnen. Der Zürcher Bürgermeister Hans Waldmann beispielsweise, der etliche Pensionen angenommen hatte, wurde zum Tode verurteilt und exekutiert. 1513 gab es wegen der Pensionen einen Aufstand am Oberrhein. Ein Ratsherr wurde gelyncht.

Bis heute hat sich angesichts von Korruption ein rhetorischer Rigorismus erhalten, der (glücklicherweise und erstaunlicherweise zugleich) völlig folgenlos bleibt. An Stammtischen oder in Talkshows grassiert eine Mischung aus Katastrophen-Hysterie und Fatalismus. Die Herrschenden, heißt es oft, seien Abzocker, Absahner und auch deshalb unfähig zur Reform.

So bedrohlich das Ausmaß der Korruption in Deutschland inzwischen ist, so fragwürdig ist der Umgang mit dem Thema. Untergangsszenarien gelten mittlerweile als Ausweis von kritischem Bewusstsein. «Wer besonders Schlechtes erwartet», schrieb die Publizistin Katharina Rutschky, «ist stets auf der sicheren Seite. Man verzeiht dem falschen Propheten, wenn es besser kommt, als er vorausgesehen hat.» Beschreibungen, denen zufolge bei uns Zustände herrschen wie im alten Rom, werden eher beifällig aufgenommen. Hinweise jedoch, dass die Lage zwar ernst, aber noch keineswegs völlig hoffnungslos ist, werden gern als Bagatellisierung abgetan. Wir Deutschen sind Meister der Apokalypse.

Der Ehrliche ist der Dumme, gewiss. Aber sind wir denn ehrlich? Ehrlich in der Beurteilung der Verhältnisse und ehrlich mit uns selbst? Sehen wir die Dinge im richtigen Maß? So waren noch vor wenigen Jahren jene Wirtschaftsgrößen, die die Börsennotierung ihrer Unternehmen hoch treiben konnten, die neuen Helden unserer Zeit. Champions eben. Es schien nicht wichtig, dass sie dafür abermillionen Dollar Aktienoptionen kassierten. Heute beklagen dieselben Blätter, die ihnen damals zujubelten, die Maßlosigkeit der Manager und machen, wie im Fall Mannesmann, «eine planmäßige Verschwörung von Spitzenmanagern aus». Wir werden übrigens später sehen, wie viel daran ist. Unsere Maßstäbe, auch die moralischen, schwanken jedenfalls. Manchmal sogar zwischen null und hundert. Wir müssen versuchen, sie zu festigen.

Die Gier von Managern – es gibt sie allerdings. Und sie hat eine gesellschaftliche Vertrauenskrise ausgelöst, die sich unter anderem in ungewöhnlich großer Aktivität der Justiz ausdrückt. Staatsanwälte tauchen Woche für Woche in Chefetagen auf. Topmanager werden bisweilen wie Kriminelle behandelt, manchmal sogar in Handschellen abgeführt. Deutsche Bank, WestLB, Dresdner Bank, TUI, Babcock-Borsig, MLP: Die Liste namhafter Firmen, die in der jüngeren Vergangenheit von Ermittlern heimgesucht wurden, ist lang. Mit ungläubigem Staunen erkennen die düpierten Oligarchen, dass sie keinen Sonderstatus mehr besitzen.

Mancherorts, so scheint es, ist der Prominentenbonus gar durch einen Prominentenmalus ersetzt worden. Seit 2001 die große Krise ausgebrochen ist wie eine unheimliche Krankheit, werden die Ermittler von Teilen der öffentlichen und veröffentlichten Meinung geradezu angefeuert, es den Oberen zu zeigen. Der Konsens der Verachtung scheint allgemein.

Aber Vorsicht. Sicher müssen Straftaten verfolgt werden. Und sicher soll man sie ächten. Aber hinter der Übertreibung, die gegenwärtig sichtbar ist, verbirgt sich zugleich eine der Lebenslügen unserer Tage. Manager sind im Durchschnitt keineswegs gieriger als wir alle. Sie haben bisweilen nur andere Möglichkeiten, ihre Gier zu befriedigen. Bei «denen da unten» geht es auch wild zu. Jedenfalls sind Spesenschinderei und Versicherungsbetrug längst zum Volkssport geworden. Rund 2,5 Milliarden Euro geben die Assekuranzunternehmen nach einer Schätzung des Gesamtverbandes der Deutschen Versicherungswirtschaft jährlich für vorgetäuschte Schäden aus. Autobesitzer bestellen den Diebstahl ihres Fahrzeugs und kassieren den Neuwert; das BKA geht bei gestohlenen Fahrzeugen heute von einer Betrugsziffer zwischen dreißig und fünfzig Prozent aus. Urlauber behaupten, ihnen sei im Ausland der Koffer gestohlen worden. Und selbst wenn daheim der liebe Kleine eine teure Vase zerdeppert, fragt man einen Freund, ob der den Schaden nicht seiner Haftpflichtversicherung melden könnte. Jeder fünfte Haftpflichtversicherte räumte bei einer Befragung ein, seine Versicherung schon einmal oder des Öfteren betrogen zu haben. Neunzig Prozent der erschwindelten Versicherungssummen lagen unter 500 Euro. Immer wieder entdecken wir den Volkssport Versicherungsbetrug neu und tun so, als handele es sich um ein ganz unbekanntes, unerhörtes Problem. Und immer wieder wird er mit dem Hinweis als Kavaliersdelikt abgetan, dass «die da oben» doch noch ganz anders abräumen würden.

«Die da oben» – eine Wegweisung, die in die Irre führt. Schon aus statistischen Gründen ist es sehr unwahrscheinlich, dass Wirtschaftsgrößen und auch die politische Klasse mit mehr Defekten belastet sind als die übrige Bevölkerung. Richtig ist vermutlich die These, die Regierenden seien eine Art soziologisches Lackmuspapier. Das heißt, an ihrem Verhalten lassen sich die Auffälligkeiten einer Gesellschaft ablesen. Skandale und Affären sind im Übrigen in einer offenen Gesellschaft nichts Außergewöhnliches. Entscheidend für den Befund über politische Sitten und Kultur ist ihre gesellschaftliche Verarbeitung. Das fehlende Unrechtsbewusstsein etwa, das der Altkanzler Helmut Kohl im Jahr 2000 in der nach ihm benannten Affäre an den Tag legte, ist bedenklicher als irgendein spektakulärer Einzelfall.

Im Übrigen gilt es, auch im Umgang mit der Vertrauenskrise des politischen Personals das rechte Maß zu wahren. Gerade die deutsche Geschichte zeigt zudem, dass eine unhistorische Diskussion über das Thema nicht ungefährlich ist. Der Philosoph Oswald Spengler schrieb 1924 in seinem Werk «Neubau des Deutschen Reiches» über seine Sicht der Weimarer Republik: «Ministerpensionen blühten zu Hunderten in der Maiensonne des republikanischen Deutschland auf, und hinter dem Ministertanz erblickte man die offenen Mäuler und gierigen Augen von tausend Partei- und Gewerkschaftssekretären, Parteijournalisten, Vettern, Geschäftsfreunden, die noch nicht daran gekommen waren und für die immer neue Ausschüsse gebildet und neue Verordnungen durchgeführt werden mussten.»

Dass der Staat zum Selbstbedienungsladen der Parteien werde, Politik den Charakter verderbe und ein «schmutziges Geschäft» sei – diese Redewendungen haben in der ersten deutschen Demokratie fatale Wucht bekommen. Der ganze kleinkarierte Hass auf die Regierenden entlud sich 1930 in dem Werk von Edgar Jung über «Die Herrschaft der Minderwertigen, ihr Zerfall und ihre Ablösung durch ein neues Reich»: «Wer die Beziehungen zu den Geldgebern, die Fäden zu bestimmten Machtgruppen, den Apparat der Parteibeamten in Händen hat, beherrscht die Partei.... Keine Liebe ist zu niedrig, keine Verleumdung zu gemein, keine Behauptung zu dumm, um diesem erhabenen Ziel zu dienen.» Missstände wurden maßlos überzeichnet, um das Bild vom verhassten Parteienstaat entstehen zu lassen. Die Nutznießer dieser Hatz waren am Ende die Nazis, obwohl gerade sie vom großen Geld alimentiert worden waren.

In den folgenden Kapiteln soll es nicht darum gehen, die Zustände der Korruption in diesem Land zu dramatisieren. Bei diesem Thema bedarf es der Übertreibung auch nicht. Beschrieben werden soll, wie Korruption entsteht und wie sie funktioniert: im Kleinen wie im Großen, ob sie krimineller Natur ist oder moralisch verwerflich. Die Rolle von Ämterpatronage, das Wirken der Lobbykratie und der Filz, der alle Regionen überspannt, werden geschildert. Anhand einer Reihe von Fällen, die ich für exemplarisch halte – wie die Causa Mannesmann und das Netzwerk des Leo Kirch – oder für besorgniserregend – wie das Korruptionsbiotop Wuppertal oder das Schmieren beim Anlagenbau –, habe ich eine Zustandsbeschreibung versucht.

Es geht um Wirtschaftskriminalität, aber auch um Moral. In Wuppertal und Köln, den größten Fällen am Anfang und Ende dieses Buches, schauen Staatsanwälte in Abgründe von Korruption, und der Leser ist eingeladen, das Monster eingehend zu betrachten. Aber weil nicht jede schlechte oder gar böse Gewohnheit strafrechtlich bedeutsam und deshalb zu ahnden ist, geht es auch um die normalen Gefährdungen des Zusammenlebens: um moralische Korruption und mangelnde Transparenz in den Bereichen der Wirtschaft und der Politik. Hierfür stehen die Verbindung zwischen dem Medienunternehmer Leo Kirch und Altkanzler Helmut Kohl sowie der tragische Fall des Jürgen W. Möllemann. Die Verantwortung für das Elend mit der Korruption darf nicht auf das Recht abgewälzt werden.

Es gibt allen Anlass, alarmiert zu sein und Konsequenzen zu ziehen. Es gibt aber keinen Grund für Endzeitstimmung. Warum sollte der Kampf gegen die Korruption nicht gewonnen werden? Die Eidgenossen von Basel im späten Mittelalter jedenfalls haben sie am Ende besiegt. Zumindest zeitweilig.

IM TAL DER KORRUPTION

Wie die Stadt Wuppertal unter die Räuber fiel

Die Stadt sieht aus wie ein unordentlich gewebter Teppich. Eine lang gezogene Kette von Gebäuden, die kaum etwas miteinander gemein haben: alte Kotten, Wohnkasernen, Einfamilienhäuser, Fabriken, Werkstätten, keine Paläste. «Bis zur Besessenheit ist dieses Tal durchdrungen von Mauern und Asphalt», schrieb der *Merian* 1953 über Wuppertal. Nur oben auf den grünen Höhenzügen gebe «es zuweilen jene gelassene Aufreihung von Villen und Bürgerhäusern, wie sie in mancher schwäbischen Stadt zu beobachten ist». Über «maßstablose Bauten in der Wiederholung gleichförmiger Raster» grämte sich rund dreißig Jahre später der Wuppertaler Fotograf Rolf Löckemann: «Trostlose Kubikmeter umbauten Raumes», eine «ungefüge Masse», die man kaum Architektur nennen dürfe.

Die bergische Industriestadt entlang des Flusses Wupper ist ein Kunstprodukt, eine «Stadtagglomeration», wie es in Meyers Enzyklopädie heißt. Unter dem Wappen des zweischwänzigen bergischen Löwen zwang der preußische Landtag 1929 mit seinem Gesetz zur kommunalen Neugliederung rivalisierende Städte und Gemeinden zu einer unförmigen Kapitale mit dem Namen Wuppertal zusammen. Aus der Retorte entstand aus Barmen, Elberfeld, Vohwinkel, Cronenberg, Ronsdorf, Beyenburg und später auch dem westfälischen Langerfeld eine Stadt mit heute 370 000 Einwohnern.

Ein Zeichner könnte sie kaum abbilden, und ein Erzähler hätte es nicht leicht, das formlose dörfliche Tal, das Stadt geworden ist, zu beschreiben. Attraktionen? Die größte Attraktion ist noch immer die im Kaiserreich erbaute Schwebebahn, die in zwölf Meter Höhe über der Wupper fährt. Eine Universität gibt es auch. Mit Stolz verweist die Stadt auf einige berühmte Töchter und Söhne. In Elberfeld wurde die Dichterin Else Lasker-Schüler geboren, Friedrich Engels hat in Barmen gelebt, und inzwischen wird der Ort auch mit dem Namen Johannes Rau verbunden, der am 16. Januar 1931 in Wuppertal-Barmen geboren ist. Sein Vater Ewald hatte ganz früher im Barmer Stadtteil Wichlinghausen ein Textileinzelhandelsgeschäft und ist dann Mitte der 20er Jahre Prediger beim Blauen Kreuz geworden, einer Gesinnungsgemeinschaft innerhalb des Pietismus.

Es sei schwer, «sich in dieser ganzen Stadt daheim zu fühlen», klagte der bergische Chronist Clemens Leckebusch. «Soweit man eine Stadt lieben kann, liebe ich diese Stadt», widerspricht Rau. Die Menschen seien «handfest und ohne Pathos». Der erste Kanzler der Republik, Konrad Adenauer, beschrieb den Ort hingegen so: «Es ist dort, wo für Kölner schon Sibirien ist.»

Aber in Sibirien regnet es nicht so viel. Weil sich das Bergische Land mit seinen Erhebungen dem von der Nordsee kommenden Westwind entgegenstellt, pladdert es häufig vom Himmel, und deshalb sagt man, die Kinder kämen in Wuppertal mit einem Regenschirm auf die Welt.

Mindestens so wichtig aber ist das Gebetbuch. Rund hundert Sekten und Kirchen sind hier zu Hause; die Adventisten und die Altkatholiken, die Freikirchen und die Niederländisch-Reformierten. Protestanten stellen die Mehrheit, es gibt die lutherische Gemeinde und die reformierte, die sich von den strengen Herren Calvin und Zwingli herleitet. Ganz früher, als der Pastor Westhoff noch lebte, irgendwann im 18. Jahrhundert, wurde lauen Christen, die den Gottesdienst schwänzten, angedroht, sie würden im Wiederholungsfall gezüchtigt oder müssten die Gegend verlassen. Dass es in Wuppertal anders zugeht als anderswo, können Autofahrer erkennen, wenn sie am Rande der A 1 in der Nähe der Ausfahrt Wuppertal-Ost als Leuchtschrift auf dem Dach einer Maschinenfabrik lesen: «Jesus lebt».

In den 80er Jahren wurde den Einheimischen schlagartig klar, dass es noch eine andere Macht gibt. Und die nimmt auf Recht und Gesetz wenig Rücksicht. Mit einer Ladung Ekrasit sprengte die Mafia eine Stahltür der Justizvollzugsanstalt Wuppertal-Bendahl; sie flog 15 Meter weit aufs Gras. Durch das Loch spazierte Arcangelo Maglio in die Freiheit, Wortführer einer italienischen Gang, die in Wuppertal wegen Mordes, Schutzgelderpressung und Raubüberfällen angeklagt worden war. Der Erzengel Maglio floh mit einem blauen Alfa Romeo über die Grenze nach Italien.

Es war eine der spektakulärsten Befreiungsaktionen der deutschen Gefängnisgeschichte. Aber selbst die wirkt angesichts der Gegenwart im Bergischen Land antiquiert und naiv. Bürgerlich-solide Existenzen halten in Wuppertal die Staatsanwaltschaft inzwischen viel mehr in Atem als früher der Erzengel. Mit der Lokalprominenz hat die Behörde fast nur noch dienstlich zu tun. Von 1996 bis 2004 ermittelt die Wuppertaler Schwerpunkt-Staatsanwaltschaft gegen – sage und schreibe – 1485 Personen wegen Verdachts der Korruption. Mehr als 700 von ihnen sind so genannte Amtsträger. Politiker, Beamte, Kirchenleute. In rund hundert Fällen führten die Ermittlungen bislang zu Anklagen vor Gericht. Gegen 104 Angeklagte wurden nach Angaben der Justiz Freiheitsstrafen von insgesamt «weit über hundert Jahren» verhängt, weitere 16 Angeklagte wurden zu Geldstrafen verurteilt. Angesichts einer solchen Anhäufung von Gesetzlosen: Müsste das Jüngste Gericht in Wuppertal nicht ein bisschen früher stattfinden?

«Wir haben hier einen der größten Korruptionsskandale der Republik», staunt der Wuppertaler Oberstaatsanwalt Alfons Grevener, der in Düsseldorf lebt. «Alle Gesellschaftsschichten» seien in das korruptive System verstrickt. «Das hier ist sui generis.» Der Duden übersetzt den lateinischen Begriff so: «durch sich selbst eine Klasse bildend, einzig, besonders».

«Eine riesige Dunstglocke» hänge über der Stadt, sagt ein örtlicher Freidemokrat, aber auch er weiß nicht zu sagen, warum sie nicht weiterzieht. «So sind die Wuppertaler», hat Stadtchronist Leckebusch in den fernen 50er Jahren einmal geschrieben. «Wenn sie etwas erreichen oder besitzen, dann sind sie davon überzeugt, dass es ihnen zusteht und dass sie dafür niemandem Rechenschaft schulden.» Ist das eine Erklärung? Keine Rechenschaft gegenüber niemand – es sei denn, es handele sich um eine wirklich höhere Macht? Immer wieder rücken die Fahnder in die vornehmen Villenviertel aus, die auf den Höhen Wuppertals stehen. Es geht um Schiebereien bei millionenschweren Bauprojekten, um verdeckte Schmiergeldzahlungen und verschleierte Parteispenden. In der frommen Stadt ist der Teufel los. Es stinkt gewaltig nach Filz und Korruption.

Inzwischen ist der Umgang mit der Justiz in Wuppertal häufiges Gesprächsthema in den besseren Kreisen geworden. Der inzwischen zurückgetretene SPD-Stadtrat Jürgen Specht parlierte über seine zehnwöchige Untersuchungshaft auf Stehempfängen und am Rande von Ratssitzungen wie über einen Abenteuerurlaub. Er habe in einer Fünf-Mann-Zelle gesessen, gemeinsam mit einem Mörder, einem Zuhälter und einem Bankräuber, der «ein bisschen gaga» gewesen sei. Bankräuber sind wirklich nicht auf der Höhe der Zeit. Viel weniger riskant als der Einbruch in eine Bank ist die Pflege lohnender Geschäftsbeziehungen zu einer Bank.

In die Affäre sind Politiker aller etablierten Parteien verwickelt, selbst der Grünen, aber die Sozialdemokraten zeigen sich über den Eifer der Ermittler besonders erbost. In Wuppertal sind sie nämlich die führende politische Kraft. Und sie haben auch eine Menge zu verlieren; seit Jahrzehnten stellt die SPD die Oberbürgermeister. Als eine «sozialdemokratische Wärmestube» beschreibt CDU-

Fraktionsgeschäftsführer Matthias Nocke, ein Zugereister, die politischen Verhältnisse in Wuppertal. Die eine Hälfte der Bevölkerung wohne bei der Stadt, die andere Hälfte arbeite bei der Stadt.

Als Fahnder Mitte März 2002 die Diensträume von Oberbürgermeister Hans Kremendahl im Rathaus durchsuchten, witterten die Genossen gleich einen Justizskandal. Vor allem nahmen sie den für die Öffentlichkeitsarbeit der Behörde zuständigen Oberstaatsanwalt Grevener unter Beschuss. In Brandbriefen an den damaligen NRW-Justizminister Jochen Diekmann (SPD) verlangten sie Greveners Absetzung. Eine Landtagsabgeordnete meinte gar, der Ermittler betreibe «eine Kampagne der Vorverurteilung und menschlichen Vernichtung».

Aber die Staatsanwälte lassen sich nicht einschüchtern. Beinahe hundert Ermittlungsverfahren habe sein Amt noch in der Pipeline, sagt Grevener. Seine Behörde hat angesichts der Größenordnung der Korruption in Wuppertal ganz andere Sorgen als die Drohgebärden der Politiker. Hoffnungslos überlastete Korruptionsermittler wühlen sich durch riesige Papier- und Aktenberge – im ewigen Kampf mit der drohenden Verjährung. Aber sie scheinen zäh genug, sich auch auf die Wucherungen dieser eigentümlichen Affäre einzulassen, deren Kern inzwischen verfolgt worden ist. Ein Vergnügen ist es nicht. Niemand hält eine so undankbare Tätigkeit auf die Dauer aus.

Um die Ermittler im Tal der Wupper bei ihrer Sisyphusarbeit nicht allein zu lassen, beginnt der Streifzug dieses Buches durch die Korruptionslandschaft Deutschland in ihrer Stadt. Und auch deshalb, weil die außergewöhnliche Dimension des Falles und seine Bedeutung über Nordrhein-Westfalen hinaus noch gar nicht richtig wahrgenommen worden ist. Wuppertal – das ist das dunkle Lehrstück über ein fast hermetisches System der Korruption.

Das Personal

Uwe Clees, Jahrgang 1943, gelernter Karosseriebauer. Bereits mit 21 Jahren eröffnete er in Wülfrath bei Düsseldorf eine Autoreparaturwerkstatt und stieg in den Handel mit Kraftfahrzeugen ein. Bald war er auch in der Immobilienbranche tätig. Er beteiligte sich an einem Dutzend Unternehmen in der Baubranche. Während der 90er Jahre entwickelte er sich zu einem der größten Investoren in Wuppertal. Der Baulöwe Clees wurde Mitte Dezember 2002 zu einer vierzehnmonatigen Freiheitsstrafe auf Bewährung wegen Vorteilsgewährung verurteilt. Am 11. August 2004 verurteilte die Große Wirtschaftsstrafkammer des Wuppertaler Landgerichts ihn wegen Bestechung des SPD-Stadtrates Jürgen Specht (s. u.) und seiner Vorstrafe in der Causa Kremendahl zu einer Gesamtfreiheitsstrafe von zwei Jahren auf Bewährung.

Manfred Decker, Jahrgang 1941, gründete nach seinem Studium als Bauingenieur im Jahre 1971 in seiner Heimatstadt Wuppertal ein Statikbüro. Seit 1968 gehört er der CDU an, für die er 1975 in den Wuppertaler Rat einzog. Dort war er mehr als zwei Jahrzehnte Vorsitzender des Ausschusses für verbindliche Bauleitplanung und Mitglied im Ausschuss für Stadtentwicklung. Seit Januar 2003 ließ er seine Mandate und Ämter wegen eines laufenden Strafermittlungsverfahrens der Staatsanwaltschaft ruhen. Am 26. Mai 2003 legte er sein Stadtratsmandat nach zunehmendem Druck der Fraktionsführung nieder. Den Projektentwickler Gerd Kolbe (s. u.) lernte er bereits in den 80er Jahren bei der Errichtung des Wuppertaler «Rainbow-Parks» kennen.

Thomas Gerlich, Jahrgang 1952, absolvierte nach seinem Abitur zunächst eine Banklehre und schloss danach ein Jurastudium als zugelassener Rechtsanwalt ab. Dann trat er in die väterliche Baufirma Heinrich Gerlich GmbH & Co. KG ein, die in Wuppertal seit

Jahrzehnten unangefochtener Branchenführer ist. Die Firma galt als Spezialist für schlüsselfertige Bauprojekte. Seit 1993 war Gerlich Geschäftsführer des Bauunternehmens, das 1996 an einen niederländischen Baukonzern veräußert wurde. Am 27. April 2004 verurteilte ihn das Wuppertaler Landgericht wegen Anstiftung und Beihilfe zur Untreue zu einer Freiheitsstrafe von zwei Jahren auf Bewährung und einer Geldstrafe von 150 000 Euro wegen Steuerhinterziehung. An die städtische Wohnungsbaugesellschaft GWG hatte Gerlich zuvor per Vergleich eine Schadenswiedergutmachung in Höhe von 2,7 Millionen Euro geleistet. Als Bewährungsauflage muss er zusätzlich 750 000 Euro zahlen. Die Staatsanwaltschaft, die für Gerlich eine Freiheitsstrafe von fünfeinhalb Jahren beantragt hatte, ist gegen das Urteil in die Revision gegangen.

Michael Hartmann, Jahrgang 1950, Journalist. Der ehemalige Polizeireporter und langjährige Leiter der Wuppertaler Lokalredaktion bei der *Westdeutschen Zeitung* (WZ) stieg 1996 zum Chefredakteur des Regionalblatts auf, das in Wuppertal eine Monopolstellung hat. Er musste im August 2002 sein Amt als WZ-Chefredakteur aufgeben, weil sich die Staatsanwaltschaft an seine Fersen geheftet hatte. Im Frühjahr 2003 beantragte die Anklagebehörde gegen Hartmann beim Amtsgericht Wuppertal wegen Beihilfe zur Untreue einen Strafbefehl über eine Freiheitsstrafe von sechs Monaten. «Wegen der Bedeutung» des Falles hat das Amtsgericht die Erledigung per Strafbefehl abgelehnt und den Vorgang an das Landgericht zur Eröffnung der Hauptverhandlung abgegeben.

Ulrich Heinz, Jahrgang 1951, war zuletzt als Regierungsoberamtsrat bei der Kreispolizeibehörde in Wuppertal tätig. Das SPD-Mitglied saß jahrelang im Stadtrat und avancierte Anfang der 90er Jahre zum Aufsichtsratsvorsitzenden der städtischen GWG. Nach den Feststellungen der Staatsanwaltschaft hatte Heinz in seiner

Funktion als GWG-Aufsichtsratschef Schmiergeldzahlungen in Höhe von mindestens 20 000 Mark kassiert. Die Straftat war zum Zeitpunkt der Aufdeckung jedoch bereits verjährt. Am 21. Juni 2004 hat die Staatsanwaltschaft Wuppertal gegen Heinz Anklage wegen Falschaussage im GWG-Prozess erhoben. Zudem soll er privat Polizeiakten aufbewahrt und somit in mindestens sieben Fällen Verwahrungsbruch begangen haben. Der Regierungsoberamtsrat ist seit Juli 2003 vom Dienst suspendiert.

Johannes Hiesgen, Jahrgang 1938, ausgebildeter Diplom-Volkswirt. Im Frühjahr 1988 wurde der gebürtige Recklinghausener mit Hilfe der CDU zu einem der beiden Geschäftsführer der Wuppertaler Wohnungsbaugesellschaft GWG bestellt. Zuvor war Hiesgen zehn Jahre bei der Düsseldorfer «Treufinanz» beschäftigt gewesen. Im Rat seiner Heimatstadt Hattingen führte der Kommunalpolitiker lange Jahre die CDU-Ratsfraktion. Das Arbeitsverhältnis mit der GWG wurde am 4. Dezember 1998 aufgrund staatsanwaltschaftlicherlicher Ermittlungen fristlos gekündigt und später durch einen Aufhebungsvertrag beendet. Am 29. Juni verurteilte das Wuppertaler Landgericht Hiesgen wegen Untreue im besonders schweren Falle und verschiedener Steuerdelikte zu einer Freiheitsstrafe von sechs Jahren. Darüber hinaus muss er nach dem Urteilsspruch an die GWG einen Schadenersatz in Höhe von 1,5 Millionen Euro leisten. Der ehemalige GWG-Gesellschaftsführer, dessen Anwälte auf Freispruch plädiert hatten, hat beim Bundesgerichtshof Revision eingelegt.

Gerd Kolbe, Jahrgang 1945, trat nach dem Abschluss der Höheren Handelsschule in den Justizdienst des Landes Nordrhein-Westfalen ein. Zuletzt war er als Oberamtsanwalt für Wirtschaftsstrafsachen bei der Staatsanwaltschaft Wuppertal tätig. Er wurde 1991 vorzeitig pensioniert und machte dann große Geschäfte. Wegen schwerer Untreue, Bestechung und Steuerhinterziehung verurteilte das Wuppertaler Landgericht den geständigen Kolbe zu einer Freiheitsstrafe von dreieinhalb Jahren. Zugleich muss er an die GWG Schadenersatz in Höhe von 2,9 Millionen Euro leisten.

Hans Kremendahl, Jahrgang 1947, seit 1996 Oberbürgermeister (OB) der Stadt Wuppertal. Der gebürtige Wuppertaler machte 1971 in Berlin sein Examen als Diplom-Politologe und promovierte über das Thema «Pluralismustheorie in Deutschland». Im Berliner SPD-Landesverband war er Landesgeschäftsführer, zwischen 1981 und 1989 gehörte er dem Abgeordnetenhaus an. Anschließend war er als Staatssekretär in verschiedenen Senatsverwaltungen tätig. 2002 geriet er unter Korruptionsverdacht, wurde aber in einem Prozess vor dem Wuppertaler Landgericht freigesprochen. Kremendahl wurde von der SPD für die Kommunalwahl am 26. September 2004 erneut als OB-Kandidat nominiert.

Uwe Reiter, Jahrgang 1948, war Geschäftsführer des Diakonischen Werkes in Wuppertal-Elberfeld. Als Diakonie-Chef kümmerte er sich um Projekte für Arbeitslose und sozialschwache Jugendliche. Anfang der 90er Jahre wollte Reiter mit der Diakonie in großem Stil in das «betreute Altenwohnen» einsteigen. Bei dieser Gelegenheit lernte Reiter, der in der Wuppertaler Kommunalpolitik nicht unwichtig war, auch Kolbe kennen. Wenig später sagte Reiter der GWG im Namen der Diakonie einen Generalmietvertrag für eine ihrer geplanten Senioren-Residenzen zu: ohne finanzielle Rückendeckung der Landeskirche. Das Vorhaben scheiterte. Reiter wurde im Jahr 2002 zum Kirchenkreis Düsseldorf/Mettmann versetzt. Im Mai 2003 klagte die Staatsanwaltschaft den Kirchenmann an, weil er rund 700 000 Mark Schmiergelder kassiert haben soll. Es geht um «gewerbsmäßige Bestechlichkeit» in fünf Fällen und «gewerbsmäßige Untreue» in 24 Fällen sowie zahlreiche Beihilfefälle. Das Amtsgericht Wuppertal will den Prozess im Herbst 2004 eröffnen.

Helmut Schmidt, Jahrgang 1942, hat nach einer Lehre als Fernmeldeanlagen-Elektroniker die Wirtschaftsfachschule besucht und
später gemeinsam mit seinem Schwager ein Telekommunikations-
unternehmen übernommen. Schmidt galt in Wuppertal als einflussreicher Multifunktionär. Er gehörte zahlreichen Vorständen
von Unternehmensverbänden an, war jahrelang Vorsitzender der
Selbständigen in der Wuppertaler SPD und zählte zu den finanz-
kräftigsten Sponsoren in der heimischen Fußball- und Handballszene. Der Golfer und Skatspieler ist ein Freund von Ex-Bundespräsident Johannes Rau. Schmidt wurde am 23. März 2004 vom
Wuppertaler Landgericht wegen Beihilfe zur Untreue und Steuerhinterziehung zu einer Freiheitsstrafe von zwei Jahren auf Bewährung und einer Geldstrafe in Höhe von 43 200 Euro verurteilt.
Zusätzlich muss er Schadenersatz in Höhe von 100 000 Euro an
die GWG leisten. Da der ehemalige Unternehmer vor Gericht
angab, mittellos zu sein, verurteilte ihn die Strafkammer zur Ab-
leistung von 500 Sozialstunden in einem Altenheim. Die Staatsanwaltschaft, die für Schmidt eine dreijährige Freiheitsstrafe ohne
Bewährung gefordert hatte, legte Revision gegen das Urteil ein.

Helmut Sperling, Jahrgang 1937, absolvierte nach seiner Lehre
zum Stuckateur auf der Abendschule einen Bauführerlehrgang,
später machte er einen Abschluss als Bauingenieur. Nach seiner Tätigkeit als Oberbauleiter für einen Wuppertaler Architekten ging er
1978 zur «Treufinanz» nach Düsseldorf, wo er erstmals mit Hiesgen zusammentraf. Sperling, seit 1971 SPD-Mitglied, brachte den
Christdemokraten Hiesgen in seiner Heimatstadt Wuppertal mit
der dortigen CDU zusammen, um ihn auf die frei gewordene Stelle eines kaufmännischen Geschäftsführers in der GWG-Führung
zu hieven. Nach einer Warteschleife als Oberbauleiter bei der
Firma Holzmann in Düsseldorf trat Sperling schließlich am
1. März 1993 die von ihm seit Jahren angestrebte Stelle des tech-
nischen Geschäftsführers bei der GWG an. Das Arbeitsverhältnis

wurde am 4. Dezember 1998 fristlos gekündigt und dann durch einen Aufhebungsvertrag beendet. Am 15. Juni 2004 verurteilte das Wuppertaler Landgericht Sperling wegen Untreue im besonders schweren Fall und Steuerhinterziehung zu einer Freiheitsstrafe von fünfeinhalb Jahren. Außerdem muss er Schadenersatz in Höhe von 1,5 Millionen Euro an die GWG leisten. Die Staatsanwaltschaft, die eine achtjährige Freiheitsstrafe für Sperling gefordert hatte, legte beim BGH gegen das Urteil Revision ein.

Jürgen Specht, Jahrgang 1942, selbständiger Statiker in Wuppertal. Seit den 70er Jahren gehört er der SPD an, 1979 kam er in den Stadtrat. Dort war er über Jahrzehnte Vizevorsitzender des Ausschusses für verbindliche Bauleitplanung und Mitglied im Ausschuss für Stadtentwicklung. In der SPD-Fraktion war Specht als maßgeblicher «Wirtschaftsförderer» tätig, der sich um neue Geschäftsansiedlungen und Bauprojekte in Wuppertal kümmerte. In dieser Rolle lernte ihn Oberbürgermeister Kremendahl unmittelbar nach seiner Amtseinführung im Jahre 1996 kennen und schätzen. Anderthalb Jahre nach der Einleitung eines Strafermittlungsverfahrens gegen ihn hat Specht im Januar 2003 seinen Rücktritt als Stadtverordneter erklärt. Am gleichen Tag, als CDU-Ratsherr Decker sein Mandat ruhen ließ. Die Staatsanwaltschaft warf Specht in ihrer Anklage vor, er habe sich als Stadtverordneter jahrelang von verschiedenen Bauinvestoren mit Bargeldzahlungen von insgesamt über 200 000 Mark und zahlreichen Aufträgen für sein Statikbüro bestechen lassen. Die Ankläger hatten eine vierjährige Haftstrafe für Specht beantragt. Das Wuppertaler Landgericht verurteilte den SPD-Politiker am 11. August 2004 wegen Bestechlichkeit, Vorteilsannahme und Steuerhinterziehung zu einer Freiheitsstrafe von 21 Monaten auf Bewährung und einer Geldstrafe von 18 000 Euro. Specht hat gegen das Urteil Revision beim Bundesgerichtshof eingelegt. Er will höchstrichterlich klären lassen, ob ein Stadtverordneter ein Amtsträger ist.

Harald Steup, Jahrgang 1941, war Anfang der 90er Jahre als politischer Lobbyist des sozialdemokratisch gefärbten Auto Clubs Europa (ACE) in Bonn tätig. Als der ACE mit dem Deutschen Bundestag von Bonn nach Berlin umzog, musste sich der heimatverbundene Wuppertaler nach einer neuen Stelle umsehen. Der Vizefraktionschef der SPD-Fraktion im Wuppertaler Stadtrat avancierte 1998 hauptberuflich zum Geschäftsführer des städtischen Klinikums. Schon nach wenigen Monaten in dieser Position erkrankte Steup und wurde wegen eines Herzleidens vorzeitig pensioniert. Als Strippenzieher in der Wuppertaler SPD und Vorsitzender des «Freundeskreises Johannes Rau» mischte der Frührentner fortan hinter den Kulissen der Kommunalpolitik weiter kräftig mit. Die Staatsanwaltschaft ermittelt gegen Steup wegen Steuerdelikten.

Horst Westmeier, Jahrgang 1952, gehörte von 1994 bis zum Frühjahr 2000 der grünen Ratsfraktion im Wuppertaler Stadtrat an. In den letzten vier Jahren seiner Amtszeit als Stadtverordneter fungierte er als Fraktionschef der Grünen und geriet in den Korruptionssumpf. Das Wuppertaler Amtsgericht hat ihn am 12. September 2002 wegen Bestechlichkeit zu 15 Monaten Freiheitsstrafe verurteilt und ihm für drei Jahre die passiven Wahlrechte aberkannt. Westmeier hat die Ökopartei inzwischen verlassen. Gegen das Urteil hat der Ex-Ratsherr Berufung beim Landgericht eingelegt.

Der Rosenkavalier

Wenn die Fahnder in den 80er Jahren in Wuppertal zu Razzien ausrückten, nahmen sie gerne den Oberamtsanwalt Gerd Kolbe von der Schwerpunkt-Staatsanwaltschaft für Wirtschaftskriminalität mit. Der Beamte hatte schon damals ein Autotelefon in seinem Privatwagen, wie ein Mann von Welt. Bei verdeckten Aktionen konnten die Ermittler dank Kolbe ungestört mit der Leitstelle plaudern. Der flotte Oberamtsanwalt hatte «immer das teuerste Modell», schwärmt noch heute einer seiner Bekannten.

Der smarte Kolbe galt schon wegen seiner modischen Maßanzüge in der grauen Justizbürokratie als Paradiesvogel. Sein freizügiger Umgang mit Geld passte allerdings nicht ganz in das Bild von einem ordentlichen Beamten. Kolbe besaß kein Portemonnaie; er hatte die Angewohnheit, die Geldscheine bündelweise in seine rechte Sakkotasche zu stopfen. Auch hatte er ein paar teure Hobbys: schnelle Autos, weite Reisen, hübsche Frauen. Der ewige Stenz.

In seiner Behörde zählte der sportive Oberamtsanwalt, der in seinem Berufsalltag gegen korrupte Ärzte und Pharmafirmen ermittelte, allenfalls bei der Justiz-Fußballmannschaft zu den Leistungsträgern. Das trockene Aktenstudium schlug dem Lebemann ziemlich aufs Gemüt. Seit 1988 klagte er über Angstzustände und schwere Depressionen. Eine lebende Krankenakte. 1991 endlich schickte der Amtsarzt den damals 46-jährigen Kolbe in den vorzeitigen Ruhestand. Der Rentner, spotteten sie auf den Wuppertaler Justizgängen, habe unter «schwerer Aktenphobie» gelitten.

Acht Jahre nach seiner Pensionierung schauten sich seine ehemaligen Kollegen von der Staatsanwaltschaft die Lebensverhältnisse des Oberamtsanwalts a. D. etwas genauer an. Sie waren überrascht – es stank wie früher die Wupper. Im Herbst 2002 erhob die Staatsanwaltschaft Wuppertal Anklage gegen den Mann, der sich gerühmt hatte, als Oberamtsanwalt selbst Anklagen verfasst zu haben, 284 Seiten lang. In seinem Fall ging es um schwere Untreue und Betrug, also um Korruption.

Der einstige Justizbeamte entpuppte sich als Knoten eines engmaschigen Netzwerks, das er mit Wuppertaler Unternehmern, Politikern, Medienleuten und Gottesleuten geknüpft hatte. Ihnen wird vorgeworfen, die städtische Gemeinnützige Wohnungsbau-

Gesellschaft (GWG) mit geschickten Finanzschiebereien und dubiosen Immobiliendeals über Jahre hinweg systematisch geplündert zu haben. Den Schaden beziffert die Staatsanwaltschaft auf etwa 50 Millionen Mark, konservativ gerechnet.

Der Bochumer Rechtsanwalt Lutz Eisel, der in dem GWG-Komplex den GWG-Geschäftsführer Johannes Hiesgen verteidigt hatte, wunderte sich über die Ignoranz der Einheimischen, die lange die Alarmzeichen nicht erkannt hatten. «Es dürfte innerhalb der Wuppertaler Justiz gerichtsbekannt sein», schrieb Eisel fürs Gericht, «dass der ehemalige Oberamtsanwalt Kolbe auch schon in früheren Zeiten innerhalb der Justizgebäude dicke Packen von 1000-Mark-Scheinen aus der Tasche zog und provozierend zeigte.» Andererseits: In der Stadt der hundert Sekten führen viele Wege zum Paradies.

Das kleinbürgerliche Milieu der Leute im Bergischen Land war Kolbe früh fremd. Er fühlte sich hingezogen zu der Welt der Schönen und Reichen. Gern kehrte er in dem Wuppertaler Feinschmeckerlokal «Scarpati» ein, das in einer einstigen Jugendstilvilla im Stadtteil Vohwinkel untergebracht ist. Da saßen auch die anderen, die es schon zu etwas gebracht hatten. Sie bestellten gebratene Perlhuhnbrust auf Gänseleberschaum, gegrillten Hummer oder getrüffelte Kartoffel-Ravioli und machten ihre Geschäfte.

Um mit dem aufwendigen Lebensstil der örtlichen Prominenz mithalten zu können, sah sich der Oberamtsanwalt zu Beginn der 80er Jahre nach einträglichen Nebenbeschäftigungen in der Bau- und Immobilienbranche um und begann kräftig zu makeln. Sein Gesellenstück lieferte er bei der Umwidmung eines riesigen Baugrundstücks in Wuppertal-Dönberg ab. Ursprünglich war das Gelände von der Stadt für den Bau einer Eissporthalle ausgewiesen worden. Am Ende entstand hier mit maßgeblicher Hilfe Kolbes der heutige «Rainbow-Park», eine kommerzielle Sport- und Freizeitanlage privater Investoren.

Später, als ihn die einstigen Kollegen vernahmen, hat Kolbe gebeichtet, die Abläufe um den «Rainbow-Park» seien für ihn «ein Lernprozess über die politischen Zusammenhänge in Wuppertal» gewesen. Gleich bei seinem ersten großen Deal hatte er das Glück, an zwei Ratsherren zu geraten, die sich nicht nur im Baufach gut auskannten, sondern auch einen Blick für die Notwendigkeiten des Lebens hatten. Manfred Decker (CDU) und Jürgen Specht (SPD), zwei selbständige Statiker, waren in ihren Ratsfraktionen über Jahrzehnte die baupolitischen Sprecher. «Ich habe die Hilfe von Decker in Anspruch genommen, zu einem späteren Zeitpunkt trat auch Specht hinzu», gab Kolbe etwas gespreizt zu Protokoll. Insbesondere bei Decker fühlte sich der Novize im Baugeschäft gut aufgehoben. Der habe problematische Auflagen und Hürden in Sachen «Rainbow-Park» im Rathaus ratzfatz beiseite geräumt und dabei augenzwinkernd erklärt: «Jetzt zeige ich mal, wie Erwachsene das machen.»

Decker soll Kolbe auch den Tipp gegeben haben, mit der Firma zu reden, die den «Rainbow-Park» errichten sollte, und für seine Dienste als Türöffner erst einmal eine saftige Provision auszuhandeln. Der Bauunternehmer Thomas Gerlich, unangefochtener Branchenführer in Wuppertal, habe sich von seinem Ansinnen keineswegs überrascht gezeigt, berichtete Kolbe später den Ermittlern. An die genaue Provisionssumme konnte er sich nach all den Jahren nicht mehr erinnern, vermutlich seien es 50 000 oder 100 000 Mark gewesen. Ihm sei aber noch im Gedächtnis geblieben, dass der CDU-Stadtverordnete Decker den Geldboten für Gerlich gespielt habe.

Bald schon fand sich Kolbe in der Wuppertaler Erwachsenenwelt gut zurecht. Zielstrebig und systematisch baute er die Kontakte zu den wichtigen und richtigen Leuten auf und schloss auch Freundschaften. Vor Gericht hat der Netzwerker im Frühjahr 2003 sein System so erklärt: «Das ist nichts anderes als politische Landschaftspflege gewesen.»

Das Wort von der Landschaftspflege wird in solchen Zusammenhängen gern gebraucht. Der frühere Flick-Majordomus Eberhard von Brauchitsch (Kürzel v. B.), der das Grobe so unvergleichlich fein bewältigte, hat den Begriff in den 80er Jahren geprägt. Der Edelmann freilich hatte Manieren, die selbst der konservativen Etikette-Päpstin von Pappritz gefallen hätten. Kolbe war von eher kleinerem Format. Er versuchte sich dennoch als Rosenkavalier, nicht ganz ohne Erfolg. Während der Freilandsaison fuhr er beinahe jeden Freitag nach Mettmann (wo übrigens der große v. B. lebt) zum «Rosenhof» und kaufte ganz viele und vor allem ganz große Blumensträuße. «Grundsätzlich kein Strauß unter hundert Mark», wie er der Staatsanwaltschaft penibel berichtete. Mit den Blumensträußen machte er den Ehefrauen von Politikern, Managern und Kirchenleuten seine Aufwartung. Und hinterließ Eindruck. «Kolbe war so 'ne Art Übermensch», schwärmte Ursula Hiesgen, Ehefrau eines der GWG-Geschäftsführer, vor Gericht. Er habe das Gefühl vermittelt, «wer Kolbe zum Freund hat, kann sich alles leisten».

Nach seiner Frühpensionierung baute der Möglichmacher sein Geschäft weiter aus und investierte deutlich mehr als Blumen. Er lud zu teuren Essen und weiten Reisen ein. Später verschenkte er sogar Meißener Porzellan, edle Manschettenknöpfe, kristallene Kerzenständer und goldene Uhren, die schon einmal 40 000 Mark kosten durften. Manchmal schob er auch Bares rüber. Seine Zuwendungen seien «nie mit bestimmten Ereignissen, Entscheidungen oder Vertragsabschlüssen verbunden» gewesen, behauptet Kolbe. Gleichwohl habe er die Geschenke «in der Hoffnung gegeben, dass die von mir verfolgten Projekte verwirklicht würden».

Kolbe machte auf kurzem Weg Bauprojekte möglich. Den Beschenkten sei von ihm immer das Gefühl vermittelt worden, «dass sie künftig noch mehr von mir bekommen könnten», und er habe immer die «Provisionen» im Auge behalten. Korruptionsforscher und Staatsanwälte bezeichnen eine solche Tätigkeit mit dem Begriff «Anfüttern». «Manus manum lavat», sagt der Lateiner, und Goethe hat in dem Gedicht «Wie du mir, so ich dir» solche Kunst prägnant wie folgt zusammengefasst: «Hand wird nur von Hand gewaschen / wenn du nehmen willst, so gib!»

Als sich Finanzbeamte später die Konten des ehemaligen Oberamtsanwaltes genauer ansahen, rieben sie sich die Augen. Kolbe war zum mehrfachen Millionär avanciert. Aber er war ein kleiner Großprotz geblieben. Einer, der mit seinen vielen Zufallsbekanntschaften angab. Fußballer wie Karl-Heinz Rummenigge, Sportreporter wie Marcel Reif oder der ehemalige Regierungssprecher Peter Boenisch waren darunter. In Wahrheit haben die Großen von auswärts Kolbes klebrige Nähe eher gemieden. Zu aufdringlich strebte der Porschefahrer, der sich das Autokennzeichen «W – GK 1» ausgesucht hatte, nach Geltung und Anerkennung. In Bundesligastadien mietete er VIP-Logen an. Den heimischen Wuppertaler SV, einen chronisch klammen Club, wollte er gern mit Millionenspritzen zur Bundesligareife aufputschen. Doch im «Zoo-Stadion» machten sie sich nur lustig über Kolbe und seinen Hofstaat, den er inzwischen um sich versammelt hatte. «C&A-Fraktion» wurde die Clique genannt – als Chiffre für Champagner und Anzüge.

Immer häufiger tuschelte die Wuppertaler Gesellschaft über Kolbe, vor allem über seine Frauengeschichten. Erst verliebte sich der Rosenkavalier in die Ehefrau eines CDU-Ratsherrn, dann brannte er mit der Frau eines stadtbekannten Unternehmers durch. Schließlich ehelichte er eine frühere Freundin des Titelhändlers Konsul Hans-Hermann Weyer. Mit der Zeit wurde der flotte Kolbe ein wenig kauzig. Socken beispielsweise trug er nur einmal und warf sie dann in den Müll. Andererseits war er schon ein erstaunlicher Typ. Weil er unter chronischen Schlafstörungen litt, flog er am liebsten nach New York und gleich wieder zurück. Fliegen beruhige ihn, sagte er Freunden: «Da komme ich endlich in den Tiefschlaf.»

Das Netzwerk

Als der Wuppertaler Stadtkämmerer Johannes Slawig im Herbst 1998 sein Amt antrat, lag auf seinem Schreibtisch ein Vermerk mit der Datumszeile 6. Juli 1998. Sein Amtsvorgänger Elmar Schulze hatte sich kurz vor der Pensionierung mit der städtischen Wohnungsbaugesellschaft GWG beschäftigt und war auf eklatantes Missmanagement gestoßen. Wegen «drohender Verluste aus Fehlinvestitionen» werde die GWG voraussichtlich in eine finanzielle Schieflage geraten, hatte Schulze notiert. Der Aufsichtsrat sei offenbar ahnungslos. Trotz der dramatischen Entwicklung hätten sich die beiden GWG-Geschäftsführer von dem Kontrollgremium ihre Gehälter gerade erst «deutlich anheben» lassen.

Schulze hatte «ein Geflecht» von Personen ausgemacht, die seit Jahren in «engen Geschäftsbeziehungen» zu der Wohnungsbaugesellschaft standen. Immer wieder war er auf den Namen des früheren Oberamtsanwaltes Gerd Kolbe gestoßen. Der habe die GWG offenbar erfolgreich gedrängt, in großem Stil in den Bau von Altenwohnungen einzusteigen, schrieb Schulze. Allerdings hätten sich diese Objekte als unverkäuflich und nur schwer vermietbar erwiesen. Angesichts der hohen Leerstände sitze die GWG bereits auf Verlusten von 18 Millionen Mark. Ausgerechnet «dieser Herr Kolbe», empörte sich der scheidende Kämmerer, «ist jetzt von der Geschäftsführung als Beauftragter vorgestellt worden, der die GWG aus der Misere, in die er sie hineinberaten hat, wieder herausführen soll».

Slawig kannte sich zwar in den Wuppertaler Verhältnissen nicht aus, war aber besorgt. Er fuhr zur GWG-Zentrale an der Hoeftstraße, um die beiden Geschäftsführer Johannes Hiesgen und Helmut Sperling zur Rede zu stellen. Doch als er das grau geklinkerte Bürogebäude betrat, fing ihn der schwergewichtige Hiesgen gleich am Eingang ab und bugsierte ihn in sein Büro. Er wolle mit Slawig erst einmal ein Gespräch «unter Parteifreunden» führen. «Das ist so üblich bei uns.» Schließlich seien sie ja beide Mitglieder der CDU.

Außenstehende mögen jetzt schon die Nase rümpfen, in Wuppertal aber war Ämterpatronage kein Schimpfwort. Die etablierten Parteien verteilten Sinekuren und Pfründe nach ihren jeweiligen Anteilen und verfügten darüber, wer wo was wurde. Solche Zuständigkeiten entbehren zwar einer verfassungsrechtlichen Grundlage, waren aber Gewohnheitsunrecht. Natürlich war auch die Geschäftsführung der städtischen Wohnungsbaugesellschaft fein nach dem Parteienproporz austariert. Hiesgens Kollege Sperling war Mitglied der SPD.

Dem Kämmerer wurde mulmig. Erst wenige Wochen zuvor hatte ihm Politstratege Hiesgen bei einem Empfang seine «Räppelchen-Theorie» erklärt. Mit Politikern müsse man umgehen wie mit kleinen Kindern: «Die brauchen immer was, damit die irgendwie beschäftigt sind.» Also «ein Räppelchen». Plötzlich wurde Slawig klar, dass nach dieser Methode offenbar die politischen Kontrolleure im GWG-Aufsichtsrat ruhig gestellt wurden. Beinahe schroff beendete der Kämmerer das Vieraugengespräch mit dem Parteifreund und ließ Sperling rufen. Knapp kündigte er an, das städtische Rechnungsprüfungsamt und eine renommierte Wirtschaftsprüfungsgesellschaft würden die Defizitgeschäfte der GWG in den kommenden Wochen gründlich unter die Lupe nehmen.

Mangelhafte Ausschreibungen, merkwürdige Preisverhandlungen, dubiose Mietgarantien, nicht nachvollziehbare Wertgutachten bei Grundstücksankäufen: Die Prüfer hatten bei der Sichtung der Bücher Schwierigkeiten, Hinweise auf einen ordentlichen Geschäftsbetrieb zu finden. Auffällig war auch, dass bei sämtlichen Neubauprojekten der GWG mit einem Auftragsvolumen von insgesamt 100 Millionen Mark die Wuppertaler Firma Heinrich Gerlich GmbH & Co. KG als Generalunternehmer ins Geschäft gekommen war.

«Eine öffentliche Ausschreibung ist nicht erfolgt», stellten die städtischen Rechnungsprüfer fest. Zwar sei die GWG nicht an das öffentliche Vergaberecht gebunden, nach der Geschäftsanweisung für die Geschäftsführer der GWG sei «in der Regel jedoch eine öffentliche Ausschreibung vorgesehen». Zudem monierten die Prüfer, dass die «in der Geschäftsanweisung geforderte Zustimmung des Aufsichtsrates vor der Vergabe von Aufträgen über einer Million Mark nicht eingeholt worden ist». Im Kern kamen die Prüfer zu dem Ergebnis, die GWG-Geschäftsführung habe «pflichtwidrig und ohne kaufmännische Sorgfalt gehandelt». Allein der Jahresabschluss 1997 wies Fehlbeträge von etwa 17 Millionen Mark auf. Die Wuppertaler Staatsanwaltschaft leitete ein Ermittlungsverfahren wegen des Verdachts der schweren Untreue und zahlreicher Steuerdelikte ein.

Erst einmal wurde Historie aufgearbeitet: 1937 war die «Gemeinnützige Kleinwohnungsbaugesellschaft Wuppertal» gegründet worden, um die Stadt bei der Schaffung von Wohnraum in Wuppertal zu unterstützen. Drei Viertel der Anteile gehörten traditionell der Stadt, die restlichen 25 Prozent den Arbeitgeberverbänden. Anfang der 90er Jahre gab es einen Kurswechsel. Fortan wollte sich die Geschäftsführung nicht mehr mit der Verwaltung ihrer annähernd 5000 Wohnungen begnügen, sondern «Anbieter sämtlicher wohnungs- und bauwirtschaftlicher Dienstleistungen auf dem Wuppertaler Markt» werden.

Da es immer mehr Alte in der Gesellschaft gibt, lag der Gedanke nahe, schicke Altenwohnungen zu bauen. Eigentlich hatte Frühpensionär Kolbe die Idee. Er brachte ein paar Herren (Damen gibt es in diesem Dunstkreis nicht) zusammen: Bauunternehmer Thomas Gerlich, Architekt Sigurd Scheuermann, Bankdirektor Lothar Pickardt, Unternehmer und SPD-Funktionär Helmut Schmidt, Diakonie-Geschäftsführer Uwe Reiter und natürlich die GWG-Geschäftsführer Hiesgen und Sperling. Der ehemalige Justizangestellte Kolbe war nämlich unlängst zum ehrenamtlichen Vorstand der Halbach-Stiftung bestellt worden. Bald darauf war er auch im Vorstand der Dresen-Stiftung. Und beide Stifter, wohlhabende Wuppertaler Geschäftsleute, hatten vor ihrem Tod verfügt, aus dem hinterlassenen Millionenerbe Altenwohnungen zu finanzieren.

Im Sommer 1992 erwarb Kolbe für die Dresen-Stiftung ein städtisches Grundstück in Wuppertal-Elberfeld. Dort wollte er eine Senioren-Residenz mit 134 Wohneinheiten und einem Bauvolumen von annähernd 30 Millionen Mark errichten lassen. Die Ankläger fanden heraus, dass Kolbe von dem Baulöwen Gerlich eine Million Mark «Provision» bekommen sollte, falls dieser Generalunternehmer werde. Zugleich war es Kolbe gelungen, die GWG als Investor für die Altenwohnungen zu interessieren. Um dieses für die städtische Wohnungsbaugesellschaft neuartige Projekt durchführen zu können, soll die GWG-Führung nach Feststellung der Staatsanwaltschaft ihren Aufsichtsrat «zum Teil wissentlich falsch, zum Teil unzureichend unterrichtet» haben.

Im Einzelnen lief der lukrative Deal folgendermaßen ab: Zunächst kam Uwe Reiter, Geschäftsführer des Diakonischen Werkes Wuppertal-Elberfeld, ins Spiel. Ein gottesfürchtiger Mann, der sich selbst vor Arbeitsessen bekreuzigt und ein stilles Tischgebet spricht. Er ist aber auch Liebhaber schnittiger Sportwagen. Den Ermittlungen zufolge gab er ohne Rückendeckung der Landeskirche im November 1992 gegenüber der GWG «in Form eines Generalmietvertrages» eine Garantie in Höhe von 32 Mark je Quadratmeter für die geplanten Altenwohnungen ab. Für seine Unterstützung soll Reiter von Gerlich Zahlungen in beträchtlicher sechsstelliger Höhe erhalten haben. Auch Kolbe soll sich großzügig gezeigt haben.

Dank des getürkten Generalmietvertrages bekam die GWG-Geschäftsführung die Zustimmung des Aufsichtsrates zum Bau der Senioren-Residenz. Die Diakonie werde «über einen Zeitraum von zwanzig Jahren mit zehnjähriger Option gegenüber der GWG als

Generalmieter auftreten», steht in einer Drucksache der Geschäftsführung für eine Aufsichtsratssitzung am 12. November 1992. Angeblich sollte die GWG nur ein Drittel und die von Stiftungsvorstand Kolbe repräsentierte Dresen-Stiftung die übrigen zwei Drittel der Investition übernehmen. Die Dresen-Stiftung verfügte allerdings lediglich über ein Vermögen von 2,7 Millionen Mark. Es konnte nicht funktionieren. Das Defizitgeschäft blieb schließlich bei der GWG hängen.

Nun ging es darum, Gerlich als Generalunternehmer durchzusetzen. Hier kam dem Aachener Architekten Sigurd Scheuermann, der seine Großbaustellen gerne mit dem Hubschrauber besuchte, eine wesentliche Rolle zu. Dieser habe, stellten die Ermittler fest, in enger Absprache mit Kolbe und der GWG-Führung «im Wesentlichen nur Bewerber zur Angebotsabgabe aufgefordert, mit denen sich Gerlich zuvor in Verbindung gesetzt und die Angebotssumme abgesprochen hatte». Bei dieser «Scheinausschreibung» sei Gerlich günstigster Anbieter gewesen. Am 8. August 1995 schloss er mit der GWG einen Generalunternehmervertrag zur schlüsselfertigen Errichtung der Altenwohnungen in Höhe von 27,8 Millionen Mark ab. Die Angebotssumme berücksichtigte nach den Ermittlungen der Staatsanwaltschaft «nicht nur die Herstellungskosten und den Gewinn der Firma Gerlich, sondern auch diejenigen ‹Provisionen›, die vereinbart worden waren».

Für die Auszahlung der Provisionen war wiederum ein anderes Mitglied des Netzwerks zuständig: nach den Feststellungen der Ermittler der Geschäftsführer der Wuppertaler Elektro- und Kommunikationsfirma Engel AG, Helmut Schmidt. Auf ihn kommen wir in Kürze noch zurück.

Übersichtlicher als seine Durchsetzung lief die Kontrolle des Bauprojekts ab. Generalunternehmer Gerlich war praktischerweise auch für die Ausführungsplanung und Objektüberwachung zuständig. Dadurch kontrollierte sich Gerlichs Firma «gewissermaßen selbst», wie die Staatsanwälte feststellten. Gerlich war nett zu

Gerlich, und auch die GWG verhielt sich großmütig. Auf die sonst üblichen Vertragserfüllungs- und Gewährleistungsbürgschaften in Höhe von 7000 Mark je Werktag wurde verzichtet. Ein «verbindlicher Bauzeitplan», staunte die Staatsanwaltschaft, sei aus Rücksichtnahme auf «das mehr als ausgelastete Bauunternehmen» Gerlich erst gar nicht aufgestellt worden. Deshalb habe die GWG wegen einer Bauzeitüberschreitung von zwölfeinhalb Monaten keinerlei Regressansprüche geltend machen können. Damit sei auf einen Schadenersatz «in Höhe von mindestens 700 000 Mark» verzichtet worden.

Kurz nach Vertragsabschluss wurde einer der Hauptakteure aus dem Spiel genommen. Reiter musste am 10. August 1995 seine Generalmietzusage für die Senioren-Residenz zurückziehen. Auch danach lief einiges schief. Die GWG hat bis zur Schlüsselübergabe nur 16 der insgesamt 134 Wohnungen vermieten können. Alleine bis zum Jahr 2001 ergab sich nach den Berechnungen der Staatsanwaltschaft bei diesem Projekt eine Liquiditätsunterdeckung von rund zehn Millionen Mark.

Ohne Rücksicht auf die schwache Nachfrage nach Altenwohnungen und nach dem gleichen Strickmuster ließ Kolbe fast zeitgleich zur Dresen-Stiftung eine weitere Senioren-Residenz in Wuppertal hochziehen. Diesmal fungierte er als Vorstand der Halbach-Stiftung, die in Wuppertal-Barmen am Springer-Bach bereits eine Anlage für «betreutes Altenwohnen» unterhielt. In einem vierten Bauabschnitt sollten auf dem Gelände 146 weitere Wohneinheiten mit einem Bauvolumen von 40 Millionen Mark entstehen.

Auch hier drückte Kolbe die Firma Gerlich als Generalunternehmer durch und kassierte dafür laut Staatsanwaltschaft eine «Provision» von 1,5 Millionen Mark. Zusätzlich musste den Ermittlungen zufolge auch der zweite Vorstand der Halbach-Stiftung, der Bankdirektor Pickardt, geschmiert werden. Bei der Errichtung seines privaten Wohnhauses habe die Firma Gerlich kostenlose Bauleistungen im Wert von 300 000 Mark erbracht.

Im Gegensatz zur Dresen-Stiftung hatte Kolbe der GWG für die Barmer Altenwohnungen keinen Generalmieter präsentieren können. Stattdessen verfiel er mit den Geschäftsführern Hiesgen und Sperling auf die Idee, die teuren Wohnungen an die Berliner Fondsgesellschaft KapHag zu verkaufen. Im Gegenzug gab nun die GWG selbst der KapHag eine zwanzigjährige Mietgarantie: zum Preis zum 34,50 DM pro Quadratmeter bei einer jährlichen Steigerungsrate von zwei Prozent. Für den Fonds ein narrensicheres Geschäft. Um für diesen dubiosen Deal die Zustimmung ihres Aufsichtsrates zu erhalten, versicherte die GWG-Geschäftsführung nach den Feststellungen der Staatsanwaltschaft dem Kontrollgremium, dass der Verkauf der Senioren-Residenz am Springer-Bach einen Erlös von 7,1 Millionen Mark für die GWG abwerfen werde. Da sich dann jedoch kaum Mieter fanden und lange Zeit über die Hälfte aller Wohnungen leer standen, blieb die GWG alleine bis zum Jahr 2001 nach den Berechnungen der Ermittler auf einem Defizit in Höhe von 13,5 Millionen Mark sitzen.

Zum Zeitpunkt dieser riskanten Baugeschäfte hatte Kolbe die Führung der GWG nach Einschätzung der Staatsanwaltschaft in der Hand. «Durch luxuriöse Zuwendungen brachte Kolbe die Angeschuldigten Hiesgen, Sperling… dazu, in einer Vielzahl von Fällen Verträge einzugehen, die wirtschaftlich nicht vertretbar waren und zu erheblichen Vermögensnachteilen bei der GWG führten.» Bei seinen Entscheidungen habe sich das GWG-Trio, neben den beiden Geschäftsführern auch der GWG-Prokurist Jürgen Steinbach, «von der Aussicht leiten lassen, weitere Zuwendungen von Kolbe zu erhalten».

Lang ist die Liste der guten Gaben, mit denen der Ex-Oberamtsanwalt seine Freundschaft zu Hiesgen, Sperling und Steinbach über Jahre gepflegt haben soll. Allein auf 50 Seiten in der 284-seitigen Anklageschrift ist festgehalten, was ein solcher Landschaftspfleger anbieten muss: teure Uhren der Marken Rolex oder Audemar Piguet im Stückpreis von etwa 40 000 Mark, edle Manschettenknöpfe im Wert von 2400 Mark, Federhalter der Marke Cartier mit einem Verkaufspreis von 1200 Mark, blau-weiße Vasen und Butterdosen aus Meißener Porzellan, die immerhin 1211 Mark kosten. Zu «warmen Mahlzeiten» (Kolbe) lud er ins Hamburger «Vier Jahreszeiten» ein oder zu «Käfer» nach München. Gespeist wurde auch in «Schloss Hugenpoet» zu Essen, im «La Becasse» in Aachen, in der Spielbank Dortmund-Hohensyburg und natürlich im «Scarpati», Kolbes Lieblingslokal im heimischen Wuppertal. «Probleme waren leichter zu lösen, wenn alkoholische Getränke zu Hilfe genommen wurden», gab Kolbe später zu Protokoll.

Opernpremiere in der Mailänder Scala, Fußball-Weltmeisterschaft in den USA oder Oktoberfest in München – Kolbe zahlte. In der «Käfer-Wiesn-Schenke» machten die paar Leute von der GWG-Geschäftsführung in zwei Stunden eine Rechnung über 6016 Mark. Eine New-York-Reise mit dem Ehepaar Hiesgen war Kolbe 51 000 Mark wert. Grundsätzlich wurde nur in Fünf-Sterne-Hotels logiert. Zur «allgemeinen Fortbildung» verschlug es Manager und Aufsichtsräte der GWG in ein verträumtes Fischerdorf auf Mallorca. Thema der Klausur: «Betreutes Altenwohnen auf Mallorca».

Irgendwann reichten selbst die Reisen und teuren Geschenke nicht mehr aus, um die GWG-Führung auf Kolbes Kurs zu halten – folglich flossen erhebliche Bargeldbeträge. Nach den Feststellungen der Staatsanwaltschaft übergab der Beziehungsmakler Hiesgen in mehreren Tranchen insgesamt 150 000 Mark und Sperling 160 000 Mark. Zudem hatten die Netzwerker Gerlich, Scheuermann und Schmidt laut Staatsanwaltschaft auf Veranlassung von Sperling insgesamt 269 000 Mark an den Handballverein Langerfelder TV gespendet. Mit diesen Finanzspritzen und der Verpflichtung etlicher ausländischer Spitzenspieler schaffte der Vorortclub, der fix zu einer Wuppertaler Handballspielgemeinschaft (HSG) fusioniert wurde, vorübergehend den Sprung in die erste Handball-Bundesliga. Die Liga-Konkurrenz rätselte lange, warum es plötzlich hochkarätige russische und skandinavische Nationalspieler wie von einem Magneten angezogen ins Bergische Land trieb. Wichtige Sitzungen des Clubs über Trainerentlassungen oder Spielerverpflichtungen fanden in der GWG-Zentrale statt.

Widerstände ihres Aufsichtsrates hatte die GWG-Führung kaum jemals fürchten müssen. Vor den offiziellen Sitzungen trafen sich die Kontrolleure traditionell je nach Parteizugehörigkeit zu Vorabsprachen. Hiesgen massierte die der CDU nahe stehenden Aufsichtsräte, Sperling kümmerte sich um das sozialdemokratische Milieu. Allein der Grüne Horst Westmeier war ein Unsicherheitsfaktor. Der Kommunalpolitiker, der sich im Gegensatz zu den übrigen Aufsichtsratmitgliedern außerordentlich akten- und sachkundig zeigte, nervte mit ständigen Nachfragen, Vorbehalten und Einwänden.

Ein Fall für Kolbe. An einem Frühjahrsabend des Jahres 1994 lud er Westmeier zum Essen ins «Scarpati» ein. Kolbe erkannte, dass der studierte Soziologe von Gelegenheitsjobs lebte und offenbar finanzielle Probleme hatte. Noch am gleichen Abend bot er dem Grünen einen Beratervertrag mit der Halbach-Stiftung an. Westmeier willigte ein und erhielt eine vergleichsweise geringe Monatspauschale von 1000 Mark. Die Höhe des Honorars, gestand Kolbe später, habe er ausdrücklich an den bescheidenen wirtschaftlichen Verhältnissen Westmeiers orientiert. Schließlich habe die Sache nicht auffallen sollen.

Als Beratungsfelder des Ökopolitikers fixierte Kolbe in dem Beratervertrag «Wohnen ausländischer Mitbürger im Alter», «Wohnen deutscher Mitbürger im Ausland» und «Integration von Behinderten im Altenbereich». Der Vertragstext war lediglich für die Stiftungsaufsicht gedacht. Tatsächlich hatte Kolbe mit der finanziellen Einbindung Westmeiers, der bald darauf zum Fraktionschef der Grünen im Wuppertaler Rathaus avancierte, ganz anderes im Sinn. Zum einen wollte er den einzigen Kritiker im GWG-Aufsichtsrat handzahm machen. Zum anderen spannte er den grünen

Stadtrat dafür ein, städtische Zuschüsse für die Renaturierung des Springer-Baches auf dem Grundstück der Halbach-Stiftung lockerzumachen.

Über diesen Deal waren sich Kolbe und Westmeier nach den Ermittlungen der Staatsanwaltschaft «von Anfang an einig gewesen». Insbesondere sei zwischen ihnen klar gewesen, dass der Grüne «seine Stellung als Mitglied der Bezirksvertretung und die mögliche Stellung als Ratsmitglied hierzu nutzen wollte». Tatsächlich fasste der Rat der Stadt Wuppertal am 22. Mai 1996 auf Initiative des grünen Fraktionschefs Westmeier einen Beschluss zur Renaturierung von Fließgewässern. Auf dieser Grundlage flossen Kolbes Halbach-Stiftung schließlich 80 000 Mark aus der Stadtkasse zu. Trotz seines Beratervertrages mit der Stiftung nahm Westmeier an der Abstimmung über den Beschlussvorschlag teil. Die Staatsanwaltschaft sieht darin «eine pflichtwidrige Diensthandlung». Dem Grünen sei «bewusst gewesen, dass seine Honorierung für die Erlangung von Fördermitteln für die Renaturierung des Springer-Baches erfolgte».

Als eine Serie von Korruptionsfällen bei Wuppertaler Rathausbeamten aufflog, wurde dem grünen Fraktionschef Westmeier sein Beratervertrag mit der Halbach-Stiftung offenbar zu heiß. Am 31. August 1996 schickte er Kolbe die Kündigung – mit einem verräterischen Wortlaut: «Da ja offenbar auch die Gestaltung der Freianlage, einschließlich der Freilegung des Baches auf gutem Wege ist, gibt es auch hier keine Gründe, warum der Vertrag nicht aufgelöst werden könnte. Selbstverständlich werde ich – soweit möglich und erforderlich – mich dafür einsetzen, dass das Wasserprojekt zügig beendet wird.»

Bei den Ermittlern gab sich Westmeier unschuldig wie ein Laubsägenbastler. Auf die Idee, seine angebliche Tätigkeit «im Bereich der Altenforschung» für die Halbach-Stiftung habe «in einem Zusammenhang mit meiner politischen Aktivität stehen» können, sei er nicht gekommen. Immerhin habe er es für möglich gehalten, dass er von Kolbe seinerzeit wegen seiner kritischen Haltung als Aufsichtsratsmitglied der GWG angesprochen wurde. Deshalb habe er Wert darauf gelegt, dass seine Beratertätigkeit in keinem Zusammenhang mit den konkreten Bauvorhaben der Halbach-Stiftung stehe. Erst später will dem Grünen aufgefallen sein, dass eine Beratertätigkeit im Sinne des Vertragstextes bei ihm gar nicht abgerufen wurde.

Gibt es irgendwo ein Unrechtsbewusstsein? Nein, nur Opfer, wohin das Auge des Betrachters auch schweift. GWG-Geschäftsführer Hiesgen hält die Korruptionsermittlungen gegen ihn für einen schrecklichen Justizirrtum. Für Hiesgen-Anwalt Eisel ist Kolbe ein «David Copperfield von Wuppertal» gewesen, der seinen Mandanten mit den Reisen, Luxusgeschenken und Geldzuwendungen regelrecht «verzaubert» habe. Dass dahinter allein das geschäftliche Kalkül eines gierigen Provisionshais steckte, habe der GWG-Geschäftsführer nicht durchschauen können. Immerhin habe Kolbe Hiesgen nebst Ehefrau sogar zu seiner Hochzeitsreise nach Spanien eingeladen. So viel Privatheit habe bei seinem Mandanten «den Blick für die Realität verdeckt». Alleine «aus persönlicher Verbundenheit» zu Kolbe will der GWG-Geschäftsführer «neben üblichen Gelegenheitsgeschenken» auch die wertvolleren Präsente angenommen haben. «Ist das nicht ungewöhnlich?», fragte Richter Helmut Leithäuser die Ehefrau des Angeklagten Hiesgen. «Bei Kolbe war alles etwas ungewöhnlich», zischte die Zeugin und murmelte etwas, das wie «gute Freundschaft» klang.

Der zweite GWG-Geschäftsführer, der Genosse Sperling, konnte ebenfalls das Unrecht vor lauter Geld nicht erkennen. «Die integersten Leute hier im Tal» hätten da beieinander gesessen, sagt der frühere Oberbauführer, und wenn er darüber spricht, zittern seine prankengroßen Hände immer noch ein wenig. Dass er von Kolbe in zwei Tranchen von 60 000 Mark und 100 000 Mark Bargeld angenommen habe, sei keineswegs Korruption gewesen. Höchstens ein bürokratischer Betriebsunfall. Als er den ersten Umschlag geöffnet habe, sei Kolbe leider schon weg gewesen. Ratlos habe er das Geld daheim in seiner Sockenschublade verstaut. Die 60 000 Mark habe er bei Fälligkeit seiner Lebensversicherung wieder an Kolbe zurückzahlen wollen. «Ich habe die Geldzahlung als einen Kredit aufgefasst.»

Als er die zweite Tranche, die 100 000 Mark, in Händen hielt, übermannte ihn die Mildtätigkeit. Dem damaligen GWG-Aufsichtsratsvorsitzenden Ulrich Heinz habe er 20 000 Mark zugesteckt. Ohne jeden Hintergedanken. Heinz, ein Polizeibeamter und SPD-Ratsherr, habe nach der Trennung von Frau und vier Kindern in finanziellen Schwierigkeiten gesteckt. Dies sei schon seiner abgetragenen Kleidung anzusehen gewesen, sagt Sperling. «Ich hatte mir immer schon mal überlegt, mit ihm in ein Kaufhaus zu gehen und ihm eine neue Jacke zu kaufen.»

Mit dem restlichen Geld aus der zweiten Kolbe-Tranche habe er den früheren Bau- und Planungsdezernenten der Stadt Wuppertal, Hauke Martens, bedacht. Aus «reinem Gerechtigkeitsgefühl», wie Sperling betont. Er sei empört darüber gewesen, dass sein Genosse Martens seinerzeit einem rot-grünen Rathausbündnis geopfert worden sei. Da habe er mit den 80 000 Mark über das Schlimmste hinweghelfen wollen. Martens kann zu Sperlings Geschichte nichts mehr sagen. Er ist inzwischen verstorben.

GWG-Prokurist Jürgen Steinbach hatte zwar vor Kolbes riskanten Projekten frühzeitig gewarnt, war aber auch mit ihm befreundet. Die beiden jetteten also nach Paris, Portugal und Florida, immer auf Kosten Kolbes. Immer wieder erhielt der GWG-Mann auch wertvolle Geschenke von dem Netzwerker. Zudem ließ er sich von Kolbe den Kauf eines BMW Z 3 Cabrios großzügig bezuschussen. Die teuren Geschenke seien «überzogen» gewesen, gesteht Steinbach immerhin. Aber er habe sich gegen diese fürsorgliche Belagerung einfach nicht wehren können.

Auch der Bauunternehmer Gerlich hält das «Konstrukt der Staatsanwaltschaft» für reichlich überzogen. «Es war gerade nicht so, dass sich ein Haufen von Ganoven zusammengefunden hat, um die GWG auszuplündern», sagt Gerlich mit näselnder Stimme. Der Unternehmer, der glatt als Doppelgänger des Schauspielers Sky Dumont durchginge, ist schließlich selbst gelernter Jurist. Die Ermittler hätten Schmiergelder mit Provisionen verwechselt.

Dass Gerlich nicht nur «Provisionen für Ideengeber» zahlte, sondern bei den GWG-Projekten kräftig geschmiert habe, geht für die Staatsanwaltschaft aus einer Kladde hervor, die bei dem Aachener Architekten Scheuermann sichergestellt wurde. «Gerlich ist unser Freund», hatte der Architekt am 4. November 1994 zu dem Ausschreibungskomplex Dresen-Stiftung notiert. Auf derselben Seite befindet sich zwischen weiteren Eintragungen die Notiz: «Sperling – Gerlich – SFP// 6 Mio Luft». Auf einer anderen Seite notiert Scheuermann zu einem der GWG-Projekte «+ 1 Mio, Schönheit». Für die Staatsanwaltschaft «deutliche Hinweise auf die Manipulation der Ausschreibung».

Die Staatsanwaltschaft hat sich bei ihren Ermittlungen im GWG-Komplex nicht nur auf beschlagnahmte Akten stützen können; sie hatte auch einen Kronzeugen: Kolbe. Nach der Razzia bei der Wohnungsbaugesellschaft hatte sich der Ex-Oberamtsanwalt zunächst monatelang ins Ausland abgesetzt. Am 28. Oktober 2000 spürten ihn Zielfahnder im bayerischen Nobelkurort Rottach-Egern auf. Während einer sechsmonatigen Untersuchungshaft legte Kolbe ein Geständnis ab, das 600 Schreibmaschinenseiten umfasst. Dafür handelten seine Anwälte mit der Staatsanwaltschaft und später auch mit dem zuständigen Gericht eine so genannte «Strafobergrenzen-Vereinbarung» aus: Am 17. Dezember 2003 verurteilte die Große Wirtschaftsstrafkammer des Wuppertaler Landgerichts den geständigen Kolbe – vereinbarungsgemäß – zu einer Freiheitsstrafe von dreieinhalb Jahren. «Das unterste Strafmaß», wie Richter Leithäuser in der Urteilsbegründung sagte.

Kolbe hat die angebliche Mithilfe der übrigen Netzwerker in dem Korruptionsprozess sachlich-nüchtern geschildert: mit der Professionalität eines gelernten Oberamtsanwaltes eben. Nur wenn Kolbe auf den Wuppertaler Diakonie-Chef Reiter zu sprechen kam, driftete er ins Anekdotische ab. Bei einem ihrer ersten Treffen habe ihm Reiter gesagt, dass es ihm imponiere, wie locker er seine Geldscheine immer aus der rechten Sakkotasche ziehe, berichtete Kolbe. Er habe ihm darauf geantwortet: «Werfen Sie doch Ihr Portemonnaie weg, dann können Sie es ja genauso machen.» Beim nächsten Zusammentreffen habe ihm Reiter erklärt: «So, jetzt habe ich meine Geldbörse weggeworfen. Nur, meine Taschen sind leer.» Kolbe fand Reiters Bettelei «an der Grenze zur Peinlichkeit». Dennoch habe er dem Diakonie-Chef von da an immer wieder Beträge zwischen 2000 und 5000 Mark zugesteckt. In die rechte Sakkotasche.

Der Mäzen

Helmut Schmidt hat eine imponierende Karriere hingelegt. Was der gelernte Fernmeldeanlagen-Elektroniker auch anpackte, er hatte Erfolg. Durch Leistung und Fleiß brachte er es zu hohem Ansehen in seiner Heimatstadt Wuppertal. Nach dem Besuch der Wirtschaftsfachschule und einigen Praxisjahren in der Entwicklungsabteilung einer baden-württembergischen Elektronikfirma trat er 1966 in das großväterliche Unternehmen ein, die Wuppertaler Engel AG. Binnen zwanzig Jahren vervielfachte Schmidt die Zahl der Mitarbeiter von 60 auf 420 und baute den Jahresumsatz von 600 000 auf 65 Millionen Mark aus.

Für viele Stadien der Fußball-Bundesliga lieferte das Wuppertaler Unternehmen die elektronischen Anzeigetafeln und Videowände. Er habe die Engel AG «zu einem der herausragenden mittelständischen Fernmeldeunternehmen Deutschlands» gemacht, sagt Schmidt mit sichtlichem Stolz. Auch als Sponsor und Mäzen hat sich Schmidt in Wuppertal einen Namen gemacht. Ohne Schmidt lief kaum etwas in der heimischen Fußball- und Handballszene und auch nicht in der SPD. Für den vom Konkurs bedrohten Ex-Fußball-Bundesligisten Wuppertaler SV sammelte der bekennende Sozialdemokrat genauso erfolgreich wie für die Wahlkämpfe der SPD und seines Freundes Johannes Rau. Der ehemalige Düsseldorfer Regierungschef und Ex-Bundespräsident vertrat mehr als 40 Jahre den Wahlkreis Wuppertal III im Düsseldorfer Landtag. Schmidt ließ Rau auf seinem Firmengelände sogar einen Hubschrauberlandeplatz bauen, damit der gestresste Regierungschef leichter einfliegen konnte. In dem Restaurant «In den Karpaten» kloppten Schmidt und Rau Skat.

«Ich hatte einen Gewerbeschein fürs Betteln», sagt Schmidt, eine barocke Erscheinung mit grau gelocktem Haar, heute wehmütig. Inzwischen könnte er Unterstützung selbst ganz gut gebrauchen. «Mittellos», hat er auf die Frage nach seinen finanziellen Verhältnissen bei der Justiz angegeben. Der 61-Jährige steht vor den Scherben seines Lebenswerkes. Die Engel AG ist inzwischen in Konkurs gegangen und gehört ihm seitdem nicht mehr. Schmidt wurde von der Großen Wirtschaftsstrafkammer des Wuppertaler Landgerichts im Zusammenhang mit den kriminellen Mauscheleien bei der GWG wegen Beihilfe zur schweren Untreue und Steuerhinterziehung zu einer Freiheitsstrafe von zwei Jahren auf Bewährung und einer Geldstrafe in Höhe von 43 200 Euro verurteilt. Weil er inzwischen mittellos ist, machte ihm das Gericht zur Bewährungsauflage, 500 Sozialstunden in einem Altenheim abzuleisten.

Sein ausgeprägtes Helfersyndrom, diagnostiziert Schmidt, sei ihm zum Verhängnis geworden. Immer sei er zuerst für andere da gewesen. Die Expansion seiner Firma habe er vorangetrieben, um Arbeitsplätze zu schaffen. Die «ortsansässigen Wuppertaler Firmen sollten im Sinne einer Stärkung der regionalen Wirtschaftskraft zusammenarbeiten». Selbst sein millionenschweres Sponsoring für den Bundesliga-Handball sei kein Egotrip gewesen. «Ich tu das für Wuppertal.» Auch jenseits seiner unternehmerischen Tätigkeit habe er es immer als seine Aufgabe angesehen, «die wirtschaftlichen, kulturellen und sportlichen Aktivitäten im Bereich der Stadt Wuppertal zu unterstützen», sagt Schmidt. Diese Bemühungen hätten «im Ergebnis dazu geführt, dass ich mich strafbar gemacht und mein Vermögen verloren habe».

Auf die schiefe Bahn ist Schmidt nach eigenem Bekunden durch die Bekanntschaft mit Kolbe geraten. Doch am Beginn der Beziehung stand die Hoffnung auf Wachstum. Kolbe hatte Schmidt Anfang der 90er Jahre mit dem Bauunternehmer Gerlich ins Geschäft gebracht. Gerlich hatte seinerzeit zwar das Firmengebäude der Firma Engel am Deutschen Ring in Wuppertal errichtet, die Elektrofirma bei der Vergabe von Aufträgen aber stets ignoriert. Gerlich sei der Auffassung gewesen, «dass wir in der überwiegenden Zahl der Fälle zu teuer waren». Darüber hatte sich Schmidt geärgert. Nicht nur die unmittelbare Nachbarschaft der beiden Unternehmen am Deutschen Ring hätte eine Zusammenarbeit nahe gelegt. Schließlich sei Gerlich «die größte Bauunternehmung am Markt in Wuppertal gewesen und die Firma Engel die größte Elektrofirma».

Durch die Vermittlung von Kolbe wuchs nun zusammen, was nach Auffassung von Schmidt «schon im Sinne einer Stärkung der regionalen Wirtschaftskraft» zusammengehörte. Es entwickelte sich eine enge Kooperation zwischen den Firmen Gerlich und Engel AG. Als «Gegenleistung» habe Kolbe verlangt, dass ihm Schmidt «bei der Abwicklung von Provisionen behilflich» sein solle. «Nur unter dieser Voraussetzung» könnten von Gerlich Aufträge an die Firma Engel erteilt werden.

Schmidt sagt, er habe sich darauf eingelassen. Über seine Firma seien Provisionen von insgesamt 1,6 Millionen Mark gewaschen worden, die von Gerlich an Kolbe gingen. Die Transaktionen liefen immer nach dem gleichen Strickmuster ab. Schmidt: «Wir machten ein Zusatzangebot, die Firma Gerlich erteilte den Luftauftrag und wir schrieben die Luftrechnung, die von der Firma Gerlich bezahlt und von der Firma Engel verbucht wurde.»

Schmidt stand nun allerdings «vor dem Problem, wie dieses Geld an Herrn Kolbe gelangen sollte». Zumal dieser auf der Auszahlung «der vollen Summe» bestanden habe, ohne Abzug von Steuern und irgendwelchen Kosten. Schmidt verfiel auf die Idee, die Schmiergelder für Kolbe «über fingierte Lieferantenrechnungen wieder aus der Firma Engel herauszuziehen und diese Rechnungen als Betriebsausgaben geltend zu machen». Da sich dieses Vorhaben mit Einzellieferanten nicht realisieren ließ, nutzte Multifunktionär Schmidt seine Beziehungen zu dem heimischen Einkaufsverband GFT (Gemeinschaft Fernmelde-Technik) und dem Schweizer Einkaufsverband EGTel. Beide Verbände waren gegründet worden, um mittelständischen Fernemeldeunternehmen durch einen gemeinsamen Einkauf günstige Konditionen zu verschaffen. Schmidt selbst war Mitbegründer der GFT und seit 1972 ihr Vorstandsvorsitzender. «Ich hatte gegenüber der GFT große Einflussmöglichkeiten und konnte eng mit der dortigen Geschäftsführung zusammenarbeiten.»

Schmidt nutzte seinen Einfluss auf die GFT und EGTel dazu, so genannte «Vorab-Rechnungen» für seine Firma stellen zu lassen. Diese Rechnungen wurden von der Engel AG dann jeweils per Scheck bezahlt. Die Schecks wiederum landeten allerdings nie bei GFT oder EGTel. Schmidt brauchte sie vielmehr, um die von Gerlich für Kolbe vereinnahmten Schmiergelder «auskehren» zu können. Eine ziemlich komplizierte, aber effektive Methode.

Da Kolbe verlangt habe, dass die Gerlich-Gelder «entweder in bar oder durch Sachleistungen fließen sollten», musste Schmidt jedoch noch eine Hürde überwinden. «Ich musste also ein Konto einrichten, auf dem die Schecks eingelöst werden konnten.» Dazu benutzte Schmidt das Konto seines damals in Amerika lebenden

Sohnes, das dieser bei der Stadtsparkasse Wuppertal unterhielt. «Ich wusste, dass mein Sohn von den Vorgängen nichts mitbekommen würde, solange das Konto immer gedeckt war.» In der Folgezeit habe er von diesem Konto «erhebliche Zuwendungen an oder im Interesse von Kolbe vorgenommen».

Letztlich seien die Provisionen von Gerlich an Kolbe für die Firma Engel «ein durchlaufender Posten» gewesen, erklärt Schmidt den Sinn des komplizierten Verfahrens. «Die Firma Engel vereinnahmte Geld für Leistungen, die sie nicht ausgeführt hatte, und gab dieses Geld wieder aus für Leistungen, die sie nicht empfangen hatte.» Steuerlich habe sich der ganze Buchungsvorgang «neutral ausgewirkt».

Auch Schmidt selbst zahlte Provisionen an den Beziehungsmakler Kolbe. Freilich nicht mit Bargeld, sondern in einer anderen «Währung»: wertvolle Uhren. Als Generalvertreter der Firma Omega habe die Engel AG «sehr gute Kontakte» in der Uhrenbranche gehabt. Produkte der Nobelmarke Audemars-Piguet habe er für 60 bis 80 Prozent des Marktpreises erwerben können. Nicht nur für Kolbe, sondern auch noch für viele andere Leute habe er Uhren zu solch günstigen Konditionen beschafft. Diese hätten die Uhren allerdings «ordnungsgemäß mit Mehrwertsteuer» bei der Firma Engel bezahlt. Im Gegensatz zu Kolbe. Der habe die Uhren als «Gegenwert» für seine Vermittlung von Geschäften an die Firma Engel erhalten. Eine genaue Buchführung habe es darüber nie gegeben, sagt Schmidt. «Herr Kolbe erhielt in lockerer Folge Zuwendungen.»

Noch heute fühlt sich Schmidt von Kolbe keineswegs übervorteilt, wenn auch ihre Freundschaft inzwischen wegen einer Frauengeschichte in die Brüche gegangen ist. «Ich hatte eigentlich immer das Gefühl, dass Herr Kolbe in unserem Verhältnis mehr gegeben als genommen hat.» Dass der Landschaftspfleger ganz bestimmte Ziele und Zwecke verfolgte, will Schmidt erst sehr spät durchschaut haben.

Für Korruption habe er das nicht gehalten, sagt Schmidt, der sich als Vorsitzender der Selbständigen in der SPD in der kommunalpolitischen Szene bestens auskannte. «Ich hatte eigentlich immer das Gefühl, dass Kolbe den überwiegenden Teil seiner Geschenke aus Lust am Schenken und aus Sympathie macht.» Als «teilweise fast krankhaft» habe er dieses Verhalten empfunden.

Völlig abseitig ist dieser Eindruck nicht. Kolbe zeigte jenen, mit denen er näher verkehrte, gern, dass er sie wahrnahm, ihre Worte hörte, sich für ihre Wünsche interessierte. Er verwöhnte auch, um verwöhnt zu werden. Als die kriminellen Machenschaften um die GWG aufgedeckt waren, räumte Schmidt ein, dass es ihm bei seinen Geschäften mit Gerlich und Kolbe an «Problembewusstsein» gemangelt habe. Doch er habe «nicht die GWG ausplündern», sondern nur Kolbe helfen wollen, «die Beiträge steuerfrei zu vereinnahmen». Es habe ja auch einen guten Zweck gedient: «dessen Rente zu erhalten».

Schmidt ist der wahre Mäzen.

Die Stadt, das Blatt und der Filz

Bewerbern brachte Michael Hartmann schon im Vorstellungsgespräch das kleine Einmaleins des Journalismus bei. «Objektivität, Unabhängigkeit und Distanz» seien für einen Journalisten selbstverständlich. Redaktionsneulingen gab der Chefredakteur der *Westdeutschen Zeitung* (WZ) einen Ratschlag mit auf den Berufsweg: «Machen Sie mir bloß keinen Klüngel!»

In seinen Kommentaren zog Hartmann mit Verve gegen Filz und Vetternwirtschaft zu Felde. Als der Kölner Müll- und Parteispendenskandal aufgeflogen war, empörte er sich über die zu «Selbstüberschätzung und Allzuständigkeit» neigenden Parteien, die «in allen Themen ihre Finger haben». Hartmanns düsterer Befund: «Der Schlamm spritzt himmelhoch. Der Sumpf wird immer tiefer.»

Inzwischen hat der Chefredakteur seinen Schreibtisch in dem sandsteinernen WZ-Pressehaus an der feinen Düsseldorfer Königsallee räumen müssen. Abrupt endete am 7. August 2002 eine journalistische Bilderbuchkarriere in der Provinz. Die Staatsanwaltschaft wirft Hartmann vor, während seiner Zeit als WZ-Lokalchef in Wuppertal an kriminellen Machenschaften beteiligt gewesen sein. Er soll bei dubiosen Immobiliendeals als «Vermittler» aufgetreten sein und «redaktionelle Unterstützung» bei windigen Bauprojekten geleistet haben. Die Anklagebehörde hat im Februar 2004 beim Wuppertaler Amtsgericht gegen den ehemaligen WZ-Chefredakteur einen Strafbefehl über eine Freiheitsstrafe von sechs Monaten auf Bewährung beantragt.

In Wuppertal ist die bundesweit wenig bekannte WZ eine Macht. Mit ihrer größten Lokalausgabe nimmt sie eine Monopolstellung ein und verkauft 75 000 ihrer insgesamt 160 000 Exemplare in der Industriestadt. An Lokalchef Hartmann kam keiner vorbei. «Eine kaum zu vernachlässigende Größe» sei der Journalist gewesen, sagt Kolbe, der manchmal etwas umständlich ist. Kolbe zog sein volles Programm ab: Essen, Geschenke, Reisen, auch gemeinsame Urlaube. In der Ferne sei ihm die Bedeutung des Lokalchefs, der zugleich stellvertretender Chefredakteur seiner Zeitung war, erst richtig bewusst geworden, sagte Kolbe den Ermittlern. Morgens habe bei Hartmann ständig das Telefon geklingelt. Politiker aus Düsseldorf und Bonn hätten «sich der Meinung des Herrn Hartmann versichert».

Nach den Feststellungen der Staatsanwaltschaft muss Kolbe rasch das Vertrauen Hartmanns erworben haben. Der Journalist soll angeblich für den Netzwerker schon 1991 bei GWG-Geschäftsführer Hiesgen den Aufkauf des ehemaligen Grundstücks der Wuppertaler Bremme-Brauerei eingestielt haben. Zu einem

Luftpreis, wie die Ermittler behaupten. Statt der von einem Gutachter taxierten 1,1 Millionen Mark zahlte die städtische Wohnungsbaugesellschaft für die 14 000 Quadratmeter große Industriebrache schließlich 7,7 Millionen Mark. Den Reibach beim Projekt «Bremme-Brauerei» machte Kolbe, der zufrieden notierte: «Presse ist sichergestellt.»

Geschickt band Kolbe die lokalen Zeitungen in sein Netzwerk ein. Er initiierte die Gründung einer PR-Agentur mit dem schlichten Namen «Klaus GmbH». Das erinnert an Nikolaus. «Ziel war es, die beiden Wuppertaler Printmedien schnell, zügig und erfolgreich zu erreichen.» WZ-Lokalchef Hartmann und Rainer Wolff, Geschäftsführer des Anzeigenblattes *Wuppertaler Rundschau*, das ebenfalls im W. Girardet Verlag erscheint, wurden über trickreiche Treuhandverträge am Profit der Klaus GmbH beteiligt. Den 25-prozentigen Anteil Hartmanns hielt Kolbes damalige Lebensgefährtin.

Wenngleich der WZ-Redakteur mit seiner stillen Beteiligung stiekum im Hintergrund blieb, warb die Firma Klaus bei ihren Kunden ausdrücklich mit journalistischem Know-how von Profis. «Wir kennen uns in der Medienlandschaft aus. Als Journalisten sind wir im Redaktionsalltag zu Hause. Wir wissen, was unsere Journalisten-Kollegen wollen. Ihre PR-Story wird deshalb von uns nicht nur recherchiert und produziert, sondern auch platziert.» Das war nicht so schwierig. Die von der Klaus GmbH verfassten Pressemitteilungen landeten allesamt in Redaktionen des Girardet-Verlages, der in der bergischen Industriestadt mit der WZ, der *Wuppertaler Rundschau* und dem *Top-Magazin* die Medienlandschaft beherrscht.

Die PR-Agentur verfügte über exzellente Verbindungen in die Medienszene, weil Journalisten unter falscher Flagge segelten und verdeckt als gewerbsmäßige PR-Agenten arbeiteten. Genau das war Kolbes Philosophie. «Wenn ich ganzseitige Anzeigen schalte, dann kostet mich das ein Vermögen. Lasse ich aber durch PR-Berater gezielt Presseartikel lancieren, dann spare ich ein Vermögen.» Anstatt mit teuren Anzeigen für die Wohnungen in den neu erbauten Senioren-Residenzen zu werben, ließ Kolbe die Lokalpresse im redaktionellen Teil die Werbetrommel rühren. «Wenn ein Altenheim oder ein anderes Projekt angeschoben werden sollte, dann machte das unsere Presse-Connection.»

Als er 1998 mit dem damaligen Bürgermeister Hermann-Josef Richter (CDU) in Wuppertal-Vohwinkel die Errichtung eines «Fachmarktzentrums» plante, notierte Kolbe: «Einigkeit bestand auch darüber, dass das Projekt nur zu verwirklichen ist, wenn die örtliche Presse dies mit einem ‹Hurra› aufgreift und die überörtliche Presse schon sehr früh über die ‹pfiffigen Wuppertaler› berichtet.» Der ermittelnde Staatsanwalt Wolf Baumert hat Kolbe einmal gefragt, ob er mit der Gründung der Klaus GmbH ganz gezielt die Wuppertaler Presse «gekauft» habe. Gekauft sei «ein großes Wort», druckste Kolbe herum, «aber es gab die Möglichkeit, Themen zu steuern».

Auch öffentliche Kritik an den riskanten Investitionen der städtischen GWG konnte über die PR-Agentur im Keim erstickt werden. «Wir haben dafür gesorgt», sagt Kolbe zu seinem Coup mit der Klaus GmbH, «dass eine Reihe von Problemen gelöst wurden oder diese erst gar nicht auftraten.» Kritiker pflegte Hartmann in seinem Blatt höchstpersönlich abzuwatschen: Das seien, schrieb er stereotyp, «Muckertaler und keine Wuppertaler». Das mit den Muckertalern hat übrigens der große ungeliebte Sohn der Stadt, Friedrich Engels, gern gesagt.

Kleine und größere Geschenke erhielten die Freundschaft zwischen Kolbe und Hartmann, der 1996 vom Wuppertaler Lokalchef zum Chefredakteur der WZ aufstieg. Der Journalist bekam, wie die Ermittler notierten, wertvolle Uhren, Cartier-Kerzenleuchter und einen Pelzmantel für seine Ehefrau. Im Haus seiner ersten Ehefrau ließ Kolbe ihm auf einer Anhöhe über Wuppertal mit weißem Marmor und hochwertigem Teppichboden eine Luxuswohnung herrichten. Die beiden Spezis verstanden sich so gut, dass anfangs nicht einmal ein Mietvertrag existierte. Schließlich sollte Hartmann sogar bei Kolbes Halbach-Stiftung mit einem dreijährigen Beratervertrag über 60 000 Mark ausgestattet werden. Alleine die Stiftungsaufsicht machte einen Strich durch die Rechnung.

Über Kolbe und Hartmann kursieren viele Geschichten in der «Stadt im Kranz der grünen Wälder» (Eigenwerbung). Eine dieser Anekdoten handelt davon, wie die beiden Freunde bei dem damaligen Wuppertaler SPD-Fraktionsvize Harald Steup vorstellig geworden seien, um die Chancen für eine vorzeitige Pensionierung Kolbes als Oberamtsanwalt auszuloten. Als Vorsitzender des städtischen Klinikausschusses unterhielt Steup beste Beziehungen zu einflussreichen Amtsärzten. Er könne nicht ausschließen, dass Kolbe bei Steup mal nachgefragt habe, ob der «nicht 'nen wuchtigen Psychiater» für ihn an der Hand habe, sagt Hartmann. Möglich auch, dass er bei einem Gespräch zugegen war, bei dem «die Pensionierung ein Thema war». Aber, so versichert Hartmann, «aktiv habe ich da nix dran getan».

An den vielen Präsenten des Herrenausstatters Kolbe kann Hartmann nichts Anstößiges finden. «Es gab Geschenke auf Gegenseitigkeit. Das war ein Geben und Nehmen, nichts Ungewöhnliches.»

Keine Kleinigkeit ist für einen Journalisten die stille Beteiligung an einer PR-Agentur. Nach dem Kodex des Deutschen Presserates dürfen redaktionelle Veröffentlichungen nicht durch persönliche wirtschaftliche Interessen der Journalisten beeinflusst werden. Er habe für die Zeit nach seiner Verrentung «den Fuß in die Tür einer Firma» bekommen wollen, rechtfertigt Hartmann sein umstrittenes Engagement. Da der «Krauterladen» jedoch nichts abgeworfen habe, sei er 1997 wieder ausgestiegen. Seine Anteile ließ er ausgerechnet an den Geschäftsführer der *Wuppertaler Rundschau*, Rainer Wolff, verkaufen. Am 12. April 2003 rückte der W. Girardet Verlag aufgrund des laufenden GWG-Prozesses eine Erklärung in seine Wuppertaler Lokalspalten ein: Die Beteiligung Hartmanns an der PR-Agentur sei «ohne Wissen des Verlages erfolgt und wurde dem Verlag erst im Zuge der Ermittlungen im GWG-Verfahren bekannt». Ein solches Verhalten sei «mit den Grundsätzen unseres Hauses nicht vereinbar».

Hartmann selbst sah die Unabhängigkeit seiner Zeitung durch seine Beteiligung an der Klaus GmbH nicht in Gefahr. Da er «stiller Gesellschafter» gewesen sei, habe die Redaktion davon gar nichts wissen können. Eine Bevorzugung der Kunden der PR-Agentur sei für ihn nicht in Frage gekommen. Auch dass die Namen der Hauptbeschuldigten der GWG-Affäre in der WZ monatelang fürsorglich abgekürzt wurden, hat für Hartmann mit einer Rücksichtnahme auf alte Spezis und Seilschaften nichts zu tun. «Das entspricht guter journalistischer Praxis aufgrund der generellen Unschuldsvermutung.»

Der damalige WZ-Chefredakteur kassierte offenbar nicht nur über die Klaus GmbH für dubiose PR-Dienste. Am 21. März 1997 schickte er dem Wuppertaler Architekten Klaus Schwittay eine Rechnung über 50 000 Mark plus 7 500 Mark Mehrwertsteuer «für Unternehmensberatung in Fragen der Organisation und Öffentlichkeitsarbeit». Schwittay zahlte prompt und überreichte Hartmann noch am selben Tag einen Scheck.

Der Anwalt des Architekten gab später bei der Wuppertaler Kriminalpolizei zu Protokoll, dass Netzwerker Kolbe den Kontakt zwischen Hartmann und Schwittay hergestellt habe. «Damit die Baumaßnahmen in der Presse positiv dargestellt würden.» Bei einer Besprechung im WZ-Redaktionsbüro hatte Hartmann nach Darstellung des Schwittay-Anwaltes zugesagt, umstrittene Bauprojekte des Architekten «in der Westdeutschen Zeitung und anderen Publikationen entsprechend vorzustellen, was später auch geschehen ist.» Über das vergleichsweise hohe Hartmann-Honorar von 50 000 Mark sei sein Mandant «nicht begeistert gewesen», berichtete der Anwalt bei der Kripo, «hat das aber hingenommen».

Die Leistungen des Journalisten seien eher bescheiden gewesen. «Mit Ausnahme eines weiteren Treffens bei einem Essen fand kein weiterer Kontakt mehr statt, insbesondere gab es keine Unternehmensberatung.»

Zwischenzeitlich hat sich Hartmann («Wenn Sie richtigen Journalismus machen, können Sie keine unumstrittene Persönlichkeit sein») aus Wuppertal an den Schliersee zurückgezogen, plant aber offenbar ein mediales Comeback. Im Titelschutzanzeiger hat er sich den Zeitungsnamen «Wuppertal – Total lokal» schützen lassen.

Das Rathaus und sein Chef

Am frühen Morgen des 18. September 1996 stürmten Beamte rudelweise in das Wuppertaler Rathaus: Fahnder von Polizei und Staatsanwaltschaft. Ihr Weg führte sie direkt ins Hochbauamt. Als die Razzia vorbei war, wiesen die Regale in der städtischen Abteilung Bauunterhaltung große Lücken auf. Kistenweise waren Akten beschlagnahmt worden. Ein Malermeister hatte die Beamten geschmiert, um sich profitable Großaufträge bei der Renovierung von Schulen, Repräsentationsbauten und städtischen Wohnsiedlungen zu sichern. Fünf städtische Mitarbeiter wurden wegen Korruptionsverdacht festgenommen.

Etliche Mitarbeiter im Rathaus hatten es zu auffälligem Wohlstand gebracht. Ein Beamter hatte sich im benachbarten Radevormwald eine Pferderanch gekauft, die im Volksmund «Ponderosa» hieß. Andere hatten sich eine Finca auf Mallorca zugelegt oder waren plötzlich mit einem Porsche zum Dienst gekommen. Zu den Preisabsprachen hatten sich die Beamten mit dem Malermeister außerhalb der Dienstzeit getroffen, häufig in Edelbordellen.

Am tollsten hatte es der Leiter der Abteilung Bauunterhaltung getrieben. Er hatte seinen Besprechungsraum im Rathaus mit graublaum Baldachin, einer Spiegelwand und sündhaft teuren Gardinen ausstaffieren lassen. «Haremszimmer» hieß der Raum bei den Verwaltungsmitarbeitern. Ein psychiatrischer Gutacher attestierte dem Oberbaurat später eine «geltungssüchtige Persönlichkeit». Vor seinen Mitarbeitern hatte der Deutschbrasilianer häufig damit geprahlt, Offizier beim israelischen Geheimdienst zu sein. Auf die örtlichen Handwerker und Bauunternehmer muss der Wichtigtuer mächtig Eindruck gemacht haben. Sie möblierten ihm seine Büroräume und überhäuften ihn mit Geschenken. In nachweislich mindestens 66 Fällen ist der Oberbaurat bestochen worden.

Als die ersten Bestechungsfälle im Wuppertaler Rathaus bekannt wurden, war in die Chefetage gerade der neue Oberbürgermeister eingezogen. Der Sozialdemokrat Hans Kremendahl hatte in seinem bisherigen Berufsleben schon manche böse Spielart der Filz- und Vetternwirtschaft erlebt. Er kam aus Berlin, und da waren fein gesponnene Beziehungsgeflechte zum Zwecke des Machterhalts und der Bereicherung normal. Der Berliner Sumpf war europaweit zum Begriff für ein Mafiastück geworden, in dem sich Politfunktionäre mit Großspendern, Steuerjongleuren, Abschreibungshaien und halbseidenen Bordelliers verfilzt hatten. Kremendahl hatte erlebt, wie der Kreislauf des Geldes die Erwerbsdrüsen anregte, und war unbestechlich geblieben. Er galt als exzellenter Verwaltungsexperte mit dem Image eines staubtrockenen Saubermannes.

Also der richtige Mann für Wuppertal. Kurz nachdem die Fahnder im Spätsommer 1996 das Rathaus verlassen hatten, griff Kremendahl energisch durch. Er legte ein 37-seitiges «Anti-Korruptions-Konzept» vor und setzte es auch um: Er führte bei der Auftragsvergabe das «Vieraugenprinzip» und ein «zentrales Vergabemanagement» ein. Er verschärfte die Dienstanweisungen und ernannte eine «Korruptionsbeauftragte». Bei seiner «Schwachstellenanalyse» stieß Kremendahl im Rathaus auf ein «eng gestricktes ausgeklügeltes Netz von Korruption». Den meisten der 5200 Mitarbeiter attestierte er zwar eine «untadelige, gesetzestreue und bürgerfreundliche Arbeit», aber bei den anderen machte er «ein kaum vermutetes Maß an Geldgier, krimineller Energie und Skrupellosigkeit» aus. Kremendahl zeigte sich entschlossen, den Korruptionssumpf auszutrocknen, «ohne Ansehen von Person und Status».

Wie konnte ein solcher Saubermann nur wenige Jahre später in den Verdacht geraten, selbst korrupt zu sein?

Der Oberbürgermeister, der als manischer Kettenraucher und hektischer Kaffeetrinker sein Amt ziemlich hochtourig fährt, sei für viele in Wuppertal «ein Hoffnungsträger» gewesen, bestätigt Jörg Heynkes. Der Medienunternehmer, Jahrgang 1953, ist einer der Meinungsführer in der Stadt und steht für Aufbruch und Innovation in Wuppertal.

Heynkes hatte große Erwartungen an Kremendahl gehabt. Doch der OB habe es versäumt, einen grundlegenden Neuanfang zu machen. Kremendahl sei den alten Strukturen in die Falle gegangen, er habe sich mit den falschen Beratern umgeben und die bestehenden Seilschaften in der Stadt nicht aufgelöst.

Was also ist geschehen? Blicken wir auf den Wuppertaler Kommunalwahlkampf Ende der 90er Jahre: Nach einer Änderung der nordrhein-westfälischen Gemeindeordnung wurde der Oberbürgermeister im September 1999 erstmals direkt gewählt. Die CDU hatte frühzeitig, schon im Jahr davor, mit einer Materialschlacht begonnen, um ihren Kandidaten Hermann-Josef Richter in Szene zu setzen. Der SPD aber fehlte das Geld für teure Werbung, der Partei drohte sogar die Zahlungsunfähigkeit. Der sozialdemokratische OB Kremendahl, nicht eben ein Volkstribun, schien ins Hintertreffen zu geraten.

In dieser Notlage erinnerte sich Helmut Schmidt, der Mann für alle Fälle in der Wuppertaler SPD, an den Bauinvestor Uwe Clees. Dieser würde – so das Kalkül des Spendensammlers – als eingetragenes CDU-Mitglied zwar nicht der SPD, womöglich aber seinem Duzfreund Kremendahl aus der Bredouille helfen. Schmidt verständigte sich zunächst mit zwei anderen SPD-Strategen über sein Vorhaben, Clees als Finanzier für den OB-Wahlkampf zu gewinnen. SPD-Ratsherr Jürgen Specht, mit Kremendahl und Clees gleichermaßen verbunden, war von der Idee angetan. Auch Harald Steup, ein maßgeblicher Strippenzieher bei den Wuppertaler Genossen, hatte keine Bedenken, bei CDU-Mitglied Clees um Wahlkampfspenden zu werben.

Gemeinsam mit OB Kremendahl sagten sich die Genossen Schmidt, Specht und Steup am 10. November 1998 auf dem Anwesen des Bauinvestors in Wülfrath an. Clees fühlte sich geschmeichelt, dass der Oberbürgermeister sich persönlich zu ihm bemühte. In seiner Landhausvilla ließ er aus dem Lokal des Velberter Fernsehkochs Walter Stemberg Karotten-Tomaten-Suppe, Filetstreifen mit Pilzen und Spätzle sowie eine opulente Käseplatte auftischen. Dazu reichte der Hausherr Rotwein. Deshalb wurde das Treffen später als «Rotweinrunde» aktenkundig.

Über den Verlauf des Treffens in der Clees-Villa gibt es unterschiedliche Darstellungen. Strittig ist bis heute, wie lange OB Kremendahl der «Rotweinrunde» beiwohnte, eine Frage, die später die Juristen beschäftigte. Fest steht, dass Clees in Gegenwart des Oberbürgermeisters eine finanzielle Unterstützung seines Wahlkampfes zusagte. Auf das Wort Kremendahls habe er sich immer verlassen können, während er den Herausforderer, seinen CDU-Parteifreund Hermann-Josef Richter, für «unberechenbar» halte, soll Clees erklärt haben.

Clees kleckerte nicht, sondern klotzte. «Wir machen Bundesliga und nicht Kreisklasse», sagte der Unternehmer den Genossen. Möglich, dass Kremendahl in diesem Augenblick ein ungutes Gefühl bekam. So tönten auch die, denen er immer misstraut hatte, die Strippenzieher in Berlin. Sein Grundsatz war gewesen: «Zu mir kann keiner kommen und sagen: Du musst, weil ich damals habe.»

Kremendahl würde aber im Rathaus mit Projekten des Bauinvestors zu tun haben. Ein echtes Problem.

Etliche Monate nach dem Treffen der Rotweinrunde hat Kremendahl großen Wert darauf gelegt, dass er die Runde bei Clees frühzeitig verlassen habe und dort überhaupt auch nur «aus Courtoisie», also aus Höflichkeit, erschienen sei. Mit dem Einwerben von Spenden habe er nichts zu tun haben wollen. Er habe stets darauf verwiesen, dass die Partei dafür zuständig sei. In seiner Gegenwart habe Clees nie eine konkrete Spendenzusage gemacht. Auch an jenem Abend nicht.

Der ehemalige Clees-Pressesprecher Ulrich Brüne erinnert sich anders: Nach einigen Gläsern Rotwein sei sein damaliger Chef sehr konkret geworden. «Mit großer Geste» habe er sich über den Tisch gebeugt und gesagt: «Ich gebe eine Million für den Wahlkampf von Doktor Kremendahl.» Schmidt und Steup haben ebenfalls eine Summe gehört. «Ich hatte gegackert, jetzt musste ich auch ein Ei legen», sagt Clees selbst. Der Unternehmer beauftragte seinen Pressesprecher, den Etat für den OB-Wahlkampf bei der von der SPD beauftragten Werbeagentur um 500 000 Mark zu erhöhen. Die Kampagnenplaner schnürten ein Rundum-Sorglos-Paket für den OB. Selbst dessen Fotografen- und Friseurrechnungen übernahm Sponsor Clees während des Wahlkampfes. Der Leiter des Wuppertaler Presseamtes, Ernst Andreas Ziegler, hatte das Gefühl, dass hier von «Traumtänzern» eine «utopische» Wahlkampagne «aus der Schatzkiste» geplant werde. Bundesliga eben.

Gegenüber Partei und Öffentlichkeit hielt sich der großherzige Kremendahl-Förderer klugerweise im Hintergrund. Die Vorstandsmitglieder der Wuppertaler SPD, die sich angesichts der Materialschlacht im Kommunalwahlkampf über die finanzielle Potenz ihrer sonst chronisch klammen Partei wunderten, erfuhren nur, das Geld für den OB-Wahlkampf stamme aus einer «Großspenden-Initiative». Es wurde auch geschickt versteckt. Die halbe Million Mark floss vom Konto der Wicküler Park GmbH, einer hundertprozentigen Clees-Tochterfirma, in sechs Tranchen an die Wuppertaler SPD. Für den Rechenschaftsbericht der Bundes-SPD traten neben Clees drei fingierte Spender auf. So ließ sich an der hübschen Legende von einer «Hans-Kremendahl-Initiative» stricken und der aufkeimende Verdacht einer Einflussspende ersticken.

Im Mai des Jahres 2001 geriet Clees wegen Korruptionsverdacht ins Visier der Staatsanwaltschaft. Als die Fahnder sein Wülfrather Anwesen filzten, fiel ihnen unter anderem eine Kladde in die Hände, in der Geldflüsse festgehalten worden waren. Die Ermittler konnten sich zunächst keinen Reim darauf machen. Das beschlagnahmte Notizbuch kam in die Asservatenkammer. Erst als die Ermittler die Konten des Herrn Clees systematisch abglichen, dämmerte ihnen, dass sie womöglich einem größeren Korruptions- und Parteispendenskandal auf der Spur waren.

Die sechs Überweisungen des Bauinvestors an die Wuppertaler SPD in Höhe von insgesamt einer halben Million Mark machten die Fahnder misstrauisch. Zwar war im Rechenschaftsbericht der SPD für 1999 eine Spende der Clees-Bauträgergesellschaft C+W in Höhe von insgesamt 250 000 Mark ausgewiesen worden. Doch die restlichen 250 000 Mark tauchten nirgendwo auf. Als sich die Ermittler die Kladde noch einmal genauer anschauten, stießen sie im Zusammenhang mit der Spende auf die Namen und Adressen von drei Privatleuten. Clees hatte sie offenbar als Strohmänner benutzt, um die andere Hälfte seiner Großspende an die Wuppertaler SPD zu verschleiern.

Schließlich fiel den Fahndern ein Revisionsbericht der SPD-Bundespartei zu der dubiosen 500 000-Mark-Spende in die Hände. Dort hatte sich der Geschäftsführer des SPD-Unterbezirks, Jörg Biesterfeld, über die Motive von Clees' ungewöhnlicher Unterstützung des OB-Wahlkampfes ausgelassen. Der Unternehmer gehe wohl «aufgrund der bisherigen Erfahrungen mit der Stadt von wohlwollender Behandlung aus, wenn es bei den bis dahin gegebenen Mehrheitsverhältnissen bleiben würde». Es liege daher im «Interesse» von Clees, «die SPD bei ihren Bemühungen zu unterstützen, auch weiterhin den Oberbürgermeister und möglichst auch die Ratsmehrheit zu stellen». Es sollte sich bald herausstellen, dass Clees' Interesse einige sehr handfeste Gründe gehabt hatte.

Für die Staatsanwaltschaft ein klarer Fall von Korruption. Mitte Juli 2002 klagte sie Oberbürgermeister Kremendahl wegen Vorteilsnahme und Bauinvestor Clees wegen Vorteilsgewährung an. Der Rathauschef, der angetreten war, den tiefen Korruptionssumpf in der Stadtverwaltung auszutrocknen, saß plötzlich selbst auf der Anklagebank. In ihrer 50-seitigen Anklageschrift sahen es die Ermittler als erwiesen an, dass durch die 500 000-Mark-Spende für den OB-Wahlkampf «das Verhalten des Oberbürgermeisters bei Entscheidungen über eine Reihe von größeren Hochbauprojekten des Unternehmers Clees» beeinflusst worden sei. Mit seiner Wahlkampfunterstützung habe sich der Bauinvestor vor allem «das Wohlwollen» des Rathauschefs für den Bau eines in der Kommunalpolitik heftig umstrittenen «Factory Outlet Center» erkaufen wollen.

Tiefe Einblicke in das Innenleben der Wuppertaler Stadtverwaltung verdanken die Ermittler dem ehemaligen Beigeordneten für Stadtentwicklung, Bauen und Verkehr, Ingolf Roßberg. Mitte Februar 2001 wurde Roßberg, der inzwischen Oberbürgermeister von Dresden ist, von zwei Beamten des Kriminalkommissariats 22 der Wuppertaler Polizei als Zeuge befragt. Der FDP-Mann sagte aus, unter Kremendahls Amtsführung sei es «skandalös» zugegangen. Die Wünsche des Bauinvestors Clees, so sein Fazit, seien im Wuppertaler Rathaus Befehl gewesen. «Alle mussten strammstehen.»

Die Unternehmensgruppe Clees hatte nach Darstellung von Roßberg im Rathaus «eine Sonderstellung» eingenommen. Auf die Mitarbeiter sei «ein ungeheurer Druck ausgeübt» worden. Widerspenstige Beamte hätten um ihren Job fürchten müssen. «Die städtischen Mitarbeiter bekamen es regelmäßig mit der Angst zu tun, wenn der Name Clees in der Verwaltung auftauchte.» Die Gesandten des Bauinvestors hätten ihre Forderungen sehr vehement vertreten. «Brachial», so bekundete Roßberg, habe der Unternehmer Clees seine Projekte durchgesetzt. Wenn die Wünsche nicht umgehend erfüllt worden seien, «gingen Beschwerdebriefe direkt an den Oberbürgermeister». Das Büro von Kremendahl habe die Verwaltung dann umgehend um einen Bericht oder eine Sachstandsmitteilung gebeten. Kungeleien und Kumpanei hätten das Klima im Rathaus bestimmt.

Die Auswertung zahlreicher Akten durch die Ermittler bestätigte Roßbergs Aussagen. Sie brachte zutage, dass der Oberbürgermeister manchmal wie ein Lobbyist von Clees agierte. Post von Ministern, disziplinarrechtliche Maßnahmen, die den Unternehmer interessieren konnten – es wurde prompt an ihn weitergeleitet. Wenn eine Sache im Rathaus nicht gleich so lief, wie Clees sich das vorgestellt hatte, schrieb er Kremendahl einen Brief: «Ich bitte Sie, sich mit der Thematik vertraut zu machen, damit Sie gegebenenfalls persönlich eingreifen können.»

Als ein städtischer Gutachter bei einem seiner Bauprojekte auf sorgfältige Grundstückssanierung drängte, notierte Clees: «Die sind verrückt.» Er wollte lieber einen Gutachter nach eigenem Gusto bestellen. Weil ein Mitarbeiter im Umweltdezernat sich dagegen sperrte, immerhin ging es um hochkontaminierten Sonderabfall, sollte der Beamte versetzt werden. Der Oberbürgermeister solle «ein Signal setzen», verlangt Clees in einem beschlagnahmten Brief. «Anscheinend gab Dr. Kremendahl im August 2000 dieses Signal», heißt es in der Anklage.

In dem Strafprozess vor dem Wuppertaler Landgericht spielte Kremendahls Amtsführung kaum eine Rolle. Die Richter der Sechsten Großen Wirtschaftsstrafkammer stellten am Ende der Beweisaufnahme fest, dass es sich bei den 500 000 Mark von Clees für den OB-Wahlkampf zweifelsfrei um «eine Einflussspende» gehandelt habe. Der Unternehmer habe die Dienstgeschäfte Kremendahls in seinem Sinne beeinflussen wollen und sich damit der

Vorteilsgewährung schuldig gemacht. Die Kammer verurteilte ihn zu 14 Monaten Freiheitsstrafe auf Bewährung und einer Geldauflage in Höhe von 150 000 Mark.

Kremendahl wurde freigesprochen. Zwar habe der Oberbürgermeister, urteilte die Kammer, einen Vorteil für seine Partei erhalten, sich dabei aber nicht der Vorteilsannahme schuldig gemacht. Schließlich habe er das Geld der SPD überantwortet und ausdrücklich auf die Bestimmungen des Parteiengesetzes hingewiesen. Dass die SPD bei der Deklarierung und Offenlegung der Spende dessen ungeachtet gegen das Parteiengesetz «gröblichst verstoßen» habe, könne Kremendahl nicht angelastet werden. Die Wuppertaler SPD hätte die Annahme der Clees-Spende verweigern müssen, heißt es in der über 80-seitigen Urteilsbegründung. Nach dem Parteiengesetz dürften «Spenden, die erkennbar in Erwartung eines bestimmten wirtschaftlichen Vorteils gewährt werden, nicht angenommen werden». Der für die Parteienfinanzierung zuständige Bundestagspräsident Wolfgang Thierse (SPD) hat sich «den widerspruchsfreien und überzeugenden Feststellungen» der Wuppertaler Wirtschaftsstrafkammer inzwischen angeschlossen. Er forderte die Bundes-SPD Ende Januar 2003 zur Zahlung von 766 937 Euro auf. Diese bislang strengste Sanktion gegen die Sozialdemokraten wegen Verstoßes gegen das Parteiengesetz entspricht dem Dreifachen der rechtswidrigen «Einflussspende». Die SPD hat gegen den Thierse-Bescheid Klage vor dem Verwaltungsgericht eingelegt.

Intensiv hat die Wuppertaler Strafkammer darüber beraten, ob für Kremendahl als kooptiertes Mitglied im SPD-Unterbezirksvorstand eine «Handlungspflicht» bestanden habe, die Einhaltung des Parteiengesetzes bei der Verbuchung und Offenlegung der Clees-Spende zu überprüfen. Am Ende haben die Richter dies verneint. «Wenn sich schon Juristen Tage und Nächte die Köpfe darüber heiß reden, wie soll dann ein Nicht-Jurist das wissen», sagte der Vorsitzende Richter Helmut Leithäuser. Im Übrigen bestanden für die Kammer «ernsthafte Zweifel», ob der Vorstand der Wuppertaler SPD bei einem Einschreiten Kremendahls «anders gehandelt» hätte. Da das Geld im OB-Wahlkampf nämlich teilweise eher ausgegeben worden sei, als die sechs Tranchen von Clees eingingen, so das Gericht in seiner Urteilsbegründung, «blieb der Partei kein anderer Weg, als die Spenden anzunehmen, um Zahlungsunfähigkeit zu vermeiden».

Der Vorsitzende Richter Leithäuser hat ausdrücklich angeregt, den Freispruch für Kremendahl auf den Prüfstand der Revision zu stellen – ein höchst seltener Vorgang in der deutschen Rechtsgeschichte. Das Gericht habe mit der Rechtsprechung in Sachen Kremendahl juristisches Neuland betreten, sagte Leithäuser. Die Staatsanwaltschaft, die immerhin eine anderthalbjährige Freiheitsstrafe für Kremendahl und damit zwangsläufig dessen Amtsenthebung gefordert hatte, folgte der Anregung des Richters. Sie hat beim Bundesgerichtshof die Aufhebung des Freispruchs beantragt.

Seit dem 16. Juni 2004 musste auch der Kremendahl-Spezi Jürgen Specht die Anklagebank im Wuppertaler Landgericht drücken. Der langjährige SPD-Ratsherr soll von dem mitangeklagten Clees und anderen Bauinvestoren bestochen worden sein, um deren umstrittene Vorhaben im Rathaus und im Stadtparlament durchzudrücken. Freimütig hat Specht bei seiner Einlassung vor Gericht über die ungewöhnlichen Usancen im Wuppertaler Politik-Milieu geplaudert. Selbst in Kommunalwahlkämpfen hätten die beiden großen Parteien nichts dem Zufall überlassen. Mit dem Oberbürgermeister-Kandidaten der gegnerischen CDU, Hermann-Josef Richter, habe er 1999 ausgehandelt, «welche Themen für den Wahlkampf freigegeben werden.» Eine lange Liste von Bauprojekten gingen die beiden Strategen durch und verständigten sich über Realisierungschancen. Wenn ein Vorhaben nicht mehr durchsetzbar schien, berichtete Specht, hätten sich CDU und SPD im Wahlkampf über ein solches Projekt streiten können: «So kann man auch konkret gegen was sein. Und es wird nix versaut.» Das heikle FOC-Projekt von Investor Clees hielten die Herren aus dem Wahlkampf heraus.

Clees wollte aus diesem Prozess mit einer Bewährungsstrafe herauskommen. Damit die Staatsanwaltschaft mitmacht, hatte der Wülfrather Bauinvestor bei der Anklagebehörde nach Abschluss des Kremendahl-Prozesses offenbar großzügig über das engmaschige Wuppertaler Korruptionsgeflecht ausgepackt. Bald darauf waren die Fahnder auch bei der Wuppertaler CDU. Deren OB-Kandidat Richter soll 1999 ebenfalls von Clees 125 000 Mark erhalten haben, um das vom Einzelhandel bekämpfte «Factory Outlet Center» doch noch im Stadtrat durchzuboxen. Die Staatsanwaltschaft hat gegen den CDU-Politiker ein Strafermittlungsverfahren eingeleitet.

Der BGH und die Causa Kremendahl

Die Theorie des Bundesverfassungsgerichts klingt bestechend: Um sich ihre «Staatsferne» zu bewahren, sind die Parteien gehalten, einen Teil ihrer Tätigkeit aus Spenden der breiten Bevölkerung zu bestreiten. In der Praxis spenden aber – wie das vorige Kapitel zeigte – nicht so sehr Wohltäter, denen allein die demokratische Willensbildung am Herzen liegt, sondern zumeist Großkonzerne und finanzkräftige Unternehmer, um ganz gezielt ihre Interessen durchzusetzen. Theorie und Praxis sind im Leben oft zweierlei.

Im August 2004 beschäftigte sich der 3. Strafsenat des Bundesgerichtshofs (BGH) in Karlsruhe mit der Causa Kremendahl. Der 3. BGH-Strafsenat muss in absehbarer Zukunft eine juristische Grundsatzentscheidung darüber fällen, ob und inwieweit Spender Einfluss auf politische Amtsträger nehmen dürfen.

Dass der Bauinvestor Clees dem Wuppertaler OB großzügig 500 000 Mark für einen «bundesligareifen» Kommunalwahlkampf spendierte, ist für die Staatsanwaltschaft ein klassischer Fall von Korruption. Der Unternehmer Uwe Clees, ein CDU-Mitglied, habe sich das Wohlwollen des SPD-Rathauschefs bei der Durchsetzung umstrittener Bauprojekte erkauft. Zwar war das Landgericht Wuppertal den Anklägern bei den Vorwürfen gegen Clees gefolgt und hatte diesen zu einer Freiheitsstrafe von 14 Monaten wegen Vorteilsgewährung verurteilt. Zugleich aber sprach es den Oberbürgermeister vom Vorwurf der Vorteilsannahme frei. Ein bislang einmaliger Fall in der deutschen Rechtsgeschichte: Es gab einen Bestecher, aber keinen Bestochenen.

Immerhin habe Kremendahl die Clees-Spende der SPD zur Offenlegung übergeben und damit für Transparenz nach dem Parteiengesetz gesorgt, urteilten die Wuppertaler Richter. Der OB müsse genauso straffrei ausgehen wie ein Hochschullehrer, der mitunter sogar gesetzlich zur Einwerbung von Drittmitteln bei Sponsoren verpflichtet sei.

Während seiner mündlichen Anhörung hat der Strafsenat des BGH zu erkennen gegeben, dass er den Fall Kremendahl als höchst komplex ansieht – und eine Entscheidung weit reichende Folgen für die Spendenpraxis der Parteien haben kann. Der Gesetzgeber hatte die einschlägigen Paragraphen zur Korruptionsbekämpfung 1997 so verschärft, dass sich Amtsträger auch dann strafbar machen, wenn sie sich einen Vorteil zwar nicht für sich, aber für einen Dritten – etwa für ihre Partei oder den örtlichen Fußballklub – versprechen lassen. Dabei muss die Spende gar nicht auf eine konkrete Dienstausübung des Amtsträgers gerichtet sein. Nach den Buchstaben des Gesetzes reicht es aus, wenn es ganz allgemein um Klimapflege, Wohlwollen oder aber um so genannte «Dankeschön»-Spenden geht.

Der Vorsitzende des zuständigen BGH-Senats, Klaus Tolksdorf, hat deutlich gemacht, dass die verschärfte Korruptionsgesetzgebung mit Blick auf kommunale Amtsträger fragwürdig sei – etwa bei der Chancengleichheit in Kommunalwahlkämpfen. Während sich der jeweilige Amtsinhaber bei der Einwerbung von Spenden schnell strafbar mache, könnten sich seine Herausforderer – soweit sie keine Berufsbeamten sind – beinahe bedenkenlos alimentieren lassen. Jedenfalls im Rahmen des Parteiengesetzes. Völlig ungeniert könnten sich parteilose Kandidaten bedienen. Da bleibe die Chancengleichheit auf der Strecke. Grundsätzlich müsse es Spendern möglich sein, so der Senatsvorsitzende, Kandidaten wegen ihrer politischen Grundeinstellungen – zum Beispiel: «familien-, umwelt- und investorenfreundlich» – zu fördern, ohne sich bei Wahlbeamten gleich dem Strafvorwurf der Vorteilsgewährung auszusetzen.

Zweifelsohne hat der Fall Kremendahl eine Reihe neuer Rechtsfragen aufgeworfen. Die Karlsruher Richter haben hier «nichts übers Knie» brechen wollen und sich deutlich mehr Zeit als in anderen Fällen genommen. Etwa 98 Prozent aller Strafsachen werden beim BGH binnen drei Monaten entschieden. Die Revisionsklage gegen den Kremendahl-Freispruch beschäftigte die Richter in den roten Roben weit mehr als ein halbes Jahr.

Dabei war der Senat erkennbar hin und her gerissen. Einerseits hat der Gesetzgeber eine verschärfte Bekämpfung der Korruption gewollt – gerade um das Vertrauen der Bürger in die Lauterkeit des öffentlichen Dienstes sicherzustellen. Andererseits müssen sich die hauptamtlichen Oberbürgermeister – nach der nordrhein-westfälischen Kommunalreform im Jahre 1999 – der Direktwahl stellen und aktiv Wahlkampf betreiben. Solche Wahlkämpfe sind ohne Spenden in der heutigen Zeit nicht mehr führbar. Deshalb haben die BGH-Richter daran gedacht, die Wahlkampfspenden aus der weitreichenden Strafvorschrift der Vorteilsannahme (§ 331 StGB) herauszunehmen. In diesem Falle, so hat Bundesanwalt Rolf Hannich dem Senat entgegengehalten, würde «eine effektive Korruptionsbekämpfung nicht mehr greifen». Gerade Rathäuser seien ein bevorzugter Tatort für Bestechung und Bakschisch. Bei der Wahlkampfspende von Clees für Kremendahl habe es «eine sachwidrige Verknüpfung» mit der Planung und Durchsetzung von Bauprojekten in Wuppertal gegeben.

Der BGH-Senat wandelt auf einem schmalen Grat. Im Falle Kremendahl hat der Spender Clees erklärt, er habe den OB unterstützt, weil er für seine Bauprojekte «Planungssicherheit» benötigte. Und Kremendahl sei eben «berechenbar und investorenfreundlich» gewesen. Aber wendet ein Unternehmer gleich eine halbe Million Mark auf, um alleine den edlen Tugenden eines Rathauschefs zum Sieg zu verhelfen – ohne an konkrete Projekte zu denken? Schließlich ließ Clees auch dem Wuppertaler OB-Kandidaten der CDU insgesamt 125 000 Mark im Kommunalwahlkampf 1999 zukommen. Sicher ist sicher.

Die Entscheidung der BGH-Richter soll im Herbst 2004 fallen.

Der Genosse Richter

Es gibt Büchermenschen und es gibt Aktenmenschen. Helmut Leithäuser mag Akten. In Prozessen fällt der Vorsitzende Richter der Sechsten Großen Wirtschaftsstrafkammer am Wuppertaler Landgericht mit seinem Detailwissen auf. Bei Leithäuser landen die großen Korruptionsfälle. Die Anklage gegen Oberbürgermeister Kremendahl verhandelte er ebenso wie die Strafsache gegen das Netzwerk um Kolbe und die GWG.

Richter, die über Prominenz verhandeln, sind der Versuchung ausgesetzt, zu demonstrieren, dass man nicht nur die Kleinen hängt. Tapferkeit gegenüber den Großen macht Eindruck auf das Publikum. Aber Leithäuser versucht sympathischerweise, gegen alle Verfahrensbeteiligten dieselbe Distanz zu wahren. Mit seiner stoischen Ruhe verströmt der vollbärtige Jurist, Jahrgang 1956, im Saal zugleich Souveränität. Sparsam sind Mimik und Gestik, autoritäres Gehabe scheint ihm fremd zu sein. Wenn er den Gerichtssaal betritt, bittet er die Prozessbeteiligten und Zuhörer regelmäßig, «doch Platz zu behalten».

Kein leichter Job für den Genossen Richter. In den frühen 80er Jahren hat Leithäuser kurzzeitig als SPD-Mitglied Parteikarriere gemacht. Im Düsseldorfer Justizministerium gehörte er zu den engsten Mitarbeitern der damaligen Ministerin Inge Donnepp (SPD). Doch nach der Aufsehen erregenden Hauptverhandlung gegen den SPD-Politiker Kremendahl wäre niemand der Beobachter auf die Idee gekommen, Leithäuser wegen des im sozialdemokratischen Milieu angesiedelten Prozessstoffes auch nur in die Nähe einer Befangenheit zu rücken.

Fast schon brachial hat der Richter den chaotischen Umgang der SPD mit Führungs- und Finanzfragen offen gelegt. Aufgaben könnten delegiert werden, «aber keine Verantwortung», sagte er nach der Zeugenvernehmung der maßgeblichen Wuppertaler SPD-Vorstandsmitglieder. Laut fragte Leithäuser im Anschluss an den Zeugenauftritt von SPD-Chefin Vera Dedanwala und deren Schatzmeisterin Barbara Dudda-Dillbohner, ob in dem Kremendahl-Prozess eigentlich die richtigen Beschuldigten auf der Anklagebank säßen. Die Richterworte zeigten Wirkung. Wenige Tage später erklärten Dedanwala und Dudda-Dillbohner ihren Rücktritt.

Zugleich rehabilitierte der feinfühlige Jurist nach dem Freispruch für Kremendahl die von den Sozialdemokraten unter Beschuss genommene Anklagebehörde. Bei dieser Beweislage habe die Staatsanwaltschaft gegen den OB unbedingt ermitteln müssen. Solche schwerwiegenden Korruptionsvorwürfe könnten «nicht unter dem Tisch erledigt» werden. «Damit wäre jede Demokratie erledigt und wir wären tatsächlich auf dem Weg in die Bananenrepublik.»

Richter Leithäuser kennt sich nicht nur im politischen Milieu gut aus. Als Handball-Torhüter kam er mit dem Wuppertaler Vorortverein TV Beyeröhde in den 70er und 80er Jahren immerhin bis in die dritte Liga. «Er ist eine außergewöhnliche Persönlichkeit», urteilt der Sportjournalist Manfred Osenberg. Leithäuser hütete, ungewöhnlich genug, mit Brille das Handballtor. Was für Osenberg Rückschlüsse auf dessen Charakter zulässt: «Der hat überhaupt keine Angst.»

Maßgebliche Förderer und Sponsoren der Wuppertaler Handballszene hat Leithäuser im Wuppertaler GWG-Prozess als Angeklagte wieder getroffen. Wie den Mäzen Helmut Schmidt, der mit seiner Firma Engel AG etliche Handballclubs in der Region sponserte. Auf der Hauptversammlung seines Vereins hätten sie ihm gesagt, dass er als Torhüter zeitweise auch mit Trikotwerbung der Engel AG aufgelaufen sei, bekannte Leithäuser während des GWG-Prozesses. «Ich hatte das schon wieder vergessen.» Aufgekratzt meldete sich der Angeklagte Schmidt zu Wort: «Da gibt es sogar noch Bilder von, Herr Vorsitzender.»

In Wuppertal hängt alles mit allem zusammen.

GEWACHSENE BEZIEHUNGEN

Eine kleine Typologie
der Korruption

Als Inbegriff des Verbrechers gilt bis heute der unvergleichliche Al Capone. In den 20er Jahren stand sein Hauptquartier in Chicago auf dem Programm der Stadtrundfahrten. Damals waren gewisse Doppelfunktionen selbstverständlich, Korruption allgegenwärtig. Strenge Polizeioffiziere waren im Nebenberuf Bordellbesitzer, die Herren der Spielhallen machten große Politik. Die Lastwagen der Alkoholschmuggler wurden von Polizisten eskortiert, die weiße Handschuhe trugen.

Die Korrupten von heute haben keine Aura und sind zur Mythenbildung denkbar ungeeignet: grau das Gesicht, grau die Sprache, grau die Seele. Es ist der Bielefelder Wissenschaftlerin Britta Bannenberg zu verdanken, dass die Korrupten wenigstens in der Theorie ein bisschen Kontur bekommen hat. Die Professorin hat 2001 eine bundesweite kriminologisch-strafrechtliche Untersuchung über Strukturen und Täter der Korruption abgeschlossen und die Ergebnisse in dem Buch «Korruption in Deutschland und ihre strafrechtliche Kontrolle» veröffentlicht. Sie hat mehr als hundert Strafverfahren ausgewertet und sich mit Hilfe der Gerichtsakten ein Bild von den 436 Beschuldigten dieser Prozesse gemacht. Mit Hilfe ihrer Erkenntnisse und der Auswertung eigener Recherchen versuchen wir nun eine kleine Typologie der Korruption, ohne Anspruch auf Vollständigkeit.

Tätertyp eins: Männlich, Deutscher, nicht vorbestraft, hat in aller Regel keine Schulden, arbeitet im mittleren Management eines Unternehmens oder in der Verwaltung, hat Fachkompetenz und ist eher Aufsteiger als Karrierist. Mit Strukturen der Korruption ist er seit vielen Jahren vertraut, empfindet sie aber nicht als solche, sondern betrachtet sie, wenn er davon profitiert, als Ausgleich für all die Arbeit, die ihm nicht ausreichend entgolten worden ist. Er ist lax im Umgang mit dem Gesetz, aber streng zu Untergebenen und penibel gegenüber Geschäftspartnern. Er buckelt nach oben und tritt nach unten. Wenn er mit seinen Mauscheleien Erfolg hat, verliert er leicht die Bodenhaftung.

«Don Alfonso» beispielsweise, früherer Abteilungsleiter beim Garten- und Friedhofsamt in Frankfurt, repräsentiert diesen Typus: Er kaufte für 80 000 Mark ein stark renovierungsbedürftiges Haus und ließ es von den Firmen, die von ihm Aufträge haben wollten, modernisieren. Als sie fertig waren, war das Haus etwa eine halbe Million Mark wert. Neulinge brauchten eine Weile, um die Regeln zu verstehen, nach denen Don Alfonso vorging. Ihnen fehlte zunächst der Sinn für die Andeutung, das Ohr für die Worte, die unausgesprochen blieben: «Ich habe so viel zu tun, mein Viehzaun fällt um, habt ihr nicht ein paar alte Hölzer?», fragte er. Die Firmen, deren Chefs schalteten, stellten Arbeiter ab, die auf seinen Liegenschaften Viehzäune und Unterstände zimmerten, auch mal Kartoffeln ausgruben oder die Heuernte besorgten. Einmal bekam Don Alfonso eine Geflügelrupfmaschine im Wert von 70 000 Mark, die er auch dringend brauchte, weil er auf einem städtischen Grundstück Gänse und Puten hielt, die von städtischen Mitarbeitern gefüttert werden mussten und zu Weihnachten verkauft wurden. Die Futtermittel wiederum hatte ein anderer Auftragnehmer liefern müssen.

Don Alfonso regierte wie ein kleiner Duodezfürst. Ins Geschäft kam nur, wer ihn schmierte. Selbst den Grabschmuck für die Beerdigung seiner Mutter ließ er sich schenken. Wegen Untreue in 194 Fällen und Bestechlichkeit in zwölf Fällen wurde er schließlich zu einer Freiheitsstrafe von fünf Jahren verurteilt. Im Urteil steht:

«Als langjähriger und einsatzfreudiger Mitarbeiter hatte der Angeklagte ein gutes Verhältnis zu seinen Vorgesetzten und genoss deren Vertrauen und Wohlwollen. Das gute Verhältnis zu seinen Vorgesetzten hatte zur Folge, dass der Angeklagte in seiner Amtsführung kaum kontrolliert wurde und dort weitgehend selbstherrlich auftreten konnte. Er erwartete, dass sich die Mitarbeiter des Amtes seinen Anordnungen widerspruchslos fügten. ... Die unzulängliche Kontrolle der Amtsführung des Angeklagten verstärkte auch seine ohnehin gegebenen Möglichkeiten, auf die Vergabe von öffentlichen Aufträgen an private Unternehmen Einfluss zu nehmen.»

Tätertyp zwei: Männlich, Deutscher, vorbestraft, Schulden. Er ist ein Bluffer, bevorzugt Accessoires wie Sockenhalter oder auch diamantenbestickte Hosenträger, legt sich falsche Titel oder Berufe zu und verfügt über beträchtliche kriminelle Energie. Er hat einen Hang zu teuren Autos, teuren Häusern, teuren Frauen. Zusammengefasst: ein Betrüger.

Für einen ehemaligen Realschüler hatte es Günter F. weit gebracht – die Anzüge waren von Armani, die Autos von Porsche oder Ferrari. Er trug eine 100 000 Euro teure Rolex, besaß eine Villa auf Ibiza und pflegte seinen Tick, sündhaft teure Seidenunterwäsche einmal am Leib zu tragen und dann wegzuwerfen. Er nannte sich Doktor, war zunächst eine Größe in der Welt der Finanzgauner gewesen und hatte dann über die Zwischenstation Treuhänder als Bauunternehmer Geschäfte gemacht. Den Traum mancher Beamten vom leicht verdienten Geld hat er erfüllt. Er hat seine Opfer systematisch angefüttert und dann geschmiert. Er bekam die schönsten Aufträge zu besten Preisen, erfuhr als Erster von lukrativen Projekten und wusste früh, aus welchen Äckern eines Tages Bauland werden würde. Am Ende ging er drei Jahre in Haft.

Bei diesem Typus sei bei näherem Hinsehen alles nur Fassade, arbeitete Professorin Bannenberg heraus. Er tauche in der Szene allerdings eher selten auf.

Gibt es Unterschiede zwischen Bestechern und Bestochenen? «Geber und Nehmer unterscheiden sich in geringerem Maße, als vermutet wird», schreibt Britta Bannenberg. Beide Seiten seien «ehrgeizig, berufsorientiert», hätten «grundsätzlich legale Wertvorstellungen» und wollten dennoch illegal abkassieren. Die Mehrheit der Täter sei eher sozial angepasst, integriert und unauffällig. Die meisten sind älter als 40 Jahre. In der Regel bestehen ihre korruptiven Verbindungen über Jahre. Es beginnt oft mit Einladungen zum Essen, kleinen Geschenken und Weihnachtspräsenten. Eben mit dem bereits erwähnten «Anfüttern». Manche Beziehung ist über ein bis zwei Jahrzehnte im Stillen gewachsen. Im «Lagebild Korruption» des Bundeskriminalamtes für das Jahr 2000 wird die Dauer der meisten Verbindungen mit «sechs bis zehn Jahren» angegeben, im «Lagebild 2001» werden «drei bis fünf Jahre» genannt.

Tätertyp drei: Männlich, Deutscher, nicht vorbestraft, eher weich, beruflich sehr engagiert. Eigentlich ist er das Opfer.

Der Bauunternehmer Hans H. wollte in Frankfurt Geschäfte mit der Stadt machen und geriet an einen Techniker des Straßenbahnbauamtes, der Bares forderte. Die beiden trafen sich zunächst in einem Café in der Nähe des Römers, wo H. dem Stadtangestellten ein paar hundert Mark zusteckte. Ihn ärgerte, dass er sogar noch das Frühstück für den Korrupten bezahlen sollte. Damit sein Geschäft weiterlief, machte H. fortan mit und zahlte eine Art Schutzgeld.

H. lernte auch die lokalen Parteien kennen. Kurz vor einer Kommunalwahl erschien bei ihm ein Besucher. «Da kam eines Abends, etwa so fünf, halb sechs, ein Herr von der SPD und bat um eine Wahlspende. Er legte mir eine Liste vor, auf der unsere sämtlichen Aufträge des Vorjahres verzeichnet waren, und bat um eine Spende entsprechend der Höhe unserer Aufträge, die wir von der Stadt Frankfurt erhalten hatten. Unter anderem zeigte er uns auch Listen von anderen Firmen, von Konkurrenzfirmen, die auch für die Stadt Frankfurt arbeiten oder arbeiteten, und zeigte uns, was diese Firmen an Spenden bezahlt hatten. (...) Etwa vier Wochen später kam ein Herr von der CDU mit dem gleichen Anliegen zu uns.» Falls H. nicht zahle, könne ihm nach einem Wahlsieg der CDU der Hahn zugedreht werden. Er zahlte nicht und bekam von der Stadt keine Aufträge mehr.

In den von Britta Bannenberg gesichteten 101 Urteilen finden sich auch typische Begründungen der Staatsdiener für den Betrug am Staat:

«Ich spare dem Staat Geld, da kann ich auch für mich zusätzlich etwas annehmen.»

«Ich kümmere mich unter hohem Einsatz um die Durchführung von Projekten, ich will da auch verdienen wie die Privaten.»

«Das macht doch jeder, wenn er kann, ich schade doch keinem.»

Rechtfertigungen nach diesem Muster fallen freilich nicht nur den grauen Tätern unserer Tage ein. Selbst Al Capone gab, als er 1931 – bekanntlich nicht wegen Mord, Raub, Erpressung oder Bestechung, sondern wegen Steuerhinterziehung – zu elf Jahren verurteilt wurde, die verfolgte Unschuld: «Das ist ein Schlag unter die Gürtellinie», sagte er, «aber ich war darauf gefasst. Die ganze Stadt ist gegen mich voreingenommen. ... Den größten Teil meines Lebens habe ich als öffentlicher Wohltäter gewirkt. ... Ich habe eben Pech gehabt.»

Die Wildmosers und das neue Münchner Stadion

Am Morgen des 9. März 2004 tauchte an der Grünwalder Straße 114, der Geschäftsstelle des Fußballvereins TSV 1860 München («Die Löwen»), ein Trupp Männer auf. Die Damen am Empfang glaubten zunächst, es handele sich um einen Fanclub, doch das war ein Irrtum. Die Herren waren im Dienst. Es handelte sich um Beamte des Landeskriminalamts und Mitarbeiter der Münchner Staatsanwaltschaft. Einer von ihnen präsentierte einen Durchsuchungsbeschluss.

Die Geschäftsstelle der «Löwen» wurde vorübergehend geschlossen, und auch andernorts waren an diesem Tag in dem Fall mit dem Aktenzeichen 572 Js 50602/03 Strafverfolger unterwegs. Das Ergebnis der amtlichen Heimsuchung: Fünfhundert Aktenordner, zahlreiche elektronische Datenträger sowie Computer wurden bei Durchsuchungsaktionen in Deutschland, Österreich und in der Schweiz sichergestellt.

Kurz nach Beginn der Filzaktion meldeten die Rundfunksender eilig die eigentliche Sensation: Der Präsident des Vereins, Karl-Heinz Wildmoser senior, Jahrgang 1939, und sein Sohn, der Geschäftsführer der Fußballabteilung der «Sechziger», Karl-Heinz Wildmoser junior, Jahrgang 1964, seien wegen Verdachts der Beihilfe zur Untreue in Tateinheit mit Bestechlichkeit festgenommen worden. Der Vater wurde in die Münchner Strafanstalt Stadelheim eingeliefert, der Filius kam in die Haftanstalt zu Augsburg.

Wie aus dem acht Seiten langen Haftbefehl hervorging, den eine

83

Münchner Amtsrichterin schon im Februar unterzeichnet hatte, standen die Wildmosers im Verdacht, in einen üblen Korruptionsfall verwickelt zu sein. Beim Bau der Allianz-Arena, dem gemeinsamen Stadionprojekt von TSV 1860 und FC Bayern München, sollten die Löwen-Chefs angeblich mit rund 2,18 Millionen Euro geschmiert worden sein. Weitere 560 000 Euro hatte angeblich der Immobilienkaufmann Stefan Dung, Jahrgang 1964, erhalten, 60 000 Euro sollen an einen Helfer geflossen sein, der Scheinrechnungen ausgestellt habe.

Ausgerechnet das Stadion, in dem im Juni 2006 das Auftaktspiel zur Fußball-Weltmeisterschaft angepfiffen werden soll, wurde zum Symbol für Korruption in Deutschland. Obwohl Bargeld angeblich nicht riecht, fing es an zu stinken, aus allen Kanälen, in die es geflossen war. Etwa ein Hundertstel der Bausumme, die 285,9 Millionen Euro beträgt, soll als Schmiergeld eingesetzt worden sein. Das ist zwar, verglichen mit den ansonsten üblichen Usancen, ein kommoder Prozentsatz, aber der Fall erschütterte nicht nur die Fußballwelt.

Das lag vor allem an der besonderen Qualität des damaligen Hauptbeschuldigten, Karl-Heinz Wildmoser senior, einem barocken Aufsteiger. Vom Metzger und Schankkellner hat er sich zum Großgastronomen und Immobilienhändler mit einer Villa am Starnberger See hochgearbeitet. Ein Trumm von Mann, ein Workaholic, der nach eigenem Bekunden nur Heiligabend nicht arbeitet. Ihm gehört das Wirtshaus «Donisl» in München, der «Gasthof Hinterbrühl» sowie die «Hühner- und Entenbraterei Wildmoser OHG, München», die ein Zelt auf der Wies'n hat. Der hochdekorierte Wildmoser ist auch eine Stütze der Münchner Bussi-Gesellschaft.

Mit dem Münchner Oberbürgermeister Christian Ude hatte er noch im Januar 2004, Gabel an Gabel, für den Ruf der Münchner Weißwurst gekämpft. Bundesweite Berühmtheit erlangte er aber als Patron der «Löwen».

Der Fußball-Patriarch führte seinen Verein von der Bayernliga in die Bundesliga, was eine Leistung war. Er behandelte den Club wie eine Art Familienbetrieb. Berühmt waren seine Autogrammkarten, auf denen zu lesen war: «Diese Karte garantiert, dass Sie mir persönlich begegnet sind, mich warmherzig, höflich, intelligent und witzig fanden.»

Als Wildmoser senior an diesem Dienstag im März 2004 in die Untersuchungshaft eingeliefert wurde, ließ sich der Präsident sogleich einen blau-weißen Teppich mit dem Emblem seines Vereins zu Füßen legen. Selbst im Knast war er gleich der Chef. Ein polnischer Mithäftling wollte ihn mit den Regeln vertraut machen. In Stadelheim dürfe nur montags, mittwochs und freitags geduscht werden. Aber Wildmoser senior setzt sich eigene Regeln. Natürlich ging er auch am Donnerstag unter die Dusche und niemand hielt ihn auf. Er war sehr zupackend. Als er einen Mithäftling sah, der mit dem Schrubben des Zellengangs nicht klar kam, nahm er ihm den Schrubber aus der Hand und sagte: «Schau her, so wird richtig geschrubbt.»

In der Zelle studierte Wildmoser den Haftbefehl, der schon im Februar ausgestellt worden war. Besonders wütend machte ihn die Behauptung der Ermittler, Dung sei als «Strohmann» eingeschaltet worden: Den habe er in seinem Leben nur zweimal gesehen und ihm gleich misstraut, erklärte Wildmoser später.

Drei Tage nach seiner Inhaftierung kam der damalige Löwen-Präsident gegen eine Kaution in Höhe von 200 000 Euro aus der Haft frei. Er musste sich wöchentlich, jeweils am Mittwoch, beim zuständigen Polizeirevier melden und seinen Reisepass abgeben. Gut zwei Monate später, am 17. Mai 2004, fertigte eine Münchner Staatsanwältin eine Verfügung in Sachen Wildmoser senior: Das Ermittlungsverfahren werde eingestellt. Der alte Wildmoser war zu Unrecht in den Verdacht geraten, geschmiert worden zu sein.

Der Fall ist in mehrfacher Hinsicht lehrreich: Er zeigt zum einen, dass es manchmal keinen Prominentenbonus, sondern einen Prominentenmalus gibt. So fix wie Wildmoser senior wird gewöhnlich ein Nobody nicht vorverurteilt. Ein Teil der Öffentlichkeit tat so, als sei ein bedeutender Mafioso endlich enttarnt worden.

So genannte Experten drängten sich scharenweise vor die Fernsehkameras und rückten den Alten ins Zwielicht. Er sei «entsetzt darüber, welche gravierenden und fundierten Vorwürfe» die Ermittler gegen die Wildmosers vorgelegt hätten, erklärte beispielsweise der Münchner Oberbürgermeister Ude direkt nach der Polizeiaktion. Natürlich wies der Jurist auch darauf hin, «dass «selbstverständlich die Unschuldsvermutung gilt». Einige Münchner Prominente, kritisierte Wildmosers Anwalt Steffen Ufer, hätten seinen Mandanten «in schäbiger Weise» wie einen «angeblich Schuldigen» vorverurteilt.

Andererseits hat sich der Verdacht der Strafverfolger, dass es beim Bau des Stadions nicht mit rechten Dingen zuging, im Lauf der Ermittlungen durchaus verdichtet. Nur der Alte hatte damit nichts zu tun.

Die Akteure hatten sich ohnehin viel Mühe gegeben, die Zahlungen zu verschleiern. Es ist eine klebrige Geschichte, bei der die Firma Alpine Bau Deutschland und deren Muttergesellschaft in Österreich eine wichtige Rolle spielten.

Alpine Bau Deutschland ist ein ansonsten sehr ordentliches Unternehmen. Die Baufirma hat am Potsdamer Platz in Berlin etliche Häuser errichtet und auch die Erlebnismeile «Fünf Höfe» in München errichtet. Zur Firma gehören Filialen in Dresden und Leipzig, und einer der Geschäftspartner war zeitweilig auch der Immobilienkaufmann Dung, der mit Wildmoser junior zur Schule gegangen war und im Osten sein Glück versuchte.

Dung sprach im Sommer 2001 mit einem Manager der Alpine aus Österreich über den geplanten Bau des Stadions in München und erwähnte bei dieser Gelegenheit gar nicht beiläufig, dass er Wildmoser junior gut kenne. Der sitze nicht nur bei 1860 in der

Geschäftsführung, sondern auch bei der neuen Stadiongesellschaft und sei außerordentlich wichtig.

Ein Treffen in München wurde vereinbart. Markus Aluta, der Spross des Alpine-Geschäftsführers und Firmenmiteigentümers Dietmar Aluta-Oltyan, traf in der bayerischen Landeshauptstadt den jungen Wildmoser. Alpine tat sich kurz darauf mit dem Basler Architekturbüro Herzog & De Meuron zusammen, um den Zuschlag für den Bau des neuen Stadions in München zu bekommen.

Die Basler Architekten zählen zu den bedeutendsten Architekten der Gegenwart. Sie sind Künstler am Bau und zeichnen sich durch eine ungewöhnliche Fassadennuancierung aus. Aber es gab bei den Plänen für den Stadionbau eine Menge Konkurrenz, und die Manager der Alpine machten sich zunächst wenig Hoffnung, am Ende wirklich den Zuschlag zu bekommen.

Immerhin – als acht Bietergemeinschaften ausgewählt wurden, waren sie mit dabei.

Dung witterte seine Chance, als Vermittler gutes Geld zu verdienen. Er steckte tief in finanziellen Schwierigkeiten. Seine diversen Immobilienfirmen, die er im Osten Deutschlands aufgebaut hatte, waren notleidend. Er hatte unter anderem bei der Alpine und auch bei Wildmoser junior erhebliche Schulden, die das Verhältnis zu seinem Schulfreund sehr trübten.

An dieser Stelle ist ein kleiner Exkurs über Wildmoser junior notwendig: Als sein Vater am 12. März 2004 von zwei Staatsanwälten vernommen wurde, fragten die ihn, welches Verhältnis er denn zu seinem Sohn habe: «Ein sehr gutes Verhältnis, seit er etwa zehn Jahre alt war», antwortete Wildmoser. «Er war immer dabei.» Immer bei IHM – das hätte doch reichen müssen.

Das große Vorbild für den Sohn, den alle Heinzi nannten, war der Vater, und der konnte streng sein. Weil der Junge schlecht in der Schule war, warf der Alte die Fußballsachen des Jungen auf den Müll. Da blieben sie. Eigentlich wollte Heinzi Profi werden.

Er lernte stattdessen früh Hotelkaufmann, übernahm schon mit 19 Jahren einen Betrieb seines Vaters, und der gab ihm die richtigen Tipps. Der alte Wildmoser ist ein ziemlicher Schlaumeier.

Aber der Junior wollte den Senior nicht enttäuschen und hielt sich anfangs an alle Vorgaben. Er bekam von den bösen Leuten, denen die Wildmoser-Dynastie missfiel, den Spitznamen «Hundi», weil er meist drei Schritte hinter dem Vater herlief. «Der Pa ist die absolute Persönlichkeit, er ist mein bester Freund. Ihm kann ich alles anvertrauen», schwärmte der Junior.

Dann öffnete sich die Mauer, und der CSU-Politiker Peter Gauweiler bat Wildmoser senior, mit einem Bierzelt in den Osten zu ziehen, um dort Großveranstaltungen zu organisieren. Der gebürtige Münchner sah sich Dresden an, lernte Hausverwalter und Immobilienhändler kennen, kaufte die ersten Häuser und richtete zunächst im Hilton ein Büro ein.

Wildmoser junior und Wildmoser senior gründeten am 12. Oktober 1990 die «Weißer Hirsch Immobilien GmbH» (WHI), die zu gleichen Teilen Vater und Sohn gehört. Der Alte war für das Geschäft in München zuständig, der Junge für das in Dresden. Ob es über wirtschaftliche Fragen Absprachen gegeben habe, wollten die Ermittler von Wildmoser senior wissen: Vor «etlichen Jahren» habe er mal gesagt, «alles, was ich mache, ist gut und was die machen, ist schlecht.»

Er hat dem Sohn dann geraten, einen Fachmann einzustellen. «Ich brauchte jemanden für meine persönliche Sicherheit, damit mein Sohn für den Fall, dass er einen Fehler macht, geschützt ist und ich vor allem auch», erklärte Wildmoser den Ermittlern.

Am 1. Dezember 1995 fing der aus Duisburg stammende Bankkaufmann Volker B. als kaufmännischer Leiter bei der Weißer Hirsch Immobilien GmbH an. B. sei als «Aufpasser» für seinen Sohn eingekauft worden, erklärte Wildmoser. Das habe aber nicht gut geklappt. Die beiden hätten ihn nur wegen kleiner Geschichten gefragt, die großen aber selbst gemacht.

Er war so sauer, dass er mal einen Steuerberater, mit dem er seit 1962 zusammengearbeitet hatte, in sein Büro ins Lokal Hinterbrühl bat, um mit ihm über den Jungen zu reden. Er wolle Dresden ganz an den Sohn abgeben, will er gesagt haben. Er sehe nicht mehr ein, dass er den Kopf hinhalten solle, wenn er nicht unterrichtet werde. Dann ist er doch in der Firma geblieben.

Die WHI brachte kein Glück. Der Immobilienmarkt in Dresden und anderswo im Osten brach zusammen. Viele der Häuser und Wohnungen, die Wildmoser junior gekauft hatte, erwiesen sich als unverkäuflich und unvermietbar. Die Immobilien hatten auf dem Papier zwar einen Wert von zehn bis zwanzig Millionen Euro, waren aber auch in entsprechender Höhe belastet, und die Kunden zahlten schlecht. Freund Dung etwa stand bei Wildmoser mit 400 000 Euro in der Kreide, weil er ein Haus in der Kesseldorferstraße zu Dresden erworben, aber die ihm von der WHI gewährten Darlehen nicht abgetragen hatte.

Der Pleitier Dung, der Sohn Wildmoser, der sich nicht traute, seinem Vater die Wahrheit zu sagen – beide hatten also rasende Geldprobleme. Sie wollten irgendwie ein paar Millionen auftreiben, um die größten Löcher zu stopfen. Da kamen ihnen die Sehnsüchte der Alpine-Manager, die in München das neue Stadion bauen wollten, gerade recht.

Da machen «wir ein Gemeinschaftsgeschäft», soll Wildmoser junior zu Dung gesagt haben, der den engen Kontakt zur Alpine hielt.

Die Baufirma interessierte sich für die Angebote der Konkurrenz, und Dung hielt die Leute von Alpine auf dem Laufenden. Im November wurde ein Honorarvertrag zwischen Dung und der Alpine entworfen. Der sah vor, dass beim Zuschlag 1,5 Prozent Provision der Bausumme fällig würden. Das Geld sollte Dung bekommen, und der wollte dann einen noch unbestimmten Anteil an Wildmoser junior weiterleiten.

Im selben Monat schrumpfte das Feld der Anbieter für das Stadion von acht auf zwei Konkurrenten, darunter die Alpine. «Wir waren von der Entscheidung des Gutachtergremiums völlig überrascht», erklärte später ein Alpine-Mitarbeiter. Warum? «Weil sich unter den Mitbietern ... namhafte Baufirmen befanden, während es sich bei der Alpine im Grunde um ein mittelständisches Bauunternehmen handelt.»

Als einziger Konkurrent war die angesehene Münchner Max Bögl GmbH mit einem Architektenteam aus Frankfurt noch im Rennen geblieben. Die heiße Phase begann. Alpine wollte unbedingt wissen, wie die Mitarbeiter von Bögl welches Gewerk taxierten. Dung konnte via Wildmoser junior aushelfen. Es fanden drei Workshops statt. Bei zweien war Wildmoser junior dabei.

Dung spielte den Postboten, den Warner. Alpine sei zu teuer beim Angebot für den Telekommunikationsbereich, teilte er den Alpine-Managern mit: Obacht! Dann rief er an, weil Bögl die Preise nach unten gesetzt habe – Alpine müsse aufpassen. Alpine fragte nach, wer eventuell der Ansprechpartner in der Bauphase sein würde. Das sei Wildmoser junior, erfuhren die Baumanager. Eine gute Nachricht.

Am 8. Januar 2002 präsentierten die Basler Architekten ihr Konzept, und Wildmoser junior war entsetzt. Die Herren sprachen über Probleme mit dem Dach, über Schwierigkeiten mit der Fassade und die Widrigkeiten bei der Belüftung des Rasens. Ein ehrlicher Vortrag. Wildmoser rief gleich Freund Dung an. Die Sache sei nicht gut gelaufen, geradezu verheerend. Dung schlug ein kurzfristiges Treffen mit Aluta senior, dem Chef der Alpine Salzburg, vor.

Sie trafen sich am Münchner Flughafen. «Wollen Sie das Stadion bauen oder nicht?», fragte Wildmoser junior ziemlich barsch. Er habe das Gefühl, dass die Firma das Interesse verloren habe. «Aber nein», widersprach Aluta. Dann müsse unbedingt die Präsentation verbessert werden, verlangte Wildmoser junior.

Das Gespräch dauerte nur eine Stunde. Aluta reiste nach Österreich zurück, und Dung informierte den Schulfreund, dass immer noch keine Provision vereinbart worden sei. Ob er, Wildmoser, mal helfen könne. Schließlich wollten sie ja beide Geld.

Ein paar Tage später trafen sich die Herren wieder am Flughafen, und Wildmoser junior sagte, er habe noch einen Anspruch gegenüber Dung. Rund 5,5 Millionen Mark. Das war eine ziemlich unverschämte Übertreibung, aber Aluta senior fiel drauf rein. Falls Dung eine Provision über fünf Millionen Mark bekomme, sei die an ihn zu zahlen, erklärte Wildmoser junior.

Warum hatte Heinzi, dem eigentlich nur 400 000 Euro von Dung zustanden, derart geschwindelt? Er wollte fein tun. Kein Verlierer, der erwischt wird. Kein Heinzi jedenfalls. Er habe den Eindruck vermeiden wollen, dass er in irgendeiner Form von Alpine habe Geld bekommen wollen, erklärte Wildmoser später umständlich. «Ich wollte die Neutralität wahren.» Der Gunstgeber Alpine sollte sich nicht die Hände dreckig machen, und der Empfänger, Wildmoser junior, wollte sauber sein wie ein Mann von Welt.

Dung erinnert sich noch an andere Details. «Heinzi» habe in dem Gespräch darauf hingewiesen, dass bei der Entscheidung, wer das Stadion bauen dürfe, viel von ihm abhänge. Er sei quasi zu fünfzig Prozent Gesellschafter der Stadion GmbH und auch deren Geschäftsführer. Der überwiegende Teil des Gutachtergremiums sei mehr auf Seiten der Löwen als der Bayern. Zwei Tage später wollten sich die Herren erneut treffen.

Diesmal saßen sie im Bayerischen Hof zusammen. Aluta senior soll gesagt haben, das mit dem Geld gehe in Ordnung, wenn die Firma den Zuschlag bekomme. Dung kam sich reichlich überflüssig vor. Er sei nur noch eine «Marionette» gewesen, hat er später den Ermittlern gesagt.

«Warum hat Aluta gezahlt?», wollten die Fahnder von ihm wissen. Wildmoser junior habe die interessanten Informationen gehabt. Es habe einen «kurzen Weg» gegeben, und die Baumanager hätten von dem Freund Fürsprache bei der Vergabe und später Verständnis bei den Nachträgen in der Bauphase erhofft, erkärte Dung.

Dann kam Hektik auf. Auch Bögl wollte unbedingt den Zuschlag und Kosten einsparen. Die Statik beispielsweise sollte günstiger werden. Die Statik!!! Dung informierte sofort Aluta, wie er es schon zuvor etliche Male gemacht hatte. Über die Pläne der Bögl-Leute bei Gewerken wie Haustechnik, Sanitäranlagen, Tiefgaragen, Fassaden, Außenanlagen hatte er die Alpine-Leute informiert.

Aluta war dennoch nervös: Bögl sei so zuversichtlich. Ob der noch was am Preis gemacht habe, wollte er wissen.

Kurz darauf trafen sich die Herren erneut am Münchner Flughafen. Wie Dung behauptet, soll Wildmoser dem Alpine-Chef die Pläne Bögls samt Veränderungen en detail erklärt haben. Aluta soll zufrieden gewesen sein. Dann seien einige Millionen an Provisionen beim eigenen Objekt noch drin, soll Aluta befunden haben. Die würden in den Angebotspreis einkalkuliert. «Provision im Angebotspreis», notierte Dung zufrieden.

Am 8. Februar 2002 bekam Alpine den Zuschlag. Sie waren immer fünfzehn bis zwanzig Millionen Euro günstiger als die Konkurrenz gewesen.

Kurz darauf suchten Dung, Wildmoser junior und Finanzspezialisten der Alpine nach Wegen, wie das Geld unauffällig transferiert werden könnte.

Dass Alpine nicht direkt mit dem sauberen Heinzi in Verbindung treten konnte, war klar. Die Geldflüsse sollten also über Dung laufen. Wildmoser junior war zuversichtlich, dass er das zerbrechliche Boot an allen Klippen würde vorbeisteuern können.

Eine gute Woche nach dem Vertragsabschluss zwischen der Allianz Arena München Stadion GmbH und der Alpine Bau Deutschland GmbH überwies die Mutterfirma aus Salzburg die erste Tranche an Dung über 766 937,82 Euro. Sie war nicht sehr originell als

«Provision für Projekt China» deklariert. Es folgten weitere Überweisungen mit obskuren Begründungen wie «Vermittlung Aval-
bürgschaft».

Dung leitete einen Großteil der Gelder über die WHI an Wildmoser junior weiter.

Der Schwindel flog auf, weil Finanzbeamte Merkwürdigkeiten
bei Umsatzsteuererklärungen von Dung entdeckten. Der ewig
klamme Immobilienkaufmann hatte angeblich große Geschäfte
gemacht und konnte dafür keine ausreichenden Unterlagen vor-
weisen. Eine Umsatzsteuersonderprüfung wurde fällig, später kam
der Staatsanwalt.

Und Wildmoser senior? Der Alleswisser hat, wie alle Beteiligten
früh aussagten, von all dem nichts mitbekommen. Zwar findet sich
seine Unterschrift auf einem verdächtigen Schriftstück, doch er
hatte, wie die Beteiligten versicherten, unterschrieben, ohne die
Hintergründe zu kennen.

Wildmoser senior habe von der Sache nichts gewusst, sagte
Dung. «Ich hatte mit ihm überhaupt keinen Kontakt. Er hat mich
sehr gemieden.» Der Vater sei nicht informiert worden, bestätigte
der Junior. Er habe das Geld dringend gebraucht, um die größten
Löcher zu stopfen. Der Vater sollte nicht den Eindruck bekommen,
dass der Sohn versagt habe.

Der Alte sei nicht eingeweiht gewesen, konstatiert Volker B., der
kaufmännische Leiter der WHI. Der Junge habe ihn schon früh
gebeten, schon aus Prinzip Wildmoser senior «nur das Nötigste»
mitzuteilen.

Wildmoser senior ist dennoch tief gestürzt. Der Patron hat den
Posten als Präsident von 1860 München verloren. Sein Sohn, der
alle Ämter abgeben musste, sieht einem schwierigen Prozess ent-
gegen, und die Wildmoser-Dynastie ist in München nur noch
Geschichte.

Auch Alpine hat verloren. Die Stadtverwaltung warf 2004 den
Alpine-Konzern aus dem Bieterverfahren für den Bau einer neuen

Fußgängerbrücke am Stadion, obwohl Alpine das günstigste Angebot vorgelegt hatte. Um wieder als zuverlässig zu gelten und Reue zu signalisieren, entließ das Unternehmen fünf Deutschland-Manager. Das Image des Unternehmens ist ramponiert.

Und das Stadion, das im Jahr 2005 fertig gestellt werden soll? Zweifelsohne ein Juwel, ein brillanter Entwurf, doch es riecht ein wenig, ja, es stinkt. Die Arena an der A9 bei Fröttmaning liegt in der Nähe der Kläranlage – und ausgerechnet dort haben ein paar Landschaftsgärtner zu kräftig gedüngt.

EINE TEURE FREUNDSCHAFT

Leo Kirch, Helmut Kohl und das Geld

Einmal im Jahr, meist um Ostern herum, reist Helmut Kohl nach Bad Hofgastein und macht eine Fastenkur nach der Lehre des Dr. Franz Xaver Mayr. Ziel der Mayr'schen Kur ist es, den Körper über Darm, Nieren und Haut von Schlacken und Giftstoffen zu befreien. In den ersten Tagen der Diät wird Honig in leichtem Kräutertee aufgelöst und dann löffelweise eingenommen. Morgens wird Bittersalz auf nüchternen Magen getrunken, das reinigt den Darm. Tagsüber gibt es literweise Mineralwasser. Nach acht bis zehn Tagen werden zwei bis drei Tage alte Semmelscheiben gereicht. Jede Scheibe soll etwa fünfzigmal gekaut und eingespeichelt werden, damit auch Schlinger und Würger wieder Esskultur lernen.

Kohl isst gewöhnlich zu viel und zu schnell, aber in der Kur hält er sich strikt an die Regeln. Der Altkanzler ist ein «begeisterter Anhänger» (Kohl) des Fastens und kann es meist kaum erwarten. Am 20. März 2003, auf der Fahrt ins Kurhotel «Sankt Georg», legte Kohl, Jahrgang 1930, dennoch in München einen Zwischenstopp ein, um Leo Kirch, Jahrgang 1926, zu treffen. Er traf den Medienunternehmer und langjährigen Freund in dessen Münchner Stadtbüro in der Kardinal-Faulhaber-Straße, dann schlenderten beide zum nahe gelegenen Hotel «Bayerischer Hof». Zufällig kam der Fotograf Johannes Simon von der Nachrichtenagentur *ddp* des Weges und schoss ein paar Bilder. Kohl wurde zornig und stauchte den Journalisten zusammen. Kirch gab sich freundlicher: «Ja, da machen Sie doch keine Veröffentlichung draus?» Den beiden älteren

Herren war es sichtlich unangenehm, dass ihre Begegnung nicht unbeobachtet geblieben war. Denn es gab in diesen Märztagen Leute, die über merkwürdige geschäftliche Beziehungen munkelten. Und bald darauf wurde der Öffentlichkeit bekannt, dass Kohl im Frühjahr 1999 – nur wenige Monate nach der verlorenen Wahl – einen hoch dotierten Beratervertrag mit Kirch geschlossen hatte.

Der Vertrag ist nur fünf Seiten lang, und es gibt auch keine Anlagen. Dem Deckblatt ist zu entnehmen, dass die TaurusBeteiligungs GmbH & Co KG aus dem bayerischen Ismaning («Auftraggeber») ihn mit der «Politik und Strategie Beratung P & S GmbH» aus Ludwigshafen («Auftragnehmer») geschlossen hatte. Die Unterschriften auf Seite fünf erweisen, dass der Medienunternehmer Leo Kirch der Auftraggeber ist und Altkanzler Helmut Kohl die Abmachung «zustimmend zur Kenntnis» genommen hat.

Also im Wesentlichen ein Vertrag zwischen zwei alten Freunden: Kirch und Kohl. Er begann am 18. Mai 1999 und endete am 17. Mai 2002.

Die Präambel und die neun folgenden Paragraphen sind denkbar knapp gehalten. Wer die juristischen Stereotype weglässt, kommt zu dem Ergebnis, dass der Auftraggeber dem Auftragnehmer sehr viel Geld für wenig Arbeit gezahlt hat. 600 000 Mark, zuzüglich der Mehrwertsteuer, betrug das jährliche Honorar für den Kirch-Berater Kohl. Spesen natürlich extra, einschließlich von Reisespesen der Mitarbeiter des Altkanzlers.

Die Gegenleistung, die dafür erwartet wurde, hielt sich in Grenzen. «Gegenstand des Vertrages ist die Beratung zu aktuellen sowie strategischen Entwicklungen in Deutschland und Europa», heißt es recht nichts sagend in Paragraph eins. Sollte Herr Kohl Herrn Kirch über die hochinteressante Lage in Dänemark oder Island auf dem Laufenden halten?

Die geschäftlichen Kontakte der Freunde, so ist Paragraph zwei des Vertrages zu entnehmen, gliederten sich in «Standard-Beratung» und «situative Beratung». Im normalen Leben wären das rechtzeitig geplante oder kurzfristig angesetzte Gespräche. Die «Standard-Beratung» umfasste laut Vertrag pro Jahr bis zu zwölf persönliche Gespräche mit Kirch oder anderen Geschäftsführern der TaurusBeteiligungs GmbH. «Mit dem Einverständnis von Herrn Dr. Helmut Kohl», heißt es unter «Leistungen des Auftragnehmers» weiter in Paragraph zwei, konnten zu «diesen Gesprächen weitere Personen hinzugezogen werden». Der Empfänger der 600 000 Mark durfte durchaus wählerisch sein, mit wem er am Tisch sitzen mochte. Und ob überhaupt: «Situative Beratung kann durch persönliche Gespräche oder telefonische Besprechungen oder schriftliche Ausarbeitungen erfolgen.»

So richtig ausführlich wird der Vertrag nur da, wo abgehandelt wird, wozu Berater Kohl «nicht verpflichtet» war. Keine Marketing-Aktivitäten, keine Mitwirkung bei Akquisitionsprojekten des Auftraggebers, keine Teilnahme an Veranstaltungen Kirchs, keine Öffentlichkeitsarbeit, Werbung oder ähnliche Aktivitäten – von so einem Vertrag kann man gewöhnlich nur träumen.

Komfortabel für den Altkanzler war auch Paragraph drei («Mitwirkungspflichten des Auftraggebers»). Hier verpflichtet sich Kirch, Kohl «bei der Erbringung der von diesem geschuldeten Beratungsdienstleistungen in geeigneter Form zu unterstützen, insbesondere ihn rechtzeitig über Zeitpunkt und Ort der Erbringung von Beratungsdienstleistungen zu informieren, ihm beim Auftraggeber vorhandene sachdienliche Informationen zur Verfügung zu stellen».

Einen solchen Vertrag gibt man nicht gern auf. Und möglicherweise, in besseren Zeiten, wäre er auch verlängert worden. Aber es kam anders: Am 28. März 2002 musste Kirch einen Brief an die Firma «Politik und Strategie Beratung» in Ludwigshafen schreiben und mitteilen, sein Unternehmen befinde sich «in ernsthaften wirtschaftlichen Schwierigkeiten. Die Banken, mit denen über eine Sanierung verhandelt wird, fordern von mir als eine von zahlreichen Maßnahmen ein drastisches Kostensenkungsprogramm. Hiervon betroffen sind neben verdienten Mitarbeitern, von denen ich mich trennen muss, auch sämtliche Beraterverträge. Ich bedauere deshalb, Ihnen mitteilen zu müssen, dass ich das Beratungsverhältnis mit Ihnen nicht aufrecht erhalten kann. Es endet demnach vertragsgemäß mit dem 17. Mai 2002. Ich bitte Sie um Verständnis für diese Maßnahme, die sich aus den Zwängen der Situation ergibt. Ich hoffe aber, wir bleiben einander weiter verbunden. Mit freundlichen Grüßen, Leo Kirch.»

Kohl und Kirch kennen sich seit Jahrzehnten. Auch in schwierigen Situationen hat ihre Freundschaft gehalten. Da liegt es nahe, dass Kirch Kohl den Vertrag gab, als der nicht mehr Bundeskanzler war. Andererseits: Hatte Kohl das viele Geld verdient?

Worüber Kohl in seiner 16 Jahre dauernden Amtszeit mit Kirch gesprochen hat, war im November 2001 einmal Thema im Parteispenden-Untersuchungsausschuss des Bundestages gewesen. Der Zeuge Kirch beharrte damals noch darauf, die Gespräche seien nie «geschäftlicher Natur» gewesen. Auf Nachfrage hatte er bekräftigt: «In geschäftlichen Dingen hatte er nie etwas verstanden, er wollte es nicht verstehen. Das war immer klar zwischen uns.»

Manche erinnerten sich bei dieser Gelegenheit daran, was Kohl in seiner Amtszeit für Kirch getan hatte. Mal ging es um einen von Kirch heftig empfohlenen Decoder für das Bezahlfernsehen, den die vom Bund beherrschte Deutsche Telekom unbedingt einsetzen wollte, dann wieder um eine mit dem Medienkonzern Bertelsmann erwogene Fusion im Pay TV, die von der EU-Kommission untersucht wurde. Kohl intervenierte in der kritischen Phase sogar bei EU-Wettbewerbskommissar Karel van Miert in der Sache, wie dieser später in einem Buch enthüllte. Vor dem Parteispenden-Untersuchungsausschuss allerdings machte Kirch aus dem Elefanten eine Mücke: «Ich habe Herrn Kohl nicht einmal richtig um Hilfe gebeten, sondern ich habe ihn gefragt: Was ist denn dieser Verein in Brüssel? Da hat er mich gefragt: Was willst du denn von denen? Da sagte ich: Ich will etwas ganz Normales. Ich will eine Fusion auf dem Gebiet des Pay-Fernsehens mit Bertelsmann. Dann sagte er: Ich verstehe davon überhaupt nichts. ... Dann hat er einmal angerufen. Davon habe ich mehr Nachteile gehabt als Vorteile. Das Ergebnis ist bekannt. Es wurde verboten.»

Wenn Kohl von geschäftlichen Dingen so wenig versteht, warum bekam er dann 600 000 Mark pro Jahr plus großzügige Spesen? Wir erinnern uns: «bis zu 12 persönliche Gespräche pro Jahr» sollte Kohl führen. Normalerweise wird in solchen Zusammenhängen die Vokabel «mindestens» verwendet, für «bis zu» reicht ein Mal. Kein Marketing, keine Akquise, nicht einmal an Veranstaltungen der Kirch-Gruppe musste Kohl teilnehmen; nur Kassieren war vorgesehen – ein Dankeschön-Vertrag?

Formal hatte alles seine Ordnung. Alleiniger Gesellschafter der Ludwigshafener P & S GmbH ist der frühere Bundeskanzler, der den Bundestagspräsidenten über sein Wirken als Berater unterrichtete. Den Kunden Kirch musste er nach den Regularien des Bundestages nicht nennen. Es reichte, dass bei Kohl unter «Beruf» im Bundestagshandbuch der 14. Wahlperiode stand: «Unternehmensberater der Politik- und Strategieberatung P & S GmbH, Ludwigshafen». Geschäftsführer der Firma war sein Sohn Walter.

Es fällt allerdings auf, dass mindestens fünf Mitglieder von Kohls verschiedenen Regierungskabinetten ebenfalls auf Kirchs *pay-roll* standen. Der als Berater verpflichtete Freidemokrat Jürgen W. Möllemann beispielsweise, auf den wir an anderer Stelle noch näher eingehen, war wohl wegen seines Aufsichtsratspostens beim Fußballverein Schalke 04 interessant; schließlich war Kirchs TV-Gruppe im Sportrechtemarkt sehr aktiv. Er durfte allerdings nicht zu den Kohl-Freunden gezählt werden. Wichtig war auch das traditionelle Geschäft mit den öffentlich-rechtlichen Fernsehanstalten, und da konnte es sicher nicht schaden, wenn Nahestehende wie Wolfgang Bötsch (CSU) im ZDF-Fernsehrat saßen. Der Ex-Postminister setzte sich ebenfalls für Kirchs Decoder ein, später bekam er einen Beratervertrag. Bötsch war auch Mitglied des Parteispenden-Untersuchungsausschusses, vor dem Kirch erscheinen musste. Der CSU-Abgeordnete stand auf der *pay-roll* des Zeugen und sagte das niemandem, nicht einmal dem Ausschussvorsitzenden. «Nix» will Bötsch heute zu dem Beratervertrag sagen: «Nein, zu gar nix.» – «Niemand zahlt die 600 000 Mark oder auch nur 300 000 Mark für nichts», sagt der Mainzer Ministerpräsident Kurt Beck (SPD). «Da muss es also Interessen gegeben haben, die verflochten worden sind.»

Nach ihrem Ausscheiden aus der Regierung waren für Kirch zu unterschiedlichen Zeitpunkten die früheren Kohl-Minister Rupert Scholz und Theo Waigel als juristische Berater aktiv, und auch der ehemalige Postminister Christian Schwarz-Schilling war behilflich. Waigel, der sich als Anwalt in München niedergelassen hatte, kassierte ebenso wie der Altkanzler 600 000 Mark im Jahr. Er legt Wert auf die Feststellung, dass er als Mitglied des Bundestages nicht an Entscheidungen beteiligt war, die Kirch betrafen.

In jeder Entwicklung eines politischen Gemeinwesens gibt es Situationen, in denen sich zeigt, in welchem Zustand das Land sich befindet. Der Philosoph Oswald Spengler sah vor 80 Jahren einen «Endkampf zwischen Wirtschaft und Politik» heraufziehen. Durch das Geld vernichte «die Demokratie sich selbst, nachdem das Geld den Geist vernichtet hat». Fast ein Jahrhundert vor ihm hatte sich Karl Marx über die «universelle Käuflichkeit» verbreitet, die alle Teile der Gesellschaft erfasse.

Für viele steht heutzutage der Name Kirch für solcherart beschriebene Gefahren. Seine Verbindungen in die Politik, in die Wirtschaft, in den Sport schienen allumfassend zu sein. Wie ein Spinnennetz, sagen seine Feinde gerne, habe das Geflecht seiner Beziehungen das Land überspannt. «Citizen Kane» oder auch «die Krake» wurde Kirch genannt; auf manchen wirkte er auch deshalb bedrohlich, weil eine seiner Obsessionen das Versteckspiel war. Schon wie er dastand, ewig mit seiner Holzkugel in der Hand: Nimmermüde drückte er die Metallstifte oben rein und unten wieder raus. Rein, raus, immer wieder. Geradezu ein Sinnbild – der Mann am Drücker. Wirklich? Erfolgreich war er jedenfalls, zeitweise zumindest.

In seiner besten Zeit steuerte Kirch aus dem Örtchen Ismaning im Münchner Norden SAT 1, Pro Sieben, Kabel 1, Premiere, das Deutsche Sport-Fernsehen, den Nachrichtenkanal N 24, Neun live und weitere TV-Stationen, rund ein Dutzend an der Zahl. Hinzu kamen der Rechtehandel mit Lizenzen für Filme, Formel 1 und Fußball (WM, Bundesliga, Champions League), ferner Produktionen von Kinohits und natürlich das größte Filmlager Europas. Schließlich hatte Kirch zwischenzeitlich 40 Prozent am Axel Springer Verlag erworben, der mit *Bild* die größte europäische Tageszeitung herausgibt.

Für diejenigen, die weniger kulturpessimistisch gestrickt sind, ist Kirch eher ein großes Schlitzohr. Gerissen, charmant und sehr fleißig, aber mehr ein Vertreter der Kuddelmuddel-Gesellschaft denn Mitglied der Deutschland AG. Er kannte wichtige Leute, er wurstelte sich durch, machte seine Geschäfte. Ein Spieler, der mal gewinnt, mal verliert, auf hohem Niveau, sicher. Ein falscher Schritt und alles könnte vorbei sein. 2002 war tatsächlich alles vorbei. Leo Kirch hatte eine der größten Pleiten der Nachkriegszeit hingelegt.

Wer Kirch wirklich ist und was er treibt, hat auch immer wieder Ermittler interessiert. In den 80er Jahren beispielsweise gingen sie dem Verdacht nach, Kirch habe den damaligen Fernsehdirektor des Bayerischen Rundfunks, Helmut Oeller, mit 2,7 Millionen Mark geschmiert. Das hatte ein bayerischer Immobilienmakler behauptet, der allerdings als Zeuge der Anklage nicht zur Verfügung stand. Als die Strafverfolger die Ermittlungen aufnahmen, war der Informant verstorben. Den Ermittlern blieb eine eidesstattliche Erklärung. Angeblich hatte Kirch das Geld für den Fernsehdirektor in Zürich einer Dame zugesteckt. Kirchs Mitarbeiter machten geltend, schon wegen Kirchs starker Sehschwäche sei ihm eine solche Geldübergabe auf fremdem Terrain schwerlich möglich gewesen.

Kirch und der Fernsehdirektor bestritten alle Vorwürfe. Die Nachforschungen wurden eingestellt.

In den 90er Jahren hatten Ermittler den Verdacht, dass Kirch den Fiskus um 400 Millionen Mark geprellt habe, konnten ihm aber nichts beweisen. Es ging wieder um Transaktionen in der Schweiz, diesmal um einen steuerschonenden Kauf und Rückkauf von TV-Programmen, in den auch der in Zug wohnende Großhandelskönig Otto Beisheim eingeschaltet wurde. Dabei gab es eine heiße Spur. Eine Firma mit dem Namen Rocks AG hatte den entscheidenden Deal gemacht. Aber die Frage war, wer hinter Rocks steckte. Der angebliche Inhaber jedenfalls kam eher nicht in Frage. Er hatte den Namen der Firma in einem vierzig Zeilen langen Brief dreimal falsch geschrieben. Es gab Hinweise, dass Kirch die Fäden zog, doch zu verifizieren war nichts. Die Spur verlor sich in der Steuerfeste Vaduz. Einige der Ermittler waren überzeugt, dass Kirch dort eine schwarze Kasse deponiert hatte.

Nie hat es zu einer Anklage gereicht. Auch im Jahr 2003 beschäftigen sich wieder Ermittler mit Kirch – der Ausgang ist unklar.

Es war nie zu Kirchs Schaden, dass er gute Beziehungen zu einigen Mächtigen pflegte. Denn überall auf der Welt wird die Bremse von oben gezogen. Einer seiner verlässlichsten Freunde war Franz Josef Strauß. Als sich der bayerische Ministerpräsident 1987 in einem internen Papier akribisch in der Staatskanzlei nach dem Stand der Diskussion über das Privatfernsehen und die Rolle von SAT1 erkundigte, wirkte es, als habe Kirch ihm die Fragen gestellt. In seiner 18-seitigen Antwort listete der damalige Staatskanzleichef und heutige Ministerpräsident Edmund Stoiber artig seine Maßnahmen auf und versicherte, er habe «alle diese Schritte mit Leo Kirch im Einzelnen besprochen und auf größtmöglichen Konsens geachtet». So stellte sich Kirch die Welt vor: Er formulierte die Fragen und gab sich die Antworten. Bei all seinen Privatfernsehprojekten wurde er von der Staatskanzlei unterstützt.

Zimperlich ist er nicht gewesen. Bei einer Vernehmung im April 1998 erzählte er den Staatsanwälten Anekdoten aus seinem immerwährenden Lebenskrieg. Wenn ihm einer quer gekommen sei und auf «unschöne Weise Konkurrenz» gemacht habe, sei er zum Angriff übergegangen. Er habe «sofort Vergeltung geübt». Nachfragen zu den eingesetzten Waffen blockte er freilich ab. «Genaueres will ich dazu nicht sagen.» Nach Auskunft eines langjährigen Vertrauten sagte er schon einmal, wenn ihm jemand nicht passte: «Schmeißt ihn raus, bringt ihn um!» Das hat er natürlich nicht wörtlich gemeint, aber beim Kampf mit Rivalen predigte er seinen Leuten bisweilen martialisch die Gebote der Rache.

Mit kleinen und großen Gefälligkeiten, mit Tricks und Täuschungen verschaffte Kirch sich systematisch Einfluss und Macht. Große Fälle sind nie ans Licht gekommen. Nur ein paar Randfiguren wurden erwischt. So musste 1987 der damalige Chefeinkäufer der ARD gehen, weil er Schmiergeld aus Kanälen erhalten hatte, die in Leo Kirchs Richtung wiesen. Einer von Kirchs Widersachern, der frühere RTL-Chef Helmut Thoma, behauptet, der Alte von Ismaning sei «sehr zuwendungsfreudig» gewesen. Manchmal «kleine Aufmerksamkeiten», manchmal «handfeste Dinge».

Einmal traf Kirch eine ZDF-Redakteurin im Aufzug; sie weinte, weil ihr Freund Schluss gemacht und sie mit dem kleinen Sohn allein gelassen hatte. Kirch drückte ihr einen Tausendmarkschein in die Hand: damit möge sie dem Kind einen Teddybären kaufen. Als am 8. April 2002 die Kirch-Media zusammenbrach, schrieb er seinen Mitarbeitern eine E-Mail: «Es sind nicht allein die Zahlen, die eine Firma ausmachen, es sind vielmehr die Menschen.» Er hat es wohl wirklich so gesehen.

«Gratisausflüge mit seiner Yacht, Abholdienste mit seinem Privat-Jet, Geschenke, Einladungen, Job-Angebote, Versorgungsposten» – Kirch habe sich gekümmert, schreibt Thomas Clark in einer anschaulichen Biographie über den Filmpaten und lässt den ehemaligen Kirch-Manager Fred Kogel mit der Aussage zu Wort kommen, Kirch habe «die Leute, die mal für ihn was getan haben, sehr, sehr breit unterstützt. Die Frage in einigen Fällen: Hat er sie gekauft? Aber wer sich kaufen lässt...» Den Rest lässt Kogel, der zur Constantin-Film gewechselt ist, offen.

Die Geschichte vom Aufstieg und Fall des Medienunternehmers Leo Kirch, der mit Filmen reich wurde, ist selbst ein filmreifer Stoff. Der Mann, der die deutsche Fernsehlandschaft wie kein anderer verändert hat, war ein Spieler, für den nur das eigene Gesetz galt. TV-Beteiligungen nannte er «Schürfrechte», und manchmal setzte er sich gerade so in Szene, als sei er wie die einsamen Männer in den langen Staubmänteln, die während des amerikanischen Goldrausches ihre Claims absteckten, wie ein Outlaw, für den nur der Erfolg zählte. «Menschenfischer» wurde er von Freunden genannt, «Menschenfänger» von seinen Gegnern.

Als Kirchs Reich implodierte, Insolvenzverwalter sich durch Zahlengebirge arbeiteten und Akten sichteten, kamen Verträge mit Leuten ans Tageslicht, die fast so bekannt waren wie Altkanzler Kohl. Von anderen hatte die Republik noch nie gehört, gleichwohl müssen sie ihm eine Menge wert gewesen sein. Einer von ihnen ist Fedor Radmann. Mit 24 Jahren war er unter Willi Daume bereits Referatsleiter bei den Olympischen Sommerspielen 1972 in München. Danach avancierte er zum Kurdirektor in seiner Heimatstadt Berchtesgaden, später wurde er Direktor bei Adidas und Geschäftsführer der Sportagentur ISL. Einer, der Ämter und Positionen sammelte, zu vielem fähig, zu vielem nützlich. Radmann ist heute als geschäftsführender Vizepräsident des Organisationskomitees für die Fußball-WM 2006 in Deutschland der Mann an der Seite des Multifunktionärs Franz Beckenbauer.

Ein Hinweis fehlte allerdings im offiziellen Lebenslauf des Sportfunktionärs Radmann: Seit Herbst 2000 war er auch im Stillen für den Medienhändler Kirch tätig, dem bis zu seiner Pleite die lukrativen Rechte an der WM 2006 gehörten. Beckenbauers Schattenmann war auch Kirchs Schattenmann.

Andererseits blieb alles in der Familie: Ende der 90er Jahre schloss Beckenbauer einen offiziellen Vertrag mit Kirch als WM-Kommentator für dessen Sender. Angeblich soll sich die Summe auf insgesamt 15 Millionen Euro belaufen haben – für eine durchaus überschaubare Zahl von Fußballkommentaren.

Radmann war günstiger zu haben, aber auch sein Honorar war immerhin sechsstellig. Er habe Kirch nur hin und wieder Tipps für neue Geschäftsfelder oder etwa für eine bessere Vermarktung von Premiere geben sollen, beschwichtigt Radmann, der im Übrigen auch als Berater für seinen Ex-Arbeitgeber, den Sportartikel-Hersteller Adidas, tätig war. Nebenher ist er an einer Münchner Firma beteiligt, deren Agenturchef für das WM-Organisationskomitee arbeitet. Die WM-Sponsoren werden ebenfalls von einer Marketingfirma betreut, an der Radmann beteiligt war. Mit Beginn seiner Tätigkeit für das Organisationskomitee, betont Radmann, habe er die Geschäftsführung in dieser Firma aber niedergelegt und seine Anteile verkauft.

Der FC Bayern München wiederum, für den Radmanns Münchner Firma segensreich tätig war, hatte einen Geheimvertrag mit der Kirch-Gruppe, der im Frühjahr 2003 für Aufsehen im Fußballbetrieb sorgte. Im Dezember 1999 geschlossen, sollte er dem Club insgesamt 190 Millionen Mark bringen. Allerdings nur unter der Bedingung, dass die TV-Rechte der Fußball-Bundesliga bis mindestens 2003 exklusiv an Firmen der Kirch-Gruppe vergeben würden. Bayern-Manager Uli Hoeneß plädierte bei den Verhandlungen über die TV-Rechte der Bundesliga für Kirch, der dann auch den Zuschlag bekam.

Weiter kam heraus, dass wichtige ausländische Fußballfunktionäre, die ein Wort bei der Vergabe der Fußball-WM 2006 mitzureden hatten, von Kirch mit Aufmerksamkeiten bedacht worden waren. Es gab Zahlungen auf Treuhandkonten im Ausland. Die Tipps, auf welche Konten welche Summen zu zahlen seien, hatten die Kirch-Anwälte von Radmann bekommen. Die Vereinbarungen waren kurz vor der Entscheidung über den Austragungsort der WM unterzeichnet worden. Rund 500 Millionen Schweizer Franken Gewinn hätte Kirch eine WM im eigenen Land bringen sollen.

Das System Kirch funktionierte nach dem Prinzip der russischen Holzpuppen: In jeder Puppe ist eine weitere verborgen. Niemanden ließ der Alte von Ismaning verkommen. Der alte Strauß-Freund Wilfried Scharnagl, der 24 Jahre lang Chefredakteur des CSU-Parteiorgans *Bayernkurier* gewesen war, erhielt im März 2000 von Kirch einen mit jährlich 360 000 Mark dotierten Beratervertrag. Scharnagls Rat konnte hilfreich sein. Er war seit 1990 Mitglied im ZDF-Fernsehrat, davon zehn Jahre lang Vorsitzender des wichtigen Richtlinien- und Koordinierungsausschusses. Seit dem Start des Senders vor vierzig Jahren war Kirch der weitaus wichtigste Lieferant des ZDF gewesen. Gleichzeitig war die Kirch-Gruppe der größte private Konkurrent des ZDF.

Der neue Kirch-Berater Scharnagl spielte eine bedeutende Rolle, als für das ZDF 2001/2002 ein neuer Indendant gesucht wurde. Frühzeitig hatte er in einem persönlichen Papier («Worum es geht, worauf es ankommt») geschrieben, dass in dem Spitzenamt ein «homo politicus» gefragt sei, der zugleich wirtschaftlichen Sachverstand haben müsse. Scharnagl gehörte dann der achtköpfigen, von den Aufsichtsratsgremien eingesetzten Findungskommission an; die ersten Kandidaten mussten dort vorsprechen. Er soll entscheidend daran mitgewirkt haben, die Wahl des ARD-Programmdirektors Günter Struve zum ZDF-Chef zu verhindern. Struve, der von der SPD ins Spiel gebracht worden war, konnte auch auf die Unterstützung von Christdemokraten hoffen. Aus der Kirch-Gruppe aber verlautete, man habe mit Struve keine guten Erfahrungen gemacht. Dem Patriarchen Leo Kirch war nicht verborgen geblieben, dass der ARD-Programmdirektor heftig gegen den überteuerten Einkauf von Spielen der Fußball-WM bei dem Münchner Rechtehändler opponiert hatte. Struve hatte intern sogar ausrechnen lassen, ob man das viele Geld nicht lieber in die

Übertragungsrechte der Formel 1 investieren sollte. Als neuer Chef in Mainz hätte der eigenwillige Fernsehmanager, für den die Intendanz die letzte Station eines abwechslungsreichen Berufslebens gewesen wäre, womöglich Kirchs gute Geschäftsverbindungen zum ZDF gefährdet. Die CSU, Scharnagl vorneweg, brachte die CDU auf Linie, und Struve fiel bei der Intendantenwahl durch. Dass dies auch mit Kirchs Interessen und seinem Beratervertrag zusammengehangen habe, weist Scharnagl von sich. Wer so etwas vermute, befinde sich «völlig im Wald».

Es gibt Tage, an denen man einfach Glück hat. Für die Verantwortlichen des schweizerischen Bankhauses Credit Suisse (CS) war es Freitag, der 13. Dezember 2002. Obwohl zu diesem Zeitpunkt die Gläubiger der Kirch-Gruppe schon lange nicht mehr damit rechnen konnten, ihr Geld – zumindest in toto – wiederzusehen, bekam die CS einen Formel-1-Kredit an Kirch von 120 Millionen Dollar komplett zurück. An jenem 13. Dezember 2002 wurden jedenfalls vom Konto einer Faller-Stiftung in Liechtenstein exakt 121 946 427 US-Dollar auf ein Konto der Credit Suisse in Zürich überwiesen. Warum wurde ausgerechnet die CS bedient, während viele andere Geldhäuser, bei denen Kirch auch in der Kreide stand, leer ausgingen? Hatte den Ausschlag gegeben, dass Kirch-Freund Helmut Kohl im Beirat der CS saß und die Bank öffentlich kritisiert wurde, weil sie Kirch das viele Geld ohne erkennbare Garantien gezahlt hatte? Oder waren die Hintermänner der Faller-Stiftung nervös geworden, weil in jenen Tagen über Kirchs Verbindungen nach Liechtenstein spekuliert worden war und Journalisten in Vaduz nach einem verborgenen Schatz suchten?

Wie kommt der Altkanzler in den Beirat eines Schweizer Bankhauses, was will er da? Die Frage führt in ein erkenntnistheoretisches und moralisches Dickicht. Kohl war nicht bestechlich, aber wie so mancher Politiker hatte er in seinen Kanzlertagen das Gefühl, erheblich mehr als Leute aus der Wirtschaft zu leisten und deutlich weniger zu bekommen. Tag und Nacht müsse er schaffen, hatte er geklagt, und der Filialleiter der Deutschen Bank in Bonn verdiene mehr als der Bundeskanzler. Jener Mitarbeiter des Geldinstituts musste ihm immer wieder als Metapher für die Ungerechtigkeiten des Lebens herhalten. Neidisch hatte er sich stets für die Gehälter der Manager interessiert, die doch weniger leisteten als er, der Kanzler. Nachdem er nicht wieder gewählt worden war, jammerte er über die Rente. Gerade einmal 8000 Euro Witwenrente, hat er mal ausgerechnet, hätte seine Frau Hannelore bekommen, wenn er vor ihr gestorben wäre.

Er sah zu, dass er sein Einkommen durch ein paar Posten aufbesserte. Einer wie er bewirbt sich nicht; er wird gefragt und wählt aus. Erst Kirch und die Credit Suisse, dann rief ihn im Sommer 2000 Reinfried Pohl an, der Chef der Frankfurter Deutschen Vermögensberatungs AG, um ihm den Vorsitz im Beirat seines Unternehmens anzubieten. «Ich habe mich sehr darüber gefreut und gerne zugesagt», schrieb Kohl in sein Tagebuch. Man nimmt, was man bekommt.

Zwanzig Millionen Mark insgesamt hat Kohl in seiner Zeit als Parteivorsitzender der CDU aus aufgelösten Fraktionskassen und von Spendern erhalten. Er hat viel Geld im politischen Kampf eingesetzt. Wer hat was und warum von ihm bekommen? Kohl schweigt. Der 2003 verstorbene frühere Generalbevollmächtigte der CDU-Schatzmeisterei, Uwe Lüthje, hatte zu seinen Lebzeiten immer wieder den Verdacht geäußert, Kirch sei einer jener geheimnisvollen Spender in den 90er Jahren gewesen, deren Namen Kohl partout nicht nennen will. Kirch und Kohl bestreiten dies. Als Kohl im Frühjahr 2000 dann offiziell Spenden sammelte, um den materiellen Schaden der von ihm ausgelösten Parteispendenaffäre wieder gutzumachen, zahlte Kirch ohne viel Aufhebens eine runde Million Mark. Auch stellte er Kohl in mindestens fünf Fällen das Firmenflugzeug für kurze Reisen zur Verfügung. Alles aus Freundschaft, man muss nur kräftig daran glauben.

Der Beratervertrag

Vertrag

Über die Beratung zu politischen Entwicklungen in Deutschland und in Europa

zwischen

TaurusBeteiligungs GmbH & Co KG
Robert-Bürkle-Str. 2
85737 Ismaning

– im folgenden als «Auftraggeber» bezeichnet –

und

Politik und Strategie Beratung P & S GmbH
Marbacher Str. 11
67071 Ludwigshafen

– im folgenden als «Auftragnehmer» bezeichnet –

Präambel

Der Auftraggeber möchte sich einer hochkarätigen Expertenberatung über aktuelle sowie strategische politische Entwicklungen in Deutschland und Europa versichern. Zu diesem Zweck möchte der Auftraggeber den Auftragnehmer beauftragen, in der Person von Herrn Dr. Helmut Kohl diesbezügliche Beratungsdienstleistungen zu erbringen. Auftraggeber und Auftragnehmer vereinbaren folgendes:

§ 1
Vertragsgegenstand

Gegenstand des Vertrages ist die Beratung zu aktuellen sowie strategischen politischen Entwicklungen in Deutschland und Europa.

§ 2
Leistungen des Auftragnehmers

Der Auftragnehmer berät den Auftraggeber auf dessen Weisung hin in allen aktuellen sowie strategischen politischen Entwicklungen in Deutschland und Europa. Der Auftragnehmer trägt dafür Sorge, daß die Beratungsleistungen ausschließlich durch Herrn Dr. Helmut Kohl persönlich erbracht werden. Die Beratung gliedert sich in Standard-Beratung und situative Beratung.

2.1. Die Standard-Beratung umfaßt bis zu 12 persönliche Gespräche pro Jahr mit Herrn Dr. Leo Kirch oder anderen Geschäftsführern des Auftraggebers. Mit dem Einverständnis von Herrn Dr. Helmut Kohl können diesen Gesprächen weitere Personen hinzugezogen werden.-2

Die persönlichen Gespräche finden auf Initiative des Auftraggebers statt. Der Veranstaltungsort liegt in Deutschland. Die Terminwahl ist mit dem Auftragnehmer abzustimmen.

2.2 Der Auftraggeber wird auf Weisung des Auftraggebers über die kontinuierliche Standard-Beratung hinaus bei gegebenem politischen oder wirtschaftlichen Anlaß auch kurzfristig zusätzliche Beratungsdienstleistungen im Hinblick auf aktuelle Entwicklungen oder Probleme erbringen. Diese Situative Beratung kann durch persönliche Gespräche oder telefonische Besprechungen oder schriftliche Ausarbeitungen erfolgen.

2.3 Der Auftragnehmer ist insbesondere nicht verpflichtet, folgende Dienstleistungen zu erbringen:
   i) Marketing-Aktivitäten;
   ii) Mitwirkung bei Akquisitionsprojekten des Auftraggebers;
   iii) Teilnahme an Veranstaltungen des Auftraggebers;
   iv) Öffentlichkeitsarbeit, Werbung und ähnliche Aktivitäten des Auftraggebers.

§ 3
Mitwirkungspflichten des Auftraggebers

Der Auftraggeber verpflichtet sich, den Auftragnehmer bei der Erbringung der von diesem geschuldeten Beratungsdienstleistungen in geeigneter Form zu unterstützen, insbesondere ihn rechtzeitig über Zeitpunkt und Ort der Erbringung von Beratungsdienstleistungen zu informieren, ihm beim Auftraggeber vorhandene sachdienliche Informationen zur Verfügung zu stellen.

§ 4
Vertraulichkeit

Die Vertragsparteien sind zur unbedingten Wahrung von Vertraulichkeit hinsichtlich des Inhalts dieses Vertrages und der in seinem Rahmen erbrachten Dienstleistungen des Auftragnehmers verpflichtet. Weder der Auftraggeber noch der Auftragnehmer oder Herr Dr. Helmut Kohl sind berechtigt ohne vorherige schriftliche Zustimmung der jeweils anderen Vertragspartei Dritte über das Auftragsverhältnis zu informieren.

§ 5
Vergütung

1. Der Auftragnehmer erhält vom Auftraggeber ein jährliches Honorar von DM 600 000,– (in Worten: sechshunderttausend). Das Honorat ist in zwölf gleichen Raten zahlbar, die jeweils zu Beginn eines jeden Kalendermonats fällig werden.
    Diese Vergütung versteht sich zuzüglich der jeweils gültigen Mehrwertsteuer.
2. Der Auftraggeber erstattet dem Auftragnehmer alle angemessenen Kosten und Spesen im Zusammenhang mit seiner Beratertätigkeit. Hierzu gehören insbesondere Reisespesen für Herrn Dr. Helmut Kohl sowie dessen Mitarbeiter. Die Erstattung der angefallenen Kosten und Spesen erfolgt auf Anforderung durch den Auftragnehmer jeweils einmal im Monat.

§ 6
Laufzeit/Kündigung

1. Die Laufzeit dieses Vertrages beträgt drei Jahre; sie beginnt mit dem Tage seiner Unterzeichnung. Beabsichtigt eine der beiden Vertragsparteien die Fortführung des Vertragsverhältnisses über die vereinbarte Laufzeit hinaus, so wird sie das der anderen Vertragspartei mindestens drei Monate vor Vertragsablauf schriftlich mitteilen. Die Parteien werden sodann vor Ablauf dieses Vertrages in Verhandlungen über seine Fortsetzung eintreten.

2. Eine vorzeitige Kündigung dieses Vertrages ist nur aus wichtigem Grund möglich. Ein wichtiger Grund ist beispielsweise eine langfristige Erkrankung von Herrn Dr. Helmut Kohl, die diesen daran hindert, als Berater tätig zu werden. Weiterhin liegt ein wichtiger Grund dann vor, wenn die andere Vertragspartei wesentliche Verpflichtungen aus diesem Vertrag – insbesondere die Verschwiegenheitspflicht – verletzt und auch nach schriftlicher Aufforderung nicht innerhalb angemessener Frist Abhilfe schafft.

§ 7
Abtretungsverbot

Keine der Vertragsparteien ist berechtigt, ihre Rechte aus diesem Vertrag ohne vorherige schriftliche Zustimmung der anderen Vertragspartei abzutreten.

§ 8
Haftung

Der Auftragnehmer haftet für Vorsatz, nicht jedoch für Fahrlässigkeit.

§ 9
Verschiedenes

1. Dieser Vertrag unterliegt deutschem Recht.
2. Gerichtsstand für Streitigkeiten aus diesem Vertrag ist München.
3. Sollten einzelne Bestimmungen dieses Vertrages ungültig sein oder werden, bleibt die Gültigkeit der übrigen Vertragsbestimmungen hiervon unberührt. Aus der Ungültigkeit entstehende Regelungslücken werden die Parteien im Lichte des Vertragszwecks und in dem Bestreben, eine der ungültigen Bestimmung möglichst nahekommende Regelung zu finden, schließen.

18. 5. 99
_____
Ort, Datum

Leo Kirch   Walter Kohl

_____   _____

TaurusBeteiligungs   Politik und Strategie Beratung
GmbH & Co KG   P & S GmbH

Zustimmend zur Kenntnis genommen

H. Kohl

_____

Dr. Helmut Kohl

«Natürlich werfe ich Teilen
von Ihnen Landesverrat vor»

Der Abend im Bonner «Maritim» verlief eine Weile ganz nett und auch würdevoll. Im Andenken an Hannelore Kohl, die vor zwanzig Jahren das Kuratorium ZNS für Unfallverletzte mit Schäden des zentralen Nervensystems gegründet hatte und ein Jahrzehnt auch Präsidentin war, fand am 9. Mai 2003 in dem Hotel eine Gala statt. Jongleure, eine Sopranistin sowie das für Wohltätigkeiten aller Art bekannte Ehepaar Ute-Henriette und Mario Ohoven (die sehr blonde Dame ist die neue Präsidentin des Kuratoriums) waren erschienen, und natürlich kam auch Helmut Kohl. Ihm liegt sehr daran, dass das Werk seiner Frau fortgesetzt wird.

Harmonie und Wehmut prägten die Stimmung, die allerdings leicht getrübt wurde, als ein aus Hamburg angereistes Team des TV-Magazins «Panorama» (ARD) aufkreuzte und Reporter Stephan Stuchlik dem Altkanzler eine eigentlich einfache Frage stellte. Der 36-jährige Journalist wollte von dem 73 Jahre alten Politiker wissen, warum der Medienunternehmer Leo Kirch dem Altkanzler 1999 den Beratervertrag gegeben hatte.

Stuchlik: Herr Dr. Kohl. Guten Tag. Stuchlik, Panorama, eine Frage: Wofür haben Sie die Gelder von Herrn Kirch bekommen?
Kohl: Ich habe überhaupt nicht die Absicht, mit Ihnen 'n Interview zu machen.
Stuchlik: Warum nicht?
Kohl: Sie sind doch von Panorama.
Stuchlik: Ja.
Kohl: Wissen S' doch, was das heißt. Sie haben doch mit Journalismus nix zu tun.
Stuchlik: Aber wofür haben Sie denn...?
Kohl: Aber Mensch, hör'n Sie doch auf.

Stuchlik: Für welche Tätigkeiten haben Sie denn die Gelder bekommen?

Kohl: Damit ich Ihr Gesicht betrachte, und das reicht mir.

Die Kamera folgt dem Altkanzler. Kohl fährt mit dem Aufzug nach oben in die VIP-Lounge. Schnitt. Kohl kommt zurück.

Stuchlik: Ich darf Sie nochmal fragen: Wofür haben Sie denn die Gelder von Leo Kirch bekommen?

Kohl: Das kann ich Ihnen sagen. Die Gelder sammle ich, um das nötige Geld zu haben, um jetzt eine große Untersuchung anzustellen über die Vaterlandsverräter und Leugner der deutschen Einheit. Etwa bei bestimmten Machenschaften der ARD.

Stuchlik: Das heißt, Sie würden uns Vaterlandsverrat vorwerfen?

Kohl: Teilen der ARD und natürlich den Machenschaften von vielen Jahren, die in Ihrer speziellen Sendung vorgekommen sind. Das wollte ich Ihnen gern sagen, und das können Sie live senden. Natürlich werfe ich Teilen von Ihnen Landesverrat vor. Was anderes war's ja auch nicht.

Stuchlik: Aber Sie haben kein schlechtes Gewissen wegen der Gelder, die Sie von Herrn Kirch bekommen haben?

Kohl: Ihre Freunde haben mit dem Herrn Mielke [gemeint ist Erich Mielke, der Ex-Chef der DDR-Staatssicherheit; H. L.] ihre Geschäfte gemacht, ich nicht.

Stuchlik: Reden wir nicht von Herrn Mielke, reden wir von Herrn Kirch.

Kohl: Ich rede von Ihnen.

Geht. Ruft im Weggehen: «Das können Sie live senden.»

Die Kamera zoomt auf ein Schild: Notausgang. Kohl kommt mit Frau Ohoven, deutet im Vorbeigehen auf Stuchlik: «Das ist das Prachtexemplar von Panorama! Von Panorama. Die!» Frau Ohoven zieht ihn eilig weiter.

Ein Schwenk. Kohl unterhält sich mit dem im Hotel eingetroffenen Altbundespräsidenten Roman Herzog, dessen Frau und Frau

Ohoven: «Panorama den ganzen Abend will ich nicht.» Ein Bodyguard baut sich vor der Kamera auf. Wird das Fernsehteam rausgeworfen? Kohl zu Frau Ohoven: «Nein, um Gottes willen. Nein, der war doch auch noch auf der Pressekonferenz.» Schnitt.

Kohl kommt aus dem Saal mit Frau Ohoven, sieht die Fernsehleute und sagt: «Brauchst dir doch nur die Gesichter angucken. Dann weißt du doch, was verzapft wird.»

Stuchlik hatte seine Befragung auf der Gala geschickt vorbereitet. Bewusst erschien er zu dem feinen Anlass im Jeansanzug mit abgewetzten Turnschuhen. Das brachte den Altkanzler sogleich in Rage. Dass die Tonfrau im hellbeigen Kostüm erschien und der Kameramann einen schwarzen Anzug mit Seidenkrawatte trug, verstärkte den Kontrast noch. Fast schon fürchtete man ein wenig um den nur 1,76 Meter großen und 60 Kilo leichten Reporter, der sich dem gereizten «Schwarzen Riesen von Oggersheim» immer wieder in den Weg stellte.

Letzter Versuch.
Stuchlik: Darf ich Sie nochmal fragen. Wofür haben Sie die Gelder von Herrn Kirch bekommen?
Kohl: Verschwinde!

Kohl dreht sich im Weggehen noch einmal Richtung Kamera um. «Die brauchen wir, um den Landesverrat Ihrer Gesinnungsgenossen aufzuzeichnen.»

Abgang.

DIE GESCHÄFTE DES JÜRGEN MÖLLEMANN

Ein rätselhafter Sprung

Jürgen Möllemann hatte sich auf diesen Tag gefreut. Zum ersten Mal nach über einem halben Jahr wollte der 57-jährige Politiker am 5. Juni 2003 wieder mit dem Fallschirm springen. Er hatte sich am Tag zuvor beim Platzwart des Flugplatzes in Marl-Loemühle bei Recklinghausen für einen Absprung angemeldet. Schon in der Früh wollte er zum Flugplatz fahren und dann mit einer Gruppe Fallschirmspringer in die rot-weiße Propellermaschine vom Typ Pilatus Porter PC6 steigen, um aus etwa 4200 Meter Höhe abzuspringen. Allzu lange schon hatte er seiner Leidenschaft (Möllemann hat in fast vierzig Jahren mehr als 700 Sprünge absolviert) nicht nachgeben dürfen – wegen seiner Herzrhythmusstörungen und der Malaise mit dem Magen, auch der Kreislauf hatte rebelliert. Manchmal hatte er sich mit Alkohol betäubt und zu viele Medikamente eingenommen. Er schluckte auch Tabletten gegen die Magensäure. Möllemann fürchtete, die Säure könne Speiseröhrenkrebs verursachen.

Die vergangenen zwölf Monate waren an die Substanz gegangen. Die FDP, der er mehr als dreißig Jahre angehörte, hatte ihn zur Aufgabe aller Parteiämter genötigt und aus der Bundestagsfraktion ausgeschlossen; schließlich war er nach 33 Jahren aus der Partei ausgetreten. Ein Entschluss, den er mit Bitterkeit fasste. Allerdings hatte er politisch und geschäftlich Fehler über Fehler gemacht. Ein Flyer für die Bundestagswahl 2002, in dem er mit antisemitischen Ressentiments gespielt hatte, trug ihm derart viel Kritik ein, dass er ins politische Abseits geriet. Die Staatsanwaltschaft in Münster ermittelte wegen des Verdachts der Steuerhinterziehung gegen ihn, die Staatsanwaltschaft Düsseldorf hatte ihn wegen des Verdachts ins Visier genommen, gegen das Parteiengesetz verstoßen sowie Untreue und Betrug begangen zu haben. Mit der neuen Partei, die er gründen wollte, ging es auch nicht voran. Da war es ein Lichtblick gewesen, als ihm der Arzt vor kurzem nach einer gründlichen Untersuchung das Okay für den Sprung aus den Wolken gegeben hatte.

Ende Mai war er zum Flugplatz ins westfälische Sendenhorst gefahren und hatte dort seinen Fallschirmlehrer Armin Schwarzer getroffen, den Leiter des Teams «JWM». Ob er schon mal eine Tour für die neue Partei organisieren solle, hatte der treue Schwarzer gefragt. Fast 300-mal waren die beiden in der Vergangenheit über Fußballstadien oder den Stränden von Gran Canaria, Nord- und Ostsee gemeinsam abgesprungen. Und nur weil Schwarzer an der Schulter verletzt war, hatte er sich nicht mit Möllemann für dessen ersten Sprung nach langer Zeit in Marl-Loemühle verabredet.

Als Möllemann am 5. Juni aufstand, schien die Sonne. Aber was war da draußen vor der Tür los? In Reihe parkten vor seinem Haus in Münster-Gievenbeck TV-Übertragungswagen mit großen Schüsselantennen. Fernseh- und Fotoreporter warteten auf ihn. Zwei Autos mit Düsseldorfer Kennzeichen fielen ihm auf.

Möllemann sah dem Treiben eine Weile zu. Eigentlich wollte er um neun Uhr in der Maschine sein, um abzuspringen, doch jetzt wartete er erst einmal ab. Um 10.03 Uhr griff er zu seinem Handy und rief Wolfgang Kubicki an, den er mit «Waczlaw» anredete, wie immer, wenn es ihm ganz gut ging. Der Landesvorsitzende der schleswig-holsteinischen FDP, von Beruf Anwalt, gehörte zu den besten Freunden Möllemanns und war in den vergangenen schwierigen Monaten zu seinem engsten Vertrauten geworden. Aber Kubicki konnte nicht offen sprechen, er fuhr gerade im Taxi durch Berlin: «Ich rufe gleich bei dir zurück.»

Nur drei Minuten später stieg er aus dem Wagen und meldete sich sogleich bei Möllemann. Der irritierte Freund beschrieb ihm kurz die Lage, erzählte von den Reportern, den Autos mit Düsseldorfer Kennzeichen, und Kubicki sagte lakonisch: «Jürgen, du bekommst gleich Besuch von der Staatsmacht.» Durchsuchungen stünden an. «Die warten nur noch auf die Aufhebung deiner Immunität.»

«Was soll das denn?», fragte Möllemann.

«Entspann dich», antwortete Kubicki. «Das ist eine PR-Aktion der Staatsanwälte.»

Beide verabredeten sich für den 11. Juni in Hamburg, um Näheres zu besprechen. Möllemann habe während des etwa fünf Minuten langen Gesprächs «ganz locker gewirkt», erinnerte sich Kubicki später. Sicher, in den vergangenen Monaten habe er «Aufs und Abs» erlebt, aber für etwaige Selbstmordabsichten habe es keinerlei Anzeichen gegeben.

Sein Freund habe ihm noch gesagt, er wolle jetzt «hinten raus» das Haus verlassen, damit die Fotografen, die vor der Tür warteten, ihn nicht vor die Linse bekämen. Gegen halb elf führte Möllemann das erste von mehreren Telefonaten mit Kubickis Frau Annette Marberth-Kubicki. Die Juristin vertrat ihn gemeinsam mit dem Frankfurter Anwalt Eberhard Kempf in den beiden Ermittlungsverfahren. Einmal meldete sich eine seiner Töchter zwischendurch auf dem zweiten Handy.

Möllemann traf am Flugplatz ein und entschuldigte sich für die Verspätung. Er wollte beim zweiten Start der Gruppe dabei sein, der für kurz nach zwölf Uhr angesetzt war. Als er gegen 12.10 Uhr in die Maschine stieg, wirkte er so ruhig wie immer. Aber er sah ein bisschen müde aus. Ob er einen Formationssprung mitmachen wolle, fragte ihn Guido Bleckmann vom Verein für Fallschirmsport Marl. Bleckmann gehörte zum «Team 18», das Möllemann im Bundestagswahlkampf bei den Fallschirmabsprüngen begleitet hatte. Dieser sah Bleckmann an und schüttelte den Kopf. «Ich springe heute einen Einzelstern», sagte er. Er saß auf dem Sitz des Kopiloten und schaute die anderen neun Springer an. Bleckmann hockte vor ihm. Ein paar Minuten bevor die Tür geöffnet wurde, sagte Bleckmann, er hätte gerne noch zwei signierte Exemplare von Möllemanns Buch «Klartext». «Klar, kein Problem, das machen wir nachher.» Ein Fallschirmschüler verließ die Maschine bei 1500 Metern. Eine Fünferformation mit Bleckmann sprang aus etwa 4200 Metern. Kurz danach folgte Möllemann, die beiden nach ihm machten einen Tandemsprung. Der Letzte war der Sprungkamerad Dave Littlewood, der Filmaufnahmen machte. Die Kamera zeigt zunächst Möllemann beim Absprung, dann die beiden Tandemspringer. Ganz im Hintergrund ist die Katastrophe zu ahnen. Ein Körper schießt nach unten in die Tiefe.

Um 12.19 Uhr hob der Deutsche Bundestag die Immunität seines inzwischen parteilosen Abgeordneten auf. An 13 Orten in vier Ländern begannen kurz darauf die schon vorbereiteten Durchsuchungen. Wenig später schaltete Frau Kubicki in ihrer Kieler Kanzlei den Fernseher ein, um zu sehen, ob darüber bereits berichtet würde. Stattdessen kam die Nachricht, dass ihr Mandant bei seinem Fallschirmabsprung ums Leben gekommen war.

Nach Zeugenaussagen hat Möllemann die ersten 2600 Meter im freien Fall verbracht und dann etwa in 1600 Meter Höhe den Hauptschirm geöffnet. Augenzeugen erklärten später, er habe seinen Schirm etwa in 1000 Meter Höhe dann gekappt, indem er das mit Klettband an seiner Brust befestigte Trennkissen löste. Bleckmann war schon gelandet und schaute zu ihm hoch. Als er das Trennkissen fortfliegen sah, schoss ihm durch den Kopf: «Der will Selbstmord begehen.» Den Reserveschirm hatte Möllemann nicht geöffnet. Eigentlich hätte in etwa 300 Meter Höhe das Rettungssystem Cypres automatisch den Reservefallschirm öffnen müssen, doch er blieb geschlossen. Vermutlich hatte Möllemann das System nicht eingeschaltet. Ungebremst stürzte er mit Tempo 200 in ein Gerstenfeld ab. Sein Helm wurde durch die Wucht des Aufpralls weggesprengt, und sein Kopf wurde zertrümmert. Es war 12.38 Uhr.

Das Ende des 57-jährigen Politikers löste allerorten Fassungslosigkeit aus. Die Umstände seines Todes deuteten auf Selbstmord, dennoch schossen sofort Spekulationen ins Kraut. Zweifel am selbstbestimmten Ende des Mannes wurden geäußert, der Frau und drei Töchter im Alter von 37, 25 und 23 Jahren zurückließ. Die Essener Staatsanwaltschaft wurde eingeschaltet, um die Umstände des Todes zu klären, und bei dem zuständigen Oberstaatsanwalt Wolfgang Reinicke meldeten sich aufgeregte Bürger, die gleich auf Parallelen zum Fall Barschel verwiesen. Der Tod Möllemanns trage die Handschrift des israelischen Geheimdienstes Mossad, behauptete einer der Anrufer.

Auch professionelle Beobachter zogen Vergleiche mit dem Tod von Uwe Barschel. Unter mysteriösen Umständen war der unglückliche ehemalige schleswig-holsteinische CDU-Ministerpräsident im Oktober 1987 im Genfer Hotel «Beau Rivage» ums Leben gekommen. Damals war ebenfalls sogleich der Mossad ins Spiel gebracht worden. Obwohl der Christdemokrat sein Leben höchstwahrscheinlich durch Selbstmord oder mit Sterbehilfe beendet hatte, kursierten viele Mordtheorien: Wenn schon nicht der israelische Geheimdienst, so sollten es doch wenigstens iranische Agenten, südafrikanische Waffenhändler oder Killer der Stasi gewesen sein. Das Motiv? Alles und nichts; eine angebliche Verstrickung Barschels in die verbotene Lieferung von Blaupausen für U-Boote, möglicherweise Waffengeschäfte im Nahen Osten oder merkwürdige Gegengeschäfte im Zusammenhang mit dem Verkauf des Kreuzfahrtschiffes «Astor» von Südafrika über Kiel in die DDR. Auch von Schmiergeld und schwarzen Kassen war die Rede. Keine dieser Thesen hat später Nachforschungen standgehalten, aber das hat die Verbreiter der Verschwörungstheorien nie beirren können.

«Wie bei Barschel: Wird das Rätsel um Möllemanns Tod nie gelöst?», titelte zwei Tage nach seinem Tod die *Bild*-Zeitung. Jeder Freitod löst bei den Zurückgebliebenen Fragen aus, und es bleiben Rätsel, die nicht mehr gelöst werden können. Möllemann hat sich durch seinen Tod auch einigen Fragen nach seinen wirtschaftlichen Verbindungen in der Vergangenheit entzogen.

Ein geheimnisvoller Freund

Es gibt nur wenige Fotos, auf denen die Freunde Rolf Wegener und Jürgen W. Möllemann zusammen zu sehen sind. Fast gewinnt man den Eindruck, dass sie gemeinsame Auftritte bewusst vermieden haben. Selbst im Gelsenkirchener Parkstadion, bei den Spielen ihres Clubs Schalke 04, saßen die beiden Fußballfans meist getrennt voneinander auf der Tribüne. Dabei kannten sich der Kaufmann und der Politiker schon sehr lange, und ihre Beziehung war tatsächlich die Geschichte einer Freundschaft, in der einer für den anderen einzustehen hat. Und zwar immer. Zum Beispiel auch in den aufgeregten Tagen vor und nach der Bundestagswahl im Herbst 2002.

In einer 17 Seiten umfassenden Stellungnahme für die Düsseldorfer Staatsanwaltschaft hat Möllemann den Ermittlern nach der Wahl unter anderem erklärt, wie es zu dem antiisraelischen Flugblatt gekommen sei, das für so viel Wirbel gesorgt hatte, und wie er es finanziert habe. Als der FDP-Wahlkampf nicht lief und Guido Westerwelle den vorher so greifbaren Erfolg verdaddelte, habe er noch einmal ein richtiges Thema zünden wollen. Das Pulverfass im Nahen Osten, die arabische Sache, das war von jeher sein Spezialgebiet gewesen und lag in jenen Wochen nahe. Doch ein Flugblatt für 8,4 Millionen Haushalte in NRW, so hatte er sich ausrechnen können, würde nicht ganz billig sein. Über den Daumen gepeilt musste er für Druck und Vertrieb mit rund einer Million Euro rechnen. Möllemann hatte zwar einiges auf der hohen Kante und war, wie er versicherte, auch bereit, die Aktion privat zu tragen. Aber für eine Finanzierung aus dem Stand reichten die flüssigen Mittel nicht aus. Da habe er Rolf Wegener, den Geschäftsfreund und Vertrauten, um Hilfe gebeten. Quasi als eine Art Vorschuss auf laufende Geschäfte habe ihm der Partner dann Geld gegeben. Eine Spende sei das nicht gewesen, keineswegs, sondern ein Deal unter Kaufleuten. Um nicht als Krösus dazustehen, habe er die Summe dann gestückelt und von Vertrauten in 145 Einzelbuchungen bei 14 Geldinstituten einzahlen lassen.

Eine merkwürdige Geschichte. Wegener habe mit der Finanzierung des Flugblatts «nichts zu tun», hatte Möllemann noch Anfang Oktober 2002 beteuert, und dieser hatte nachgelegt: Er habe weder persönlich noch «durch eine von mir beherrschte Firma eine Finanzierung von Herrn Möllemann oder der FDP vorgenommen».

Kein leichter Fall für die Düsseldorfer Staatsanwälte. Die Strafverfolger führten ihre Ermittlungen gegen Möllemann wegen Verdacht auf Verstoß gegen das Parteiengesetz, Untreue und Betrug seit Herbst 2002. Während sie sich für die Herkunft des Flyer-Geldes interessierten, stießen sie bald auch auf das Gerücht, dass der Politiker in die Affäre um die Lieferung von 36 Spür- und Transportpanzern Anfang der 90er Jahre nach Saudi-Arabien verstrickt gewesen sei. Anfang 1991 war Möllemann gerade Bundeswirtschaftsminister im dritten Kabinett Kohl-Genscher geworden. Die Thyssen Industrie AG Henschel, die das Geschäft mit den Panzern gemacht hatte, soll insgesamt 219,7 Millionen Mark an Schmiergeldern gezahlt haben. Eine wahre Bargeldorgie ist da zelebriert worden, an der Potentaten aus dem Nahen Osten, dubiose Firmen in Steueroasen wie Liechtenstein und zahlreiche merkwürdige Zeitgenossen teilnahmen. Und von den vielen Provisionen, die bei dem Deal geflossen sind, soll auch Möllemanns Freund Rolf Wegener etwas abbekommen haben: 8,93 Millionen Mark. Hat er einige Millionen davon an Möllemann weitergereicht? War der Kaufmann gar der Strohmann des Ministers? Es gab viele Spekulationen und eine Menge wenig gesicherter Erkenntnisse.

Als die Ermittler der Beziehung zwischen den beiden Freunden nachgingen, folgten sie den Spuren zweier Aufsteiger, die bei diversen Geschäften und selbst bei Schalke 04 einen Pakt gebildet hatten. Seit Anfang der 80er Jahre hatte sich eine Männerfreundschaft entwickelt, wie sie im Politikbetrieb selten vorkommt. Der Lehrer a. D. Jürgen W. Möllemann, der sich früher gern mit dem Spruch

«Hier die Städtischen Bühnen» am Telefon meldete, war im Oktober 1982 Staatsminister im Auswärtigen Amt geworden. Und sogleich unterrichtete er alle diplomatischen Vertretungen in einer Anweisung davon, dass sie künftig die Aufgabe hätten, «Dienstleistungen im Interesse der Wirtschaft zu erbringen». Er empfahl die «konkrete Förderung von Einzelgeschäften» sowie die «Einschaltung deutscher Consulting-Firmen».

Consulting-Firmen wie die von Wegener. Bei diversen Gelegenheiten brachte Möllemann den Jungunternehmer ins Spiel. Wegener hatte zwar als Teilhaber einer Baufirma in frühen Jahren einmal eine grandiose Pleite hingelegt, war aber dann wieder ganz nach oben geklettert. Er baute eine Immobilienfirma auf und akquirierte erfolgreich große Aufträge. Ein Stehaufmännchen wie Möllemann. Schon damals, als alles begann, wirkte er wie ein Mann, der sich immer auf der Sonnenseite des Lebens befindet. Er fuhr schnelle Autos und unterhielt eine Wohnung in Monte Carlo, was Möllemann, dem Aufsteiger aus Appeldorn, imponierte.

Der Freidemokrat war ebenfalls ein Freund der schnellen Mark und hatte sich früh als Anwalt des wirklich freien Unternehmertums empfohlen. Den Talentsuchern des Düsseldorfer Flick-Konzerns, die das Schmieren zum obersten Geschäftsprinzip erkoren hatten, war der junge Bundestagsabgeordnete (seit 1972) früh aufgefallen. 200 000 Mark wandte Flick jährlich für die Förderung politischer Nachwuchstalente auf, wenn es dafür stand, und zu den heimlichen Preisträgern des Jahres 1975 gehörte der FDP-Mann aus dem Münsterland.

Also ein Politiker mit Perspektive für die Wirtschaft. Das Geld, so stellte sich später heraus, war gut platziert. Möllemann reüssierte, kam von den Hinterbänken immer schneller nach vorn. Als Fahnder in den 80er Jahren die Bücher des Flick-Konzerns filzten, erfuhr die verblüffte Öffentlichkeit, dass der Abgeordnete Möllemann für 60 000 Mark im Jahr Ende der 70er Jahre nebenbei Direktionsassistent bei der Flick-Tochter «Projektierung Chemische Verfahrenstechnik» gewesen war. Ein guter Job für einen Lobbyisten.

Bevor Möllemann 1982 Staatsminister wurde, hatte er im Auswärtigen Ausschuss und im Verteidigungsausschuss gesessen und hatte es auch dort verstanden, Politik und Geschäft miteinander zu verbinden. Mit einer Beteiligung von 20 000 Mark war er stiller Gesellschafter einer Werbe- und PR-Agentur geworden und hatte ihr immer wieder lukrative Aufträge besorgt, zum Beispiel aus der Rüstungsindustrie. Bei der Kasseler Wegmann & Co. GmbH etwa, einem Zulieferer von Panzertürmen, holte er den PR-Auftrag zum hundertjährigen Firmenjubiläum ab. Möllemann akquirierte auch bei der Bremer Lürssen Werft, die Korvetten sowie Torpedofangboote und Minenkampfboote baute; bei Munitionsfirmen fragte er ebenfalls an. Er war so rührig, dass die Waffenschmiede Heckler & Koch beim damaligen nordrhein-westfälischen FDP-Schatzmeister Hans Gattermann irritiert nachfragte, ob man Spenden direkt an Möllemann schicken müsse, um Ausfuhrgenehmigungen zu erhalten.

Wegener widmete sich währenddessen den Bedürfnissen von Staaten des Vorderen Orients, die deutsche Rüstungsgüter kaufen wollten. Das wiederum gefiel Möllemann, und Wegener durfte sich bei Kunden auf das enge Verhältnis zu dem Freidemokraten berufen. Und das war nicht übertrieben; in den 80er Jahren entwickelten die Verbindungen und gemeinsamen Interessen der beiden eine bemerkenswerte Vielfalt. Der *Spiegel*, der dem damals nachging, überschrieb eine diesbezügliche Geschichte treffend: «Manchmal rief Möllemann täglich an». Die Botschaft des Sultanats Oman bestätigte den Hamburger Journalisten, dass Möllemann den Kaufmann Wegener beim Ersten Sekretär, Al-Kahsibi, eingeführt habe. Seither gehe der Händler dort ein und aus. Möllemann, der nach eigenem Bekenntnis gerne im arabischen Raum Firmen «die Türen aufmachte», sei Wegener behilflich gewesen, die erfolgversprechendsten Kontakte zu erhalten.

In Möllemanns Heimatort Münster unterhielt Wegener ein diskretes Appartement in der Wilhelmstraße. Nachbarn berichteten, dass der Politiker dort häufig mit Besuchern auftauchte. Geschäftsfreunde. Als Möllemann Mitte der 90er Jahre die FDP in Nordrhein-Westfalen wieder nach vorne brachte und erneut Landesvorsitzender wurde, stiftete Wegener 300 000 Mark für die Liberalen.

Auch als in den 90er Jahren ein 300 Millionen Mark teures Finanzierungskonzept für die neue Schalke-Arena diskutiert wurde, empfahl Aufsichtsratschef Möllemann seinen Freund Wegener. Dieser habe hervorragende Kontakte zu reichen saudi-arabischen Finanziers. Der umtriebige Wegener ist im Übrigen nebenbei auch Spielerberater und handelt unter anderem mit afrikanischen Fußballtalenten. Und manchmal auch mit Stars. Zum Beispiel führte er Schalke 04 den Stürmer Victor Agali zu, ein allerdings für ihn eher untypisches Geschäft, denn Agali kam aus Rostock. In der Regel kauft Wegener dem nigerianischen Fußballverband direkt die Transferrechte ab und spekuliert auf steigenden Marktwert der Kicker. «Knebelverträge» oder «skrupellosen Menschenhandel» werfen ihm Kritiker vor.

Wegener selbst hat einmal erklärt, für ihn seien die Spieler «Risikokapital». Er schließe Verträge mit ihnen und den nigerianischen Anwälten «nach den dort üblichen Usancen». «Mister Rolf», wie ihn die Spieler nennen, hat freilich viele Neider. «Millionär hielt mich als Sklave», betitelte der Düsseldorfer *Express* vor einiger Zeit eine Geschichte über einen afrikanischen Hausdiener Wegeners, der angeblich neun Jahre lang für ein Taschengeld gearbeitet hat.

In den 90er Jahren wurde der enge Kontakt der beiden Freunde ein Thema für Staatsanwaltschaften. Die Augsburger Strafverfolger gingen dem Verdacht nach, dass der Kauferinger Unternehmer Karlheinz Schreiber, ein Intimus von Franz Josef Strauß, im Zusammenhang mit dem Verkauf von Flugzeugen und Kriegsgerät verdeckte Provisionen in Höhe von rund 24 Millionen Mark an deutsche Manager und Politiker gezahlt habe. So soll der ehemalige Thyssen-Manager Jürgen Massmann 10,875 Millionen Mark erhalten haben, der Ex-Vorstandsvorsitzende von Thyssen-Henschel in Kassel, Winfried Haastert, 1,49 Millionen Mark. Der frühere Rüstungsstaatssekretär Holger Pfahls (CSU) soll 3,8 Millionen Mark eingestrichen haben. Der ehemalige CDU-Schatzmeister Walther Leisler Kiep erhielt eine Million Mark. Die Ermittlungen der Augsburger Fahnder lösten Ende 1999 die Kohl-Affäre aus. Auch Max Strauß soll mit Geld bedacht worden sein. Er wurde angeklagt, bestreitet aber die Vorwürfe.

Die 24 Millionen waren ein Klacks angesichts der Summe, um die es bei dem Panzergeschäft ging: 446 379 480 Millionen Mark hatten die Saudis an Thyssen-Henschel gezahlt, und der deutsche Konzern hatte 219 730 000 Mark davon wieder für Provisionen und Schmiergeld eingesetzt. Rund die Hälfte, genau gesagt 47 Prozent der Auftragssumme also. Das Geschäft hat sich dennoch gerechnet; der Wert der Panzer betrug nur rund 30 232 160 Mark. Bleibt ein sagenhafter Gewinn von rund 200 Millionen Mark.

Bei diesem Geschäft kam es auf den einen oder anderen Geldempfänger nicht mehr an. So kam eher unvermutet auch der Kaufmann Rolf Wegener zum Zuge. Er soll die 8,93 Millionen Mark als Bevollmächtigter einer panamesischen Briefkastenfirma mit dem Namen Great Aziz Corporation kassiert haben. Das Geld floss auf ein Konto in Liechtenstein, das Wegener zugerechnet wird.

Prüfern, die sich Jahre später über die Akten beugten, fiel es indessen schwer, zu erkennen, welchen Zweck der Einsatz des Möllemann-Freundes gehabt haben soll, wofür er also das Geld bekommen haben könnte. Es gab ein paar Ungereimtheiten. Die Provisionen für Wegener waren bei Thyssen schon einkalkuliert worden, als das von ihm angeblich zu lösende Problem, im Wesentlichen eine steuerliche Frage, noch gar nicht bekannt war. Das ist ungewöhnlich. Sollten vor allem seine guten Beziehungen zu dem Minister honoriert werden? Vor dem Amtsantritt von Möllemann war das Bundeswirtschaftsministerium gegen das Panzergeschäft gewesen. Möllemann korrigierte den Kurs und stellte sich in dieser Angelegenheit sogar gegen seinen Ziehvater Hans-Dietrich Genscher. Wirtschaftsprüfer der US-Firma Arthur Andersen, die Mitte der 90er Jahre noch einmal den Panzerdeal durchleuchteten, hielten in einem Bericht fest: «Hintergrund der Person Rolf Wegener: Herr Wegener verfügt über Kontaktadressen in Düsseldorf und Monaco. Er ist ein Bekannter des FDP-Politikers Möllemann.» Einen ernsthaften Beleg für die Platzhalter- bzw. Strohmannthese hat aber niemand erbracht. Eigentlich musste einer wie Möllemann nicht geschmiert werden, damit eine Panzerkolonne nach Saudi-Arabien verfrachtet wird. Der Präsident der Deutsch-Arabischen Gesellschaft hatte sich schon immer für solche Geschäfte stark gemacht.

Der Faden zwischen Möllemann und Wegener riss nie ab. Als Möllemann 1993 sein Amt wegen der so genannten Chip-Affäre verlor, stand ihm Wegener zur Seite. Er half Möllemann beim Neustart ins Geschäftsleben. Der Politiker gründete die Wirtschafts- und Exportberatung Jürgen Möllemann Trade and Export Consult (Web/Tec). Sitz des Unternehmens war die Achenbachstraße 56 in Düsseldorf, ein Haus, das praktischerweise Wegener gehörte, der reichlich Immobilien besitzt. «Es läuft glänzend, ich könnte mich mit meiner Firma dumm und dusselig verdienen», hat Möllemann einmal geprahlt. Sein Vertrauensmann in der Firma war der frühere Militärattache der deutschen Botschaft in Riad, Klaus Geerdts.

Aus seinen Geschäftsbeziehungen machte Möllemann ein großes Geheimnis. «Darüber rede ich nicht mit Ihnen», erklärte er im Frühjahr 2003 dem Autor. Betriebsprüfer des Finanzamts Düsseldorf-Nord hatten im Frühsommer 2002 festgestellt, dass die Web/Tec unter anderem 5,2 Millionen Mark von einer Firma namens Curl AG aus Liechtenstein bekommen hatte. Als die Beamten Möllemann nach dem Zweck des Geschäfts fragten, mochte er sich nicht dazu äußern. Offenkundig war, dass er 1996 und 1997 insgesamt eine weitere Million Mark von Wegener aus Monaco bekommen hatte.

Deutsche Ermittler sind überzeugt, dass die Curl AG dem Kaufmann Wegener zugeordnet werden kann. Am 5. Juni 2003 sollten in Vaduz Unterlagen der Briefkastenfirma beschlagnahmt werden, aber auf Protest eines eilends herbeigeeilten Anwalts mussten die sichergestellten Unterlagen versiegelt werden. Damit sind sie bis auf weiteres nicht einsehbar. Für solche Heimlichtuerei hätte Möllemann Verständnis gezeigt. «Eine Beraterfirma, die ihre Kunden zum Gegenstand der Erörterung macht, kann aufhören», sagte der Ex-Minister dem *Stern*. Immerhin räumte er auf Anfrage der *Süddeutschen Zeitung* im Herbst 2002 ein, seine Firma Web/Tec arbeite bei «Energie- und Energieanlagen-Geschäften im Mittleren Osten» mit einer der Firmen Wegeners zusammen. Das klingt harmlos.

Waren die Geschäftsbeziehungen zwischen Wegener und Möllemann wirklich immer ganz harmlos? Schließlich tauchten im Zuge der Ermittlungen Briefkastenfirmen in Panama und Liechtenstein auf. Und Möllemann unterhielt ein millionenschweres Konto in Luxemburg, auf das die Fahnder im Sommer 2002 eher zufällig stießen. Ein Unbekannter hatte von diesem Konto rund eine Million Euro in bar abgehoben. Die Bank erstattete bei der Staatsanwaltschaft des Großherzogtums Anzeige wegen des Verdachts der Geldwäsche. Es stellte sich heraus, dass das Konto, das der deutsche Fiskus nicht kannte, bereits 1985 von Möllemann eingerichtet worden war. Die Staatsanwaltschaft in Münster wurde eingeschaltet. Möllemann behauptete, es handele sich bloß um ein Treuhandkonto für einen iranischen Kaufmann, doch die Ermittler nahmen ihm diese Geschichte nicht ab. Sie versuchten, die Geldflüsse auf den deutschen Konten Möllemanns und dem Konto in Luxemburg nachzuvollziehen, und stellten fest, dass der ehemalige Freidemokrat sehr erfolgreich an der Börse spekuliert und hohe Gewinne dabei erzielt hatte. «Ich hatte einfach Glück», hat Möllemann dem Autor einmal auf eine entsprechende Frage geantwortet. Auch als Politiker hatte er nicht schlecht verdient. Bis zu seinem Rücktritt von allen Ämtern konnte er, Ruhestandsbezüge eingeschlossen, über rund 20 000 Euro im Monat verfügen.

Zwischen 1997 und 2000 überwies Möllemann etwa 4,5 Millionen Euro von dem Luxemburger Konto an die Curl AG. Der Transfer war als «Darlehensrückzahlung» deklariert. Im gleichen Zeitraum hat die Curl AG rund 1,9 Millionen Euro an die Web/Tec nach Düsseldorf überwiesen. Das Hin und Her war schwer zu durchschauen. Möllemann hatte für Wegener bei manchem Geschäft den Türöffner gemacht, und beide begannen dann ein verwirrendes Millionenspiel. Als Möllemann schon tot war, wurde noch ein Geschäft im Anlagenbau abgewickelt, das er vermittelt hatte. Möllemann hat Geschäfte gemacht, über die er – angeblich mit Rücksicht auf die Kunden – nicht reden wollte. Das machte ihn angreifbar, auch wegen Wegener. Wahrscheinlich hat der Geschäftsmann seinem Freund aus der Politik beim Start der Web/Tec eine Anschubfinanzierung gegeben und dieser dann das Darlehen mit den Provisionen für gemeinsame Geschäfte zurückgezahlt. Die Web/Tec kassierte nur bei Erfolg. Vielleicht ist die Erklärung mit dem Darlehen aber auch nur ein Schwindel. Alle Beteiligten verwandten viel Energie auf Mimikry.

Im Mai 2003 verhandelten Rechtsanwälte und Staatsanwaltschaft Münster über eine Erledigung des Falles ohne Hauptverhandlung. Möllemann sollte einen Strafbefehl und eine hohe Geldstrafe akzeptieren. Allerdings drohten ihm zusätzlich Steuernachzahlungen in Millionenhöhe, die etwa die Hälfte seines beträchtlichen Vermögens verschlungen hätten. Die Gespräche gerieten ins Stocken. Dann starb Möllemann.

Nur aus einer gemeinsamen Firma haben weder Möllemann noch Wegener jemals ein Geheimnis gemacht: Am 12. Dezember

1994 gründeten die beiden Freunde die «MS-Air-Gesellschaft für Flug- und Luftbildservice» in Münster. Die Firma besitzt nur ein Flugzeug, das unter anderem dazu dient, Fallschirmspringer der Clubs in Rheine, Dortmund und Münster abzusetzen – jene Pilatus Porter PC6, mit der Möllemann am Mittag des 5. Juni 2003 in Marl-Loemühle zu seinem letzten Sprung gestartet ist.

Ein merkwürdiger Deal

Nach 46 Verhandlungstagen ging am 23. Juli 2002 vor der 10. Strafkammer des Landgerichts Augsburg der erste große Prozess im Fall der Fuchs-Panzer für Saudi-Arabien zu Ende. Der Manager Jürgen Massmann, Jahrgang 1943 (Jahresgehalt zuletzt 503 176 Mark brutto), der 10,875 Millionen Mark Schmiergeld kassiert haben soll, wurde in erster Instanz wegen Steuerhinterziehung und Untreue zu fünf Jahren Haft verurteilt. Der Manager Winfried Haastert, Jahrgang 1941 (Jahresgehalt zuletzt 903 711 Mark brutto), der 1,49 Millionen Mark eingesteckt haben soll, erhielt zwei Jahre und vier Monate zudiktiert. Das 229 Seiten umfassende Urteil über den Fall, in dem zur Statisterie Größen der Politik wie der ehemalige US-Präsident George Bush oder der damalige Bundeskanzler Helmut Kohl sowie Chargen vom Format des Geschäftsmannes Rolf Wegener gehörten, ist ein Sittengemälde der Deutschland AG. Seine Vorgeschichte aber, die davon handelt, wie die Finanzbehörden in Nordrhein-Westfalen bei dem Deal alle Augen zugemacht haben, ist ein Skandal.

Am 22. November 1990 hatten sich zwei Abgesandte des Düsseldorfer Thyssen-Konzerns mit drei Finanzbeamten getroffen, um die fiskalischen Weichen für das Großgeschäft zu stellen. «Provisionszahlungen in Höhe von ca. 47 Prozent» seien erforderlich, steht in den vertraulichen Finanzamtsunterlagen. Noch einmal: die

Hälfte des Umsatzes fürs Schmieren. Bis 1996 konnten Schmiergelder als so genannte «nützliche Abgaben» von der Steuer abgesetzt werden. Danach war Bestechungsgeld nicht mehr abzugsfähig, wenn der Empfänger wegen einer entsprechenden Straftat rechtskräftig verurteilt worden war oder wenn ein Bußgeld rechtskräftig wurde. Seit 1999 gibt es ein völliges Abzugsverbot für Schmier- und Bestechungsgeld, auch bei Zahlungen ins Ausland. Voraussetzung ist allerdings, dass dort das heimliche Geben und Nehmen unter Strafe steht.

Das zuständige Finanzamt in Duisburg hielt in einem Vermerk fest, dass die «Erteilung der Aufträge gegen starken internationalen Wettbewerb» erfolgt sei. Solche Geschäfte setzten «nicht unbeträchtliche Provisionszahlungen» voraus. Weil von dem Schmiergeld nach Angaben der Firma keine im Inland steuerpflichtigen natürlichen und juristischen Personen profitierten, werde die Abzugsfähigkeit anerkannt. Das gigantische Bestechungsgeld durfte als Betriebsausgabe abgesetzt werden.

Einen Einblick in die Welt des Schmierens hat der Drahtzieher des Panzergeschäfts, der nach Kanada geflüchtete Kaufmann Karlheinz Schreiber, gegeben. Er berichtete Emissären des Parteispenden-Untersuchungsausschusses des Bundestages, wie die großen Geschäfte so laufen: «Wenn man die Gelegenheit hatte, das Vertrauen eines Auftragvergebenden zu erringen, oder man jemanden beeinflussen konnte, der für nützliche Aufwendungen in Frage kommt – das kann eine Kommission sein, ein ziviler Lobbyist oder ein Berater –, dann kann der steuerliche Probleme haben, wenn in den Verträgen keine entsprechenden Klauseln vorgesehen sind. Ansonsten ist das ganz unerheblich. Das kann Bestechungsgeld sein, das kann Schmiergeld sein, das kann Geld sein, was auf irgendwelchen Partys in einen Umschlag hineingelangt, oder sonst was. Das ist nicht mehr nachzuvollziehen.» Ein Problem dabei sei nur, dass sich die Geber unbedingt Beweise für ihre Gabe sichern wollten, um bei «einem Anschlussauftrag oder bei einem nächsten

Auftrag sagen zu können: Ich hätte gerne! Dann sagt der Betroffene: Das geht nicht, das fällt auf. Daraufhin sagt der andere: Ich habe da etwas...»

So brutal ging es beim Panzergeschäft nicht zu. Die Akteure waren sehr geschmeidig. Nach den Finanzamtsunterlagen sollen die Schmiergelder an fünf Briefkastenfirmen geflossen sein: Da waren zunächst eine Firma Linsur (116,5 Millionen Mark), eine Firma Ovessim (67,5 Millionen Mark) und die Firma Great Aziz (8,93 Millionen Mark). Weiter ist die Kauferinger Firma BBC des Kaufmanns Karlheinz Schreiber mit 2,4 Millionen Mark verzeichnet, und eine ihm vom Augsburger Landgericht zugerechnete Briefkastenfirma namens ATG soll mit 24,4 Millionen Mark bedient worden sein. Dass es sich um Schmiergeld handelte, war für die Finanzbehörden offensichtlich: Die Firmen mit den Phantasienamen hatten ihren Sitz in Panama.

Beispielhaft ist der Fall der Linsur Investment Corporated. Die Linsur erhielt das Geld angeblich für «Marketing in der Golf-Region». Die Golf-Krise mit der «erforderlichen Erneuerung von Straßen, Transportmitteln usw.», so heißt es in dem im Mai 1991 mit Thyssen Industrie geschlossenen Linsur-Vertrag, habe «deutlich gemacht, dass diese Region als ein Markt mit Zukunft anzusehen ist». Nachzuvollziehen sind nur die Fälligkeitsdaten der Zahlungen: 55 Millionen Mark sofort, fünfzig Millionen Mark kurz darauf, und der Rest musste bis Dezember 1993 beglichen werden. Wortgleich, nur mit anderen Beträgen versehen, sind die übrigen Kontrakte mit den panamesischen Briefkastenfirmen abgefasst, die wiederum von einem Unternehmen in der Schweiz vertreten wurden. Insgesamt wurden so 219,73 Millionen Mark Schmiergeld transferiert.

Der Leiter der Konzern-Rechtsabteilung, Hans-Joachim Klenk, erklärte später vor dem Parteispenden-Untersuchungsausschuss des Bundestages, fast fünfzig Prozent für Provisionen und Schmiergeld sei ein «ungewöhnlicher hoher» Prozentsatz gewesen.

Er kenne kein anderes Geschäft, bei dem die Relation ähnlich gewesen sei. Die Finanzbeamten hatten das nicht moniert. Ein Düsseldorfer Richter merkte deshalb im Juni 2000 in einem Durchsuchungsbeschluss an, die Finanzbehörden hätten die Gelder «offensichtlich ohne nähere Prüfung als nützliche Aufwendungen anerkannt».

Es war auch kein Problem, als ein Thyssen-Vorstand im Juni 1991 die Finanzbeamten davon in Kenntnis setzte, dass die Saudis den Kaufvertrag geändert hätten. Nach Ziffer 13 des Panzer-Vertrages seien Vermittlungsprovisionen streng verboten. Die Finanzbeamten zogen trotzdem weiter mit. Ein Konzernprüfer erklärte später bei einer Zeugenaussage: «Für die damalige steuerliche Behandlung war allein entscheidend, dass es sich um übereinstimmende, in sich schlüssige Angaben der Firmenverwaltung handelte.»

Bei einer Betriebsprüfung im Februar 1996 erklärte Thyssen unter anderem, hinter Great Aziz verberge sich der Möllemann-Freund Rolf Wegener, der das Geld «im Zusammenhang mit der Vermeidung von Betriebsstätten in Saudi-Arabien» bekommen habe. Fast neun Millionen Mark dafür, dass in Riad dank Wegeners Verbindungen kein Büro aufgemacht werden musste. Klingt das glaubwürdig? Die beiden Prüfer hatten keine Einwände.

Rund 150 Millionen Mark Steuern hat Thyssen durch die Mithilfe der Duisburger Finanzbeamten gespart. Seit Jahren läuft bei der Düsseldorfer Staatsanwaltschaft ein Verfahren gegen ehemalige Manager der Firma. Die Ermittler haben den Verdacht, dass die Beschuldigten einen Teil des Schmiergeldes im Kick-back-Verfahren in die eigene Tasche geleitet haben. Die Spur endet in Liechtenstein, das bei fiskalischen Delikten nicht kooperativ ist. «Das Verfahren ist mehr tot als lebendig», bedauert ein Düsseldorfer Ermittler.

ERST VERSCHLEIERN, DANN KASSIEREN

Machenschaften auf Kosten der Allgemeinheit – vier Fallbeispiele

Überblick und Durchblick sind Feinde der Korruption. Deshalb fehlen sie meist am Anfang, wenn Ermittler oder Journalisten auf einen Fall stoßen. Oft ist es gerade mangelnde Transparenz, die misstrauisch macht. Manchmal wird mit Absicht versucht, den Überblick zu verhindern, werden Zusammenhänge systematisch verschleiert. Manchmal verliert auch jemand den Überblick und gerät dann in eine Situation, die ihm eine Entscheidung abfordert: Korrektur oder Korruption? Manchmal guckt einer lieber nicht so genau hin. Und manchmal begünstigen auch die komplexen Verhältnisse innerhalb von Institutionen jene, die absahnen wollen. Fast immer ist von allem etwas dabei.

Die folgenden vier Kapitel zeigen auf unterschiedliche Weise, wie Betrug auf Kosten der Allgemeinheit funktionieren kann, im kommunalen Bereich, im kirchlichen Bereich und im Gesundheitswesen. Sie zeigen aber auch, dass die Grenze, jenseits deren korruptives Verhalten beginnt, nicht immer leicht zu bestimmen ist.

Das Haus des Oberbürgermeisters

Hans Joachim («Hajo») Hoffmann ist ein Mann, der schon von Berufs wegen die Übersicht bewahren muss. Hoffmann hat eine beachtliche politische Karriere hinter sich: Der Sozialdemokrat, Jahrgang 1945, begann als wissenschaftlicher Referent, wurde

Bundestagsabgeordneter, Europaabgeordneter und Wirtschaftsminister im Kabinett von Oskar Lafontaine. Der Hobbymusiker, der auf dem zweiten Bildungsweg Abitur gemacht hatte, war an der Saar ein kleiner Volkstribun. 1991 wurde er Oberbürgermeister: Obwohl die rot-grüne Rathauskoalition in Saarbrücken im Dezember 1999 zerbrach, wurde Hoffmann bei der ersten Direktwahl zum Oberbürgermeister im Februar 2001 von der Bevölkerung im Amt bestätigt und regierte weiter gegen eine schwarz-grüne Mehrheit. Als er sein Haus baute, verlor Hoffmann irgendwie die Übersicht; er bekam von freundlichen Firmen keine Rechnung, und das ist ihm gar nicht aufgefallen.

Als Hoffmann im Jahr 2002 deswegen (Verdacht der Untreue in drei Fällen) vor Gericht stand, trat der Saarbrücker Staatsanwalt Eckhard Uthe ziemlich staatstragend auf. Für ihn war es ein großer Fall. Die Taten des Angeklagten hätten nicht nur seinem Amt geschadet. «Sie gefährden die Grundlage der Demokratie, schaden dem Rechtsbewusstsein und stärken die Staatsverdrossenheit.» Zudem seien sie «im Umfeld schwerer, langfristig angelegter und struktureller Korruption» verübt worden.

Man muss den Zorn des redlichen Staatsdieners verstehen. Der Prozess gegen den Saarbrücker Ex-Oberbürgermeister markiert tatsächlich nur ein Glied in der langen Kette von Affären und Affärchen, die seit den 90er Jahren das Saarland erschüttern. Der Geruch von Filz, Korruption und Vetternwirtschaft, der den kleinsten deutschen Flächenstaat durchweht, wird durch immer neue Ermittlungen und Verfahren ständig aufgefrischt. Parteifreundschaften, Männerfreundschaften, Fußballfreundschaften, Urlaubsgemeinschaften, Hausgemeinschaften zwischen Spitzenpolitikern, Geschäftsleuten und öffentlichen Funktionsträgern: ein Biotop, in dem fast zwangsläufig «ein System des Gebens und Nehmens» entsteht, wie Staatsanwalt Uthe es nannte. Dabei sind die Grenzen zwischen kriminell-korruptivem Verhalten, Gedankenlosigkeit und schlichter Dummheit manchmal fließend. Einer der

Anwälte Hoffmanns drückte es etwas anders aus. Er erklärte Zugereisten das Verhalten seines Mandanten mit dessen Zugehörigkeit zur Gattung «homo saraviensis». Und dem saarländischen Menschen sei nun einmal arteigentümlich, dass man sich hilft. Aber das ist eine moralisch nicht zulässige Vereinfachung.

Beschuldigt wurde der SPD-Spitzenpolitiker der Untreue zu Lasten der städtischen Entwicklungs- und Sanierungsgesellschaft (ESG). Hoffmann habe sich bereichert, weil er Arbeiten an seinem Privathaus durchführen ließ, die nicht von ihm bezahlt worden seien, sondern über ein städtisches Großprojekt der ESG abgerechnet wurden. Amtsrichterin Silke Bamberger benötigte stattliche 33 Verhandlungstage – der Prozess dauerte von Oktober 2001 bis Mai 2002 –, um zu einem Urteil zu kommen: Sie verurteilte Hajo Hoffmann wegen Untreue in zwei Fällen zu einer Geldstrafe von insgesamt 25 000 Euro, was letztlich der Schadenssumme entspricht, die Hoffmann verursacht haben soll. Im dritten Fall sprach sie Hoffmann nach dem Prinzip *in dubio pro reo* frei.

Der Genosse, der sich selbst für völlig unschuldig hält und erst nach einer vorläufigen Amtsenthebung durch das saarländische Innenministerium Ende August 2002 seinen Bürgermeistersessel räumte, legte Berufung ein. Das Verfahren begann im Februar 2004 und endete einen Monat später mit einer Verurteilung wegen Untreue. In zweiter Instanz wurde Hoffmann zu einer Geldstrafe von neunzig Tagessätzen verurteilt. Kurz nach der Entscheidung kündigte der SPD-Politiker seinen Rücktritt vom Amt des Oberbürgermeisters an und erklärte, er werde «durch alle Instanzen» gehen, um eine «volle Rehabilitierung» zu erreichen.

Eine allzu menschliche Geschichte: Anfang der 90er Jahre wollte der Saarbrücker Oberbürgermeister sich und seiner Familie ein Haus bauen. In dem kleinen Örtchen Bliesransbach, etwa 15 Kilometer außerhalb der Landeshauptstadt, wurde ein schönes Plätzchen gefunden und das Grundstück in Erbpacht erworben. Mit den

Planungen wurde ein bekanntes Saarbrücker Architekturbüro beauftragt. Einer der Inhaber war ein langjähriger Freund Hoffmanns.

Im Sommer 1995 begannen die Bauarbeiten. Wie bei fast jedem Hausbau gab es bald unvorhergesehene Probleme. Ein Kanalanschluss war falsch verlegt worden und konnte deshalb nicht mit dem öffentlichen Netz verbunden werden, eine Fertiggarage war so aufgestellt worden, dass sie von der Straße her nicht befahren werden konnte, außerdem fehlten noch eine Treppenanlage und diverse Wege. Ganz zu schweigen von den Mängeln, die am Rohbau selbst aufgetreten waren.

Den viel beschäftigten Politiker haben die Hausprobleme schließlich überfordert. Er habe den Überblick verloren und sich nicht ausreichend um den Fortgang des Bauprojekts kümmern können, es habe ihn alles nur noch genervt, sagte Hoffmann später. In seiner Not kam ihm die Hilfe eines weiteren jahrzehntelangen Freundes gerade recht: Alfred Kirst, einer von zwei Geschäftsführern der Saarbrücker Entwicklungs- und Sanierungsgesellschaft (ESG), der Hajo Hoffmann auch schon in einer früheren Bauphase mit Rat und Tat zur Seite gestanden hatte. Er sollte helfen, die organisatorischen Probleme beim Hausbau zu lösen und die entsprechenden Firmen zu beauftragen. Schließlich war der Mann ja vom Fach.

Im Herbst 1996 trafen sich fünf Männer auf der Baustelle Hoffmann, die alle der Baubranche angehörten und zufälligerweise damals zugleich auch an einem rund 24 Millionen Mark teuren Bauvorhaben der ESG in der Saarbrücker Jüngststraße beteiligt waren. Die Richterin listete später die Teilnehmer der Männerrunde, ihre Funktionen und Beziehungen sorgfältig auf. Da war natürlich zunächst Hajo Hoffmann, der private Bauherr mit Problemen. Gleichzeitig war er als Oberbürgermeister Aufsichtsratsvorsitzender der mehrheitlich städtischen ESG. Die ESG wiederum war Bauherr des Millionenprojekts Jüngststraße. Außerdem war er noch Aufsichtsratsmitglied des Kreditausschusses der Saarländischen Landesbank. Sie gab den Kredit für den Bau an der Jüngststraße. Zweiter Teilnehmer des Gesprächs war Alfred Kirst, der Geschäftsführer der ESG. Der dritte Mann war der Architekt A., ein enger Mitarbeiter von Kirst und verantwortlicher Bauleiter der ESG für die Jüngststraße. Dann war da noch der Bauleiter B., Angehöriger einer großen saarländischen Bauunternehmung mit jährlich dreistelligem Millionenumsatz, die ebenfalls an der Jüngststraße werkelte. Und der fünfte Mann war der Architekt C., dessen Büro sowohl den privaten Hoffmann-Bau als auch die Jüngststraße plante.

Die fünf Herren erkannten rasch, was getan werden musste. Die Garage musste versetzt, Wege mussten angelegt, eine Treppenanlage musste gefertigt und montiert werden. Man einigte sich darauf, dass die Arbeiten von der Baufirma D. durchgeführt werden sollten. Kein Zweifel bestand auch, dass unverzüglich begonnen und alles so schnell wie möglich über die Bühne gebracht werden sollte. Am Schluss war keine Frage offen geblieben – bis auf eine, wie sich Architekt C. erinnerte: «Über Kosten wurde überhaupt nicht gesprochen, das heißt, was es kostet und wie es bezahlt werden sollte.» Die Zahlung eilte jedenfalls nicht. Das traf sich ganz gut, da der Oberbürgermeister, wie später das Gericht feststellte, ohnehin gerade ein paar Finanzierungsprobleme hatte.

Die Materiallieferungen und Erdarbeiten auf dem Grundstück des Oberbürgermeisters wurden von der Firma D. über eine Kostenstelle des Großprojekts Jüngststraße abgewickelt. Da fuhr dann auch schon einmal ein Lkw mit Schotter auf «Befehl vom Chef», so ein Lkw-Fahrer vor Gericht, nach Bliesransbach, obwohl auf dem Lieferschein die Baustelle in der Innenstadt vermerkt war. Dergleichen geschieht bisweilen, auch wenn man nicht Hoffmann heißt. Leistungen für vergleichsweise kleine Baustellen, für die keine eigene Kostenstelle eingerichtet werden soll, werden über ein anderes, größeres Projekt verbucht. Im Unterschied zu den Vorgängen in Saarbrücken werden die entsprechenden Belege dann aber normalerweise sorgfältig gesammelt und als «Leistungen an Dritte» abgehoftet. So können sie später wieder herausgerechnet und dem entsprechenden Dritten in Rechnung gestellt werden.

Im Fall Hoffmann ging die Sache folgendermaßen weiter: Ein Bauleiter der Millionengrube an der Jüngststraße, der nicht eingeweiht war, stieß zufällig auf Stundenzettel und Lieferscheine, die von ihm nicht abgezeichnet worden waren und nicht zu seiner Baustelle passen konnten. Er meldete den Fund seinem Vorgesetzten und sammelte ab diesem Zeitpunkt alle Belege, um sie in einem roten Ordner als «Leistungen an Dritte» abzulegen. Als der Bauleiter später die Firma verließ, rechnete er die auf der Baustelle Hoffmann geleisteten Arbeiten zusammen und kam auf einen Gegenwert von knapp 50 000 DM brutto. Bei seinem Ausscheiden erstellte er eine so genannte Baustellenbewertung, in der er die Nettosumme, abgerundet 40 000 DM, als «Leistungen an Dritte» aufführte. Den roten Ordner übergab er dem Bauleiter der Jüngststraße, Herrn B., einem der Teilnehmer der Runde auf der Baustelle von Hoffmann.

Wie es manchmal so geht – der rote Ordner verschwand, die Belege wurden unter dem Projekt Jüngststraße abgeheftet. Nachträglich wurde auch noch die Baustellenbewertung geändert. Da nun nicht mehr nachvollziehbar war, in welchem Umfang es «Leistungen an Dritte» gegeben hatte und wem man sie in Rechnung stellen sollte, wurde der Posten ersatzlos gestrichen. Man ist kulant an der Saar. Auch der Architekt, Hoffmanns guter Freund, hielt es bis Ende 2001 nicht für nötig, eine Rechnung zu stellen. Im Zeugenstand begründete er das Versäumnis zunächst damit, es seien noch nicht alle Mängel am Bau beseitigt, obwohl die Bauleitung gar nicht zu seinen Aufgaben gehört hatte. Dann fiel ihm ein, die Rechnungsstellung habe erst nach Beendigung des Projekts erfolgen sollen und es sei ja noch nicht beendet. Einen solch verständnisvollen Architekten wünscht sich jeder Bauherr.

Die Staatsanwaltschaft hakte nach: «Welche öffentlichen Aufträge haben Sie seit 1994 bekommen?» Antwort: «Europäische

Rechtsakademie, Landeszentralbank.» Der Staatsanwalt: «Noch etwas...? Sie haben die Jüngststraße gar nicht genannt.» «Jo», so der Architekt. «Die hamma auch geplant.»

Im Frühjahr 1997 wurde Kumpel Kirst auf Bitten Hoffmanns ein weiteres Mal als «Baubetreuer» tätig. Diesmal ging es um die Bepflanzung eines Teils der Außenanlagen. Nach einigen Besprechungen und Vorplanungen rückte eine Kolonne der Gartenabteilung der Saarbrücker Immobilien und Baubetreuungsgesellschaft (SIB) auf dem Grundstück des Oberbürgermeisters an und machte sich emsig an die Arbeit. Chef der SIB war übrigens Kirst, ihr Aufsichtsratsvorsitzender – Hajo Hoffmann.

Eine Rechnung gab es wieder nicht. Der zuständige SIB-Mitarbeiter schilderte später erst vor der Staatsanwaltschaft und dann vor Gericht, wie die Besprechung auf dem Grundstück Hoffmann abgelaufen sei, übrigens mit einer kleinen Differenz. Er habe ganz ausdrücklich gefragt, wie die Rechnung gestellt werden solle. Denn eigentlich durfte die SIB gar nicht für Privatpersonen arbeiten. Alfred Kirst habe die Frage nicht direkt beantwortet, sondern die Arme abwehrend vor dem Oberkörper auf und nieder bewegt. Hajo Hoffmann sei dabei gewesen, habe ihm direkt gegenübergestanden. Zunächst hatte der Mitarbeiter diese Geste so verstanden, dass eine Rechnung nicht geplant sei. Später erinnerte er sich anders. Es sei so zu verstehen gewesen, dass man erst einmal abwarten solle, wie der Umfang der Arbeiten ausfalle. Man wartete ab. Sehr lange. Erst als zwei Jahre später bekannt wurde, dass die Staatsanwaltschaft ermittelte, bezahlte Hoffmann seine Bäume und Sträucher – 6100 Mark.

Das Gericht sah als erwiesen an, dass das «System von Geben und Nehmen» reibungslos funktioniert hatte. Es glaubte Hoffmann nicht, dass er von einer privaten Hilfeleistung Kirsts ausgegangen war und angenommen hatte, die Arbeiten in seinem Garten würden von einer Fremdfirma ausgeführt. Im Gegenteil: Amtsrichterin Bamberger ging von Vorsatz aus. Besonders legte sie Hoffmann zur Last, dass er zugelassen hatte, dass Mitarbeiter der städtischen Baubetreuungsgesellschaft – mithin Untergebene von ihm – die Leistungen falsch verbuchten und damit pflichtwidrig handelten. Die Richterin glaubt, von Anfang an habe allseitiges Einverständnis geherrscht, dass Oberbürgermeister Hoffmann diese Arbeiten an seinem Haus nicht zu bezahlen brauchte. Und dieser habe es darauf angelegt, um seinen ohnehin schon angespannten Finanzierungsrahmen nicht überdehnen zu müssen. Seinen Beteuerungen, er habe die Übersicht über sein Bauvorhaben verloren, sein alter Freund Kirst habe lediglich die Arbeiten organisieren sollen, und letztlich sei nur deshalb keine Rechnung gestellt worden, weil noch nicht alle Mängel beseitigt gewesen seien, mochte das Gericht nicht folgen.

Übrigens hat ESG-Chef Alfred Kirst nach Ansicht des Gerichts ebenfalls ein wenig die Übersicht verloren. Das Gericht listete kleinlich auf, wie Kirst seinen Dienstwagen privat genutzt und selbst die Benzinkosten für regelmäßige Italienurlaube abgerechnet habe. Außerdem hatte Hoffmann – das wiederum war eher aufmerksam – einer Änderung des Geschäftsführervertrages seines alten Bekannten Kirst zugestimmt, der zufolge danach auch dessen 13. Monatsgehalt als ruhegehaltsfähig anerkannt wurde. «Das bescherte Kirst eine Rentenerhöhung von monatlich 1157,92 DM brutto», wie das Gericht vermerkte.

Haben wir es mit Filz und Vetternwirtschaft zu tun? Die Beteiligten jedenfalls denken nicht entfernt in diese Richtung. Trotzigbeleidigt erklärte der Oberbürgermeister, er würde in Zukunft kein Haus mehr bauen, sondern lieber kaufen, weil er als privater Auftraggeber ja immer mit Firmen zu tun habe, die zugleich als Empfänger öffentlicher Aufträge in Frage kämen. Und deshalb sei immer der Boden für Verdächtigungen bereitet. Auch nach der Verurteilung in zweiter Instanz im Frühjahr 2004 beteuerte der zunächst suspendierte und dann zurückgetretene Oberbürgermeister seine Unschuld.

Das Kartell der Baulöwen

Ein Amigo ist ein Freund; im Politikbetrieb wird der Begriff vorwiegend mit den alten Kumpanen des Franz Josef Strauß in Verbindung gebracht. Doch ging es dabei nicht in erster Linie um zwischenmenschliche Beziehungen, sondern um Vetternwirtschaft, Parteispenden, Steuerhinterziehung, Vorteilsgewährung, Bestechung – eben die ganze Palette. Als Strauß-Nachfolger Max Streibl auf dem politischen Aschermittwoch der CSU in Passau 1993 seine Parteifreunde mit «Saludos Amigos» begrüßte, war das noch eine Mischung aus Trotz, Sarkasmus und Galgenhumor gewesen. Wenig später war Streibl das Amt des bayerischen Ministerpräsidenten los.

Die «Amigo-Affäre» ist zum geflügelten Wort geworden, doch mit den bayerischen Verhältnissen korrespondiert neuerdings noch ein weiteres Wort in der schillernden Breite seiner Bedeutung: Kartell. Seine Angehörigen müssen nicht unbedingt Freunde sein, aber auch sie werden durch gleiche, nicht immer lautere, Interessen zusammengeschmiedet. Das seit dem 16./17. Jahrhundert bezeugte Fremdwort «Kartell» meinte ursprünglich die schriftliche Vereinbarung der Kampfbedingungen in einem Turnier, dann auch den Überbringer einer Botschaft zum Duell. Heute bezeichnet es im Wesentlichen einen Zusammenschluss zwischen Unternehmungen, die rechtlich und wirtschaftlich weitgehend selbständig bleiben, zu bestimmten Zwecken. Manchmal sind die Zwecke illegal. In allen Konnotationen ist das Wort dem französischen «cartel» entlehnt, das wiederum auf das italienische «cartello» (kleines Schreiben, Zettel) zurückgeht. Unermüdlich suchen Münchner Wirtschaftsstaatsanwälte nach verdächtigen Zetteln, die zu Kartellen führen. Die Strafverfolger haben bislang ein Flughafenkartell, ein Rohrleitungskartell, ein Klärwerkskartell, ein Autobahnkartell und ein Baukartell entdeckt.

Bei der Vergabe öffentlicher Aufträge im Freistaat waren verbotene Preisabsprachen an der Tagesordnung, es gab Ausschreibungsbetrug und die Bestechung von Amtsträgern. «Diese Kartelle funktionierten über Jahre hinweg unter größtmöglicher Abschottung nach außen», sagt der einstige Münchner Chefermittler Manfred Wick. Die Verbreitung der Korruption sei «flächendeckend» gewesen, den Akteuren habe «jegliches Unrechtsbewusstsein» gefehlt. Der Schaden beläuft sich auf mehrere hundert Millionen Euro.

Über das geheime Wirken der Kartelle weiß die Öffentlichkeit ein wenig mehr, seit die Münchner Staatsanwaltschaft im August 1994 eine Spezialabteilung gründete, die sich um «abweichendes Verhalten im Wirtschaftsleben» kümmern soll. Das meint vor allem Korruption. Anfangs hatte die Abteilung einen Leiter und sechs Strafverfolger, heute gehören ihr eine Abteilungsleiterin sowie elf Staatsanwältinnen und Staatsanwälte an. Man könnte viele Fälle dieser tüchtigen Abteilung näher betrachten – wir wollen uns auf einen konzentrieren, der in der Baubranche spielt: Im Grunde ein Allerweltsfall, aber gerade deshalb interessant, mehr noch: ein Lehrstück über Korruption in Deutschland.

Überregional war von dem Korruptionsprozess, der im Jahr 1999 zu Ende ging, kaum Notiz genommen worden. Die 6. Strafkammer des Landgerichts München I verurteilte einen Bauingenieur, der in leitender Position bei verschiedenen Bauunternehmen tätig war, wegen Bestechung, Anstiftung zur Untreue und Betrug in mehr als einem Dutzend Fällen zu einer Bewährungsstrafe von zwei Jahren und einer Geldstrafe von 500 000 Mark.

Neben ihm hatte ein Sachbearbeiter einer bayerischen Autobahndirektion auf der Anklagebank gesessen. Der 54-Jährige wurde wegen Bestechlichkeit, Untreue und Beihilfe zum Betrug in insgesamt mehr als zwanzig Fällen zu einer Freiheitsstrafe von drei Jahren verurteilt. Der Sachbearbeiter hatte über mehrere Jahre insgesamt 185 000 Mark an Bestechungsgeldern kassiert, er war dafür dem mitangeklagten Bauingenieur, aber auch anderen Mitarbeitern von Bauunternehmen unerlaubt zu Diensten gewesen. Der Prozess legte das von Wick angesprochene dicke Geflecht der Korruption offen. Für die wenigen Prozessbeobachter trat deutlich zutage, wie innerhalb eines Kartells systematisch Gesetze gebrochen und Ausschreibungsverfahren unterlaufen werden.

Das Ziel war ebenso klar wie schlicht: Aufträge der öffentlichen Hand sollten zu überhöhten Preisen in einem Kreis von Unternehmen verteilt werden. Jeder kam irgendwann zum Zuge, alle verdienten. Wer nicht mitmachte, ging freilich unter, und der Steuerzahler war ohnehin der Dumme.

Das Gericht beschreibt in seinem Urteil das Funktionsprinzip des Baukartells und das System der Absprachen recht anschaulich: «Solche Absprachen bestanden darin, dass die beteiligten Baufirmen untereinander vereinbarten, welche Firma zu welchem scheinbar ‹günstigen› Preis den Auftrag erhalten sollte, während die anderen beteiligten Firmen durch bewusst höher liegende Angebote ‹Schutz gaben›, das heißt eine Wettbewerbssituation vortäuschten. Ein solches Vorgehen setzte allerdings voraus, dass die beteiligten Firmen zuverlässige Informationen darüber hatten, wer zur Abgabe eines Angebots eingeladen war und wer nicht. Es bestand also ein großes Interesse der Vertreter der an einem Auftrag interessierten Baufirmen am Erhalt sogenannter ‹Bieterlisten›.»

Die öffentliche Ausschreibung von Bauaufträgen soll sicherstellen, dass in einem freien Wettbewerb der günstigste Anbieter ermittelt werden kann, der dann vom Bauträger den Zuschlag erhält. Nicht selten greifen Behörden allerdings auf das Mittel der so genannten beschränkten Ausschreibung zurück. In diesen Fällen wird ein bestimmter Kreis von in Frage kommenden – in der Regel der Behörde oder dem zuständigen Beamten oder Sachbearbeiter bekannten – Unternehmen aufgefordert, für ein bestimmtes Vorhaben ein Angebot abzugeben. Das kann Sinn machen, wenn für spezielle Aufgaben von vornherein nur bestimmte Firmen in Frage kommen oder wenn man nur mit Firmen zusammenarbeiten will, die sich in der Vergangenheit als zuverlässig und kompetent erwiesen haben. Doch gerade diese Praxis bietet den Unternehmen die Möglichkeit zu Manipulation und Betrug: wenn ihnen der Kreis der eingeladenen Firmen bekannt wird und sie dadurch die Möglichkeit erhalten, sich zu illegalen Absprachen zusammenzufinden.

Der Einstieg in ein korruptives System ist einfacher als der Ausstieg. Das gilt – aus unterschiedlichen Gründen – für beide Seiten. Der verurteilte Sachbearbeiter der Autobahndirektion war für die Ausschreibungen zuständig – vom Brückenbau bis zu Instandhaltungsarbeiten an der Fahrbahn. Gleichzeitig musste er die Projekte als Bauleiter abwickeln.

Am Anfang war er penibel, bis auf eine Sache: Er fand es richtig und sogar wichtig, Bieterlisten herauszugeben. Bei durchaus komplizierten Projekten wie Brückeninstandsetzungen mit weiterhin fließendem Verkehr wollte er mit Firmen zusammenarbeiten, von denen er wusste, dass sie gute Arbeit abliefern würden. Also interessierte er sich zunächst überhaupt nicht für Schmiergeld. Andererseits war ihm durchaus klar, dass die Firmen sich aufgrund dieser Listen zu Absprachen zusammenfinden würden, was zwangsläufig die Kosten des Bauvorhabens steigern musste. Das Gericht fand heraus, dass er über den Daumen gepeilt etwa zwei Prozent mehr für die Projekte taxierte.

Als der Sachbearbeiter die Bieterlisten herausgab, hatte er sich, wie das Gericht später feststellte, damit bereits der Untreue schuldig gemacht. Als Amtsträger hatte er das Vermögen seines Dienstherren zu schützen, er aber hatte gleichsam den Tresor geöffnet.

Untreue. Das klingt wie ein Begriff aus vergangenen Tagen. Schon beim Klang dieses seltsamen Wortes ahnt man, dass der Bestechende weniger interessant ist als der Bestochene. Der eine will sein Geld vermehren, wenn auch auf anrüchige Weise. Der andere verscherbelt für ein paar Silberlinge seine Integrität, das ist viel schlimmer. Der Sachbearbeiter war schließlich käuflich geworden und nahm für die Bieterlisten Geld, unter anderem von dem Bauingenieur.

Die beiden hatten sich Ende der 80er Jahre kennen gelernt, als der Bauingenieur durch einen Jobwechsel zum Hauptniederlassungsleiter einer großen Baufirma in Bayern aufstieg. Die Kollegen hatten ihm gleich die Spielregeln klar gemacht. «Arbeitsbeziehungen» seien bereits aufgebaut worden, sagten sie. Auch Korruption ist Arbeit, und die Beteiligten waren nach der üblichen kleinen Weile auf Gedeih und Erwerb miteinander verbunden.

Erst hatte der Sachbearbeiter «umsonst gearbeitet», dann stellte sich heraus, dass er auch Geld gut gebrauchen konnte. Und er nahm es. Das Gericht gestand ihm später zu, dass er aus subjektiv empfundener existenzieller Not handelte. Die Spätfolgen einer schweren Erkrankung hatten in ihm die Angst geschürt, für seine Familie nicht ausreichend finanziell vorsorgen zu können. Ein regelmäßiges Zubrot zu seinem nicht eben üppigen Gehalt kam ihm in dieser Situation wie gerufen. Der Bauingenieur entwickelte einen Plan und machte dem Sachbearbeiter ein Angebot: Pauschal 0,5 Prozent der Auftragssumme für jede Liste, wenn aufgrund der Herausgabe eine Absprache unter den beteiligten Baufirmen zustande kam. Der Sachbearbeiter war zufrieden; Zug um Zug – das ist üblich im schmutzigen Geschäft.

Fortan kassierte der Sachbearbeiter in der Regel vierstellige Beträge für eine Bieterliste. In einem Fall waren es 64 000 Mark. Das Gericht ging diesem Projekt mit einem Volumen von über zwölf Millionen Mark sorgfältig nach. Die Firma, die den Zuschlag erhielt, hatte nach den Preisabsprachen etwa acht Prozent über dem Preis kalkuliert, der in einem freien Wettbewerb zu erzielen gewesen wäre. Schaden für die Autobahndirektion und damit die öffentliche Hand: fast eine Millionen Mark. Natürlich war auch das vereinbarte Schmiergeld mit einkalkuliert worden.

Nüchtern arbeitete das Gericht die Historie dieser Schiebereien auf: «Seit den Jahren 1985/86 fanden sich die Niederlassungsleiter der Münchner Baufirmen zu einem Kreis zusammen, in dem in regelmäßigen Abständen große Bauvorhaben aus den Bereichen

Tiefbau und Hochbau besprochen wurden. Bei diesen Treffen wurde jeweils zunächst sondiert, ob im konkreten Fall eine Absprache erfolgversprechend erschien, das heißt, ob die an der Ausschreibung beteiligten Firmen sämtlich bekannt und absprachewillig waren. War dies der Fall, dann wurde besprochen, wer aus dem Kreis dieser Firmen den Auftrag erhalten sollte und welche Firmen Schutz geben sollten. Abschließend wurde dann besprochen, in welcher Höhe das scheinbar günstigste Angebot liegen sollte, und in welcher Höhe die anderen Angebote ‹darüber zu legen› waren.»

Ende der 80er Jahre beispielsweise standen im Raum München zwei große Projekte an. Das erste war der Ausbau der Bundesautobahn A99, der in drei Teilaufträgen von der Autobahndirektion, der Stadt München und der Bundesbahn vergeben wurde; Gesamtvolumen: über 200 Millionen Mark. Das zweite war der Ausbau des Mittleren Rings durch die Landeshauptstadt; Auftragsumfang: über 400 Millionen Mark. Ab 1989 trafen sich die Vertreter von 15 in München und Umgebung ansässigen Baufirmen regelmäßig, um anstehende Großaufträge mittels Preisabsprachen untereinander zu verteilen. Der Club, dem lauter Männer angehörten, die gern in öffentlichen Auftritten die Vorzüge der konkurrierenden freien Marktwirtschaft priesen, war sich einig, dass insgeheim ohne Wettbewerb mehr zu verdienen wäre.

Ziel der Absprachen war es, alle Beteiligten zum Zuge kommen zu lassen, natürlich zu Preisen über dem Markt. Man bildete zu diesem Zweck zwei Arbeitsgemeinschaften, eine für die Bundesautobahn und eine für den Mittleren Ring. Zunächst gaben die für dieses Projekt ausgewählten Firmen überhöhte Angebote für das Projekt Autobahn ab, erhielten den Zuschlag und teilten den Auftrag in der Arbeitsgemeinschaft unter sich auf.

Doch dann ging der Megadeal schief, weil das Projekt Mittlerer Ring nicht verwirklicht wurde. Es erwies sich aber jetzt, dass die Solidargemeinschaft der Kassierer auch in der Not zusammensteht und die Gewinner die Verlierer im eigenen Interesse künftiger Zusammenarbeit nicht im Regen stehen lassen: «Die Firmen, die sich an der Arbeitsgemeinschaft für den Autobahnring nicht beteiligt hatten, weil sie dafür mit einer Beteiligung am Bauvorhaben der Landeshauptstadt München entschädigt werden sollten, mussten nun mit Abstandszahlungen abgefunden werden. Diese Abstandszahlungen, die insgesamt eine Größenordnung von 6,4 Mio. DM erreichten, waren als möglicher Kostenfaktor von vornherein in die Angebote zum Bauvorhaben Autobahnring eingeflossen.»

Im Klartext: Dass der zweite Teil der Absprache nicht klappte, veranlasste die Nutznießer des ersten Teils zu einer millionenschweren Entschädigung für die «Konkurrenz», die sie dem Staat in Rechnung stellten. Zählt man noch die vertraglich festgelegte pauschale Schadenersatzsumme hinzu, die für illegale Preisabsprachen üblicherweise fällig würde, dann lag der Schaden für die Allgemeinheit allein in diesem Fall bei mindestens 16,4 Millionen Mark.

Wir haben hier nur einen Ausschnitt des Münchner Bauskandals beschrieben. Zuvor hatte es bereits eine ganze Reihe von anderen, ähnlich gelagerten Verfahren gegen Mitarbeiter von Baufirmen und öffentliche Bedienstete gegeben. Das Gericht legte in seinem Urteil gegen den Sachbearbeiter der Autobahndirektion und gegen den Hauptniederlassungsleiter großes Augenmerk auf den Gesamtzusammenhang und auf die Tatsache, dass es sich hier um ein langfristig angelegtes, systematisches Korruptionsgeflecht handelte, dessen Akteure in diesem System in gewisser Hinsicht zugleich Gefangene waren.

Auch Neueinsteiger oder Ausstiegswillige konnten sich dieser Korruptionsfalle nicht so ohne weiteres entziehen. Die Münchner Verhältnisse waren ein Paradebeispiel für die Tatsache, dass strukturelle Korruption für diejenigen, die sich an dem kriminellen System nicht beteiligen (wollen), existenzbedrohende Konsequenzen haben kann. Dies betonte das Gericht vor allem in Bezug auf den «Geber» in diesem System, den Bauingenieur und Niederlassungsleiter: «Ein weiterer Punkt, der sich massiv zugunsten das Angeklagten ... auswirken musste, war der Umstand, dass für ihn, bzw. für die Firmen, für die er arbeitete, eine ökonomische Zwangslage bestand, die die Beteiligung an Absprachen und das Herantreten an bestechliche Amtsträger nahezu unumgänglich machte, wenn nicht die wirtschaftliche Überlebensfähigkeit der jeweiligen Firma aufs Spiel gesetzt werden sollte. Denn die Tatsache, dass sich unter den am Münchner Markt aktiven Baufirmen über viele Jahre hinweg derartige Praktiken eingebürgert hatten, ließ den Angeklagten ... als verantwortlichen Repräsentanten großer Baufirmen keine erfolgversprechende Möglichkeit, sich von diesen Gepflogenheiten auszuschließen. Jede einzelne Firma, die sich im Gegensatz zur gesamten Konkurrenz von diesen Machenschaften ausgeschlossen hätte, hätte damit nur den einzigen Effekt erzielt, dass sie selbst von den Konkurrenzfirmen vom Markt gedrängt worden wäre.»

Der Bauingenieur kam mit einer Bewährungsstrafe von zwei Jahren und einer empfindlichen, aber bei seinen Vermögensverhältnissen verkraftbaren Geldstrafe von einer halben Million Mark davon: «Dabei hat sich die Kammer von der Überzeugung leiten lassen, dass der ... Angeklagte ... nur aufgrund besonderer Konstellationen in seinem beruflichen Umfeld dazu verleitet wurde, sich strafbar zu machen und dass ihm letztlich nur vorgeworfen werden kann, dass er keinerlei Versuche unternommen hat, sich dieser besonderen Situation zu entziehen.»

Der Bestecher verlor seinen Posten. Der Bestochene auch, der Sachbearbeiter musste sogar ins Gefängnis. Sein Dienstverhältnis wurde aufgelöst, er verlor einen Großteil seiner Altersbezüge.

Korrupt oder pleite, kriminell oder arbeitslos: In einem Rechtsstaat und einer freien Marktwirtschaft eine fatale Wahl, die klar macht, dass Korruption zu Recht als Bedrohung für die Demokratie verstanden wird, als Versuch, den rechtsstaatlichen Grundkonsens zu unterhöhlen.

Der Sonnenkönig von Trier

Alte Lexika definieren Karitas als «christlich motivierte Liebe zu den Armen und Hilfsbedürftigen und die Sorge um sie». In einer der ältesten Städte Deutschlands, dem Bischofssitz Trier, hat unter dem Deckmantel der Karitas Hans-Joachim Doerfert die staatsferne Kirche und den volksnahen Fußball für Millionenbetrügereien benutzt. Ein Bischof verlor den Glauben an das Gute, zwei Politiker kamen zu Fall. Doerfert, der «Sonnenkönig» von der Mosel, wurde durch das Landgericht Koblenz am 5. Februar 2001 wegen Untreue in 58 Fällen zu sieben Jahren und drei Monaten Haft verurteilt. Im Juli 2001 befand ihn das Landgericht München der Bestechlichkeit sowie in weiteren 24 Fällen der Untreue für schuldig und verhängte eine Haftstrafe von vier Jahren und neun Monaten. Aus den beiden Verurteilungen resultierte eine Gesamtstrafe von zehn Jahren und sechs Monaten.

Der Trierer Bischof Hermann-Josef Spital war in Nöten. Um die kirchlichen Krankenhäuser im Bistum stand es schlecht. Den Orden, die zum größten Teil das Personal stellten, fehlte es an Nachwuchs und Professionalität. Und schon damals, in den 80er Jahren, brachten die Kostensteigerungen im Gesundheitswesen die Kliniken in finanzielle Schwierigkeiten. Dann traf Spital auf Doerfert und war begeistert. Als Verwaltungsdirektor des Krankenhauses der Barmherzigen Brüder in Trier hatte der Jurist, Jahrgang 1944, Erfahrung im Umgang mit kirchlichen Einrichtungen; zugleich hatte er im Nebenberuf für die von ihm gegründete Deutsche Gesellschaft für Krankenpflege e.V. mehrere marode Kliniken saniert. Der Bischof und der Sanierer entwickelten ein segensreiches Konzept. Doerferts Deutsche Gesellschaft für Krankenpflege wurde in eine kirchliche Organisation umgewandelt, um die Kliniken des Bistums zu übernehmen. So waren sie Doerfert unterstellt, aber gleichzeitig blieb die Hoheit der Kirche gewahrt. Im Oktober 1987 gab sich die Deutsche Gesellschaft für Krankenpflege eine neue Satzung und einen neuen Namen: Caritas Trägergesellschaft Trier e.V., abgekürzt CTT. Paragraph zwei der Satzung erklärt unmissverständlich: «Der Verein verfolgt ausschließlich und unmittelbar gemeinnützige, mildtätige und kirchliche Zwecke...» Und in Paragraph drei heißt es: «Der Verein ist selbstlos tätig.... Etwaige Gewinne sind gemeinnützigen, mildtätigen und kirchlichen Zwecken zuzuführen. ... Niemand darf durch Ausgaben, die den Zwecken des Vereins fremd sind, oder durch unverhältnismäßig hohe Vergütungen begünstigt werden.»

Der starke Mann der CTT war Doerfert, der wie schon bei den Barmherzigen Brüdern ein strenges Regiment führte. Als Geschäftsführender Vorstand hielt er alle Fäden in der Hand. Daran änderte sich auch nichts, als 1989 ein weiteres Vorstandsmitglied für den Bereich Rechnungswesen und Finanzen in die Geschäftsführung berufen wurde. Es handelte sich um den unglücklichen Bernhard V., der später ebenso wie der CTT-Kollege Ulrich Z. neben Doerfert auf der Anklagebank Platz nehmen musste. Doerfert machte aus der CTT ein karitatives Imperium, das in seinen besten Zeiten aus sechs Krankenhäusern, neun Fachkliniken, 24 Alten- und Pflegeheimen, einer Jugendhilfeeinrichtung sowie drei Bildungseinrichtungen bestand. Die Gesamtzahl der Beschäftigten lag bei 9000, der Umsatz betrug 800 Millionen Mark im Jahr: eine wirtschaftliche Macht im kleinen Trier. Und bald begann Doerfert das von ihm geschaffene Unternehmen der Nächstenliebe hemmungslos und unkontrolliert zu seinem persönlichen Vorteil auszubeuten.

Doerfert schob an, verhandelte, warb qualifizierte Mitarbeiter, kanalisierte die Finanzflüsse zwischen der CTT und den einzelnen Betriebsstätten und ließ eine effiziente Datenverarbeitung entwickeln. Zugleich knüpfte er ein feines Netz von neuen, nicht gemeinnützigen Unternehmen unter dem Dach der CTT, von Teilhaberschaften und Treuhänderschaften. In der Mitte des Netzes saß er selbst. Die Oberaufsicht über sein Treiben hatte Bischof Spital, doch der war voller Vertrauen. Was immer Doerfert vorschlug, es leuchtete ihm ein.

Beispielsweise die Gründung der Ärztlichen Abrechnung GmbH Trier (ÄAT) im Jahr 1987. Alleiniger Gesellschafter dieser neuen Firma war der Caritas Trägerverein. Mit der ÄAT verfügte die CTT als erste Krankenhausträgerin in der Republik über eine eigene ärztliche Abrechnungsstelle. Die ÄAT leitete die Zahlungen sofort an die Krankenhäuser und die Privathonorare an die Ärzte weiter. Die Kliniken verfügten nun schneller über flüssige Mittel. Dass die ÄAT bald ein sachfremdes Eigenleben entwickelte, blieb dem Bischof verborgen. Der Trägerverein und die Abrechnungsstelle waren personell eng miteinander verzahnt. Der spätere Angeklagte Ulrich Z. war als Geschäftsführer der einzige Angestellte der ÄAT, gleichzeitig war er aber auch Angestellter der CTT. Unübersichtlichkeit kann auch Strategie sein, und Profi Doerfert wusste, dass in kirchlichen Institutionen nicht ernsthaft kontrolliert wurde.

Die ÄAT spielte eine Schlüsselrolle, als Doerfert begann, sich bei der Caritas selbst zu bedienen, seinem Geltungstrieb und seiner Geldgier freien Lauf ließ. Mit den Jahren geriet die ÄAT immer tiefer in die Verlustzone und hatte schließlich fast 23 Millionen Mark Schulden bei der Muttergesellschaft CTT angehäuft. Die Kirchenmänner nahmen es kaum wahr; Handlungsbedarf sahen sie jedenfalls nicht.

Als die Expansion der CTT stagnierte, weil es im Bistum Trier kaum weitere Möglichkeiten der Beteiligungen oder Übernahmen im kirchlichen Bereich gab, entwickelte Doerfert eine neue Idee: Nach amerikanischem Vorbild sollte eine Aktiengesellschaft gegründet werden, die sich später an der Börse Anlegergeld für den Betrieb von Kliniken beschaffen sollte. Wieder stimmte der Bischof zu. Genaues wusste er nicht, aber ihm war klar, «dass zwischen der zu gründenden Aktiengesellschaft und der CTT über Doerfert eine irgendwie geartete Beziehung bestehen sollte», wie das Gericht bemerkte. Im Stillen dachte Spital nur manchmal darüber nach, ob es nicht unmoralisch war, eine solche Kapitalgesellschaft zu bilden. Die Zweifel waren ehrenwert, aber sie kamen zu spät. Doerfert wirbelte.

Über das Innenleben der 1996 gegründeten Klinik Rose AG könnte man dicke Bücher schreiben. Im Namen der Rose wurde gelogen und betrogen. Alleiniger Aktionär dieser nicht gemeinnützigen Verwaltungsgesellschaft war zunächst Doerfert. Er kaufte 10 000 Inhaber-Stammaktien zu fünfzig Mark und übergab die halbe Million in bar einem Rechtsanwalt. Der hatte die AG gegründet und hielt auch Doerferts Aktien zunächst als Treuhänder, da dieser nicht in Erscheinung treten wollte. Aktien im Wert von 130 000 Mark ließ Doerfert ein Jahr später an die ÄAT verkaufen. Die zahlte ihm dafür aber das Doppelte. Außerdem hatte sich Doerfert in der Zwischenzeit an einer Firma beteiligt, die medizintechnische Geräte entwickeln und die Patente vermarkten sollte. Auch hier investierte er «privat» eine halbe Million Mark. Seine CTT-Kollegen Ulrich Z. und Bernhard V. stiegen mit jeweils 200 000 Mark ein.

Bereits 1993 hatte sich Doerfert an einer Unternehmensberatungsfirma beteiligt, über die er auch Honorare als freier Berater kassierte. Eine Tätigkeit, für die es laut Arbeitsvertrag mit der Caritas Trägergesellschaft wenigstens einer Genehmigung bedurft hätte. Auch hier trat Doerfert nicht offiziell auf, sondern ließ seine Anteile von einem Treuhänder verwalten. Genauso wie sein Mitarbeiter Ulrich Z., den er auch an diesem Deal wieder beteiligte.

Die CTT war schließlich eingewoben in ein Geflecht undurchsichtiger Beteiligungen, Bürgschaften, Berater- und Werbeverträge. Millionensummen wurden hin und her geschoben und viel Geld blieb hängen. Ganz nebenbei ließ Doerfert auch noch sein Gehalt kräftig erhöhen. Bis 1994 hatte er 300 000 Mark jährlich kassiert. Das war ihm schließlich zu wenig. Zwei seiner Vorstandskollegen, ein Prälat und ein Professor, wurden ausgeschickt zu recherchieren, was Spitzenkräfte so verdienten, und kamen zu einem für Laien überraschenden, für Doerfert vorteilhaften Ergebnis: Ende 1994 beschloss der Vorstand der CTT, dem Vorzeigemanager im Jahr 750 000 Mark zu überweisen. Diesmal grummelten aber einige Vorstände und legten Wert darauf, dass die neue Gehaltssumme nicht ins Protokoll der Sitzung aufgenommen wurde. Zu dieser Zeit und in den folgenden Jahren konnte Doerfert darüber hinaus Hunderttausende an Honoraren und Lebensversicherungsprämien einstreichen, die über die Unternehmensberatung abgewickelt wurden, an der er Anteile besaß. Auch dieses Geld floss zum großen Teil zu Lasten von CTT und ÄAT.

Das Gericht schilderte in seinem Urteil unter der Rubrik «C – Taten des Angeklagten» das System Doerferts so: «Der Angeklagte Doerfert ging zunehmend dazu über, ohne Rücksicht auf die wirtschaftlichen Belange der CTT bzw. ÄAT auf die Konten dieser ihm unterstellten Unternehmen Zugriff zu nehmen. Er ... bereicherte sich teilweise auch persönlich auf Kosten dieser Unternehmen. Weil der Angeklagte Doerfert nicht allein über die Konten der CTT und der ÄAT verfügen konnte ... brachte er zunächst den Mitangeklagten Z., kurze Zeit später auch den Mitangeklagten V. dazu, auf seine Anordnung hin an solchen ungerechtfertigten Verfügungen zum Nachteil der CTT und der ÄAT mitzuwirken. Den Angeklagten Z. hatte Doerfert insbesondere dadurch an sich gebunden, dass er ihm lukrative Beraterverträge beschaffte und ihm eine Beteiligung an der Logos Unternehmensberatung GmbH eingeräumt hatte. ... Der Angeklagte V. missbilligte zwar diese Entwicklung, konnte sich aber nicht dazu durchringen, den Anordnungen des befehlsgewohnten Doerfert zu widerstehen und ihm Einhalt zu gebieten. Anfangs ließ ihn V. auch gewähren, weil er sich Doerfert, dem er seine hoch dotierte Position bei der CTT zu verdanken hatte, verpflichtet fühlte.»

Sichtbar wird hier ein Geflecht aus Abhängigkeit, Dankbarkeit, Raffgier und irgendwann Mitschuld, aus dem die Beteiligten erst durch den Richter befreit wurden. Auch ohne prophetische Gabe war vorauszusehen, dass dieses System eines Tages implodieren würde. Es begann damit, dass Doerfert sich 1993 für den Erwerb eines großen Aktienpakets an einer Beteiligungsgesellschaft 1,6 Millionen Mark vom Konto der ÄAT aus Mitteln der CTT überweisen ließ. Der Kredit, mitgetragen von den Kollegen V. und Z., war schon deshalb rechtswidrig, weil jedes Darlehen über eine Million Mark vom Gesamtvorstand der CTT bewilligt werden musste, was nicht geschah.

Dann platzte der Aktiendeal wegen eines Kurseinbruchs – Doerfert konnte das Darlehen nicht zurückzahlen. Seine Kollegen V. und Z. übernahmen jeweils ein Drittel der Haftung, «zum einen aus Solidarität gegenüber Doerfert», so das Gericht, «zum anderen mussten sie die Rückführung des Darlehens unter allen Umständen sicherstellen, um nicht selbst wegen der zumindest fragwürdigen Auszahlung belangt zu werden... Später verstrickte sich V. durch seine Mitwirkung immer tiefer in die Manipulationen. Schließlich hielten ihn die Scham über sein Versagen, aber auch die Furcht vor Konsequenzen für seinen Arbeitsplatz davon ab, den Gesamtvorstand oder den Bischof über die ihm bekannten Vorkommnisse zu informieren.»

1995 genehmigte sich Doerfert den nächsten Kredit, diesmal eine halbe Million Mark, die er für seine Beteiligung an der Entwicklungsfirma für medizintechnische Geräte brauchte. Gelder wurden zwischen den Konten der CTT und der ÄAT verschoben, um den nicht genehmigungsfähigen Kredit zu verschleiern.

1996 wurden dem Sanierer Doerfert Mitarbeit und Beteiligung an einer in Not geratenen Kurklinik in Bad Neuenahr angeboten. Diesmal holte er für seine «Nebentätigkeit» sogar die Erlaubnis bei der CTT ein. Und ohne zu fragen das benötigte Geld. Denn die 800 000 Mark für einen Anteil von 24 Prozent an der Einrichtung hatte er nicht. Solvent aber war die ÄAT. Z. und V. veranlassten, dass ihm ein weiteres Mal satzungswidrig und ohne wirkliche Aussicht auf Rückzahlung eine große Summe überwiesen wurde.

1999 kam es schließlich, wie es kommen musste: Doerfert flog auf und sein Bischof erlitt einen Schwächeanfall. Als Doerfert am Ende war, stand auch die Caritas in Trier vor dem Ruin. Auf rund 100 Millionen Mark wurde der Schaden geschätzt, der nun vom Bistum ausgeglichen werden musste, um das Unternehmen mit seinen 9000 Beschäftigten vor dem endgültigen Aus zu bewahren. Und die Affäre zog noch weitere Kreise: Prominente Politiker waren dem «Sonnenkönig» zu nahe geraten, verbrannten sich und stürzten ab.

Die Ehrentribüne von Fußballvereinen mag noch so klein und windig sein, sie zieht die Lokalprominenz an, wie der Eisenmagnet die Späne. Doerfert wusste stets die Liebe zum Sport und die Liebe zum Geschäft miteinander zu verbinden. Als Fußballfan war er Mitglied von Eintracht Trier und gehörte auch dem Förderverein an, der Mittel zur Unterstützung des ständig klammen Clubs einwerben sollte.

Mitte der 90er Jahre war auf dem Konto der Eintracht wieder einmal Ebbe. Aber unter den Honoratioren glänzte ja ein erfolgreicher Geschäftsmann: Und Doerfert ließ sich nicht lange bitten. Er wurde Präsident von Eintracht Trier mit Leib und Seele: War der Sportteil nicht nach seinem Geschmack, soll er die «erbärmliche» Berichterstattung der «Lohnschreiber» attackiert haben. Den zweiten Vorsitzenden Gussner, so heißt es, habe der Alleinherrscher auch schon mal als «stil- und formatlos» abgekanzelt. Die Fußballmannschaft hingegen konnte sich stets seiner uneingeschränkten Fürsorge erfreuen, immer einmal wieder soll er sie ins Herz-Jesu-Krankenhaus zum Brunch eingeladen haben.

Die Richter in Koblenz formulierten später in ihrem 85-seitigen Urteil: «In dieser Situation bot sich Doerfert die Gelegenheit, den Vorsitz des SV Eintracht Trier zu übernehmen. Er erhoffte für sich einen erheblichen Gewinn an Prestige und Popularität in der Region, falls es ihm als Vorsitzenden gelingen sollte, den Fußballverein aus der Krise zu führen.»

Doerfert wusste, dass finanzielle Zuwendungen an Eintracht Trier mit der Satzung der CTT nicht zu vereinbaren waren, zumal der Gesamtvorstand der CTT befürchtete, «dass in der Öffentlichkeit der Eindruck entstehen könnte, Eintracht Trier werde durch die Zuwendungen der Caritas Trägergesellschaft Trier e. V. saniert», wie es in einem der vielen beschlagnahmten Papiere heißt. Doch der geltungsbedürftige Manager setzte sich souverän über solche Bedenken hinweg. Das Geld für die Fußballer verschob er wieder über die ÄAT.

Im März 1995 flossen die ersten 150 000 Mark. Seinen Mitarbeiter Ulrich Z., den Geschäftsführer der ÄAT, wies Doerfert an, einen Werbevertrag mit der Eintracht abzuschließen. Der Verein verpflichtete sich, für die ÄAT Werbung auf zehn Metern Stadion-Bande anzubringen, Lautsprecherspots auszustrahlen, Inserate im Vereinsheft zu veröffentlichen und sonstige Werbung zu betreiben. Der Effekt für die vornehmlich aus Ärzten und Chefärzten bestehende Klientel der ÄAT war gleich null. Sinnvollerweise unterblieb die Bandenwerbung komplett. Angeblich sollten Spieler, Trainer und Physiotherapeuten von Eintracht Trier für «sonstige Werbung» bei CTT-Veranstaltungen zur Verfügung stehen. Papier ist geduldig.

Ein paar Monate später folgte eine weitere Zahlung an den Club in Höhe von 300 000 Mark. Ende 1995 schloss Geschäftsführer Z.

einen dreijährigen Werbevertrag rückwirkend zum 1. Januar 1995 mit einem Volumen von über einer Million Mark ab. Als dem Verein 1996 noch immer die Insolvenz drohte, veranlasste Doerfert, dass die ÄAT eine Bankbürgschaft über 900 000 Mark übernahm. Der GAU trat ein, der Verein wurde zahlungsunfähig, das Landgericht Trier verurteilte im Juli 2000 die ÄAT zur Zahlung. Doerfert hatte das sauer verdiente Geld der Caritas auf dem Rasen des Trierer Stadions verbrannt. Am Ende hatte er über 1,5 Millionen Mark in den Verein gepumpt.

Aber selbstlos war das Engagement des Porschefahrers natürlich nicht, wie auch der Fall des 1. FC Saarbrücken offenbart. Dieser Fußballverein erhielt zwischen 1996 und 1999 ebenfalls Geld von Doerfert: über 600 000 Mark. «Es war mir wichtig, dass Türen geöffnet werden», sagte er später. Die CTT unterhielt im Saarland neun Einrichtungen mit einem Jahresumsatz von 200 Millionen Mark. Da gab es eine Menge Probleme mit Ortskrankenkassen, Rentenversicherungen und dem Ministerium. Aber eine Hand wäscht die andere. Not macht Freunde, und der 1. FC Saarbrücken war wirklich in Not. 1995 war dem damaligen Zweitligaclub die Lizenz verweigert worden, es drohte der Ruin. Aber im Saarbrücker Landtag saß ein weiterer Fußballfan: Reinhard Klimmt, Fraktionschef der Sozialdemokraten. Er übernahm die Leitung des Vereins und gewann noch einen sportpolitischen Mitstreiter aus der CDU: Der Quierscheider Bürgermeister Klaus Meiser wurde Vizechef der Saarkicker.

Auch die beiden Politprofis ließen sich von Doerfert einwickeln. Was sich damals genau abspielte, ist im Nachhinein nicht restlos zu klären. Bekannt ist Folgendes: Doerfert wurde zu einer Veranstaltung des 1. FC Saarbrücken eingeladen, auf der Sponsoren für den Club gewonnen werden sollten. Das Gericht in Koblenz meinte, es sei CDU-Mann Meiser gewesen, der Doerfert auf Zuwendungen für die Fußballer angesprochen habe. «Da schlugen uns

Anwälte Beraterverträge vor», erinnerte sich Doerfert. «Die Beraterverträge, das war der Mantel, der über die Absicht gehüllt wurde.»

Fortan verpflichtete sich die CTT, monatlich knapp 15 000 Mark plus Mehrwertsteuer an den Verein zu zahlen, im Gegenzug sollten Mitarbeiter des Vereins in den CTT-Einrichtungen beratend und praktisch tätig werden: das Trierer Phantommodell. An Beratung kann sich niemand erinnern. Die Richter haben große Zweifel, dass solche Gegenleistungen jemals ernsthaft erwogen wurden.

Vor Gericht erklärte Doerfert, es sei wichtig gewesen, die richtigen Personen in Stellung zu bringen: «Klimmt und Meiser konnten Leute ansprechen, die entscheidungserheblich waren. Ich bekam Termine beim Staatssekretär von jetzt auf gleich..., ich bekam die richtigen Entscheidungen schon im Vorfeld. Die Gynäkologie in Lebach wurde nicht geschlossen, das war ein Gewinn für die CTT und die ganze Region. Die Belegungszahlen gingen nicht weiter zurück. In Weiskirchen bekamen wir eine neue Kardiologie. Das waren damals gewaltige Erfolge. Anfangs wussten wir nicht, wie wir es machen sollten, mit dem Geld. ...Wir zahlten aus Gründen der Landschaftspflege.»

Die Richter konnten allerdings keine Belege für direkte Zusagen oder Versprechungen von Klimmt und Meiser an Doerfert finden. Die beiden hatten zwar die Verträge gezeichnet und Klimmt hatte auch einen Gesprächstermin bei der zuständigen Ministerin und dem Staatssekretär vermittelt; doch das ist im Saarland, wo jeder jeden kennt, noch nicht bemerkenswert. Lobbying wäre dafür das falsche Wort. Klimmt und Meiser erhielten dennoch Strafbefehle wegen Beihilfe zur Untreue und hatten die politischen Konsequenzen zu tragen. Klimmt wurde vom Aufkommen des Geschiebes als Bundesverkehrsminister erwischt und musste im November 2000 zurücktreten. Wenige Tage später gab er auch den SPD-Landesvorsitz im Saarland auf. Sein CDU-Fußballvize Meiser war inzwischen im Kabinett Müller Innenminister geworden und musste im selben Monat demissionieren. Er blieb aber Landtagsabgeordneter und stellvertretender Vorsitzender der Saar-CDU.

Der 1. FC Saarbrücken, immerhin, konnte weiter in der Zweiten Liga spielen.

Die Herzklappen-Connection

«Die zynische Funktion des Geldes erweist sich in seiner Kraft, die höheren Werte in schmutzige Geschäfte zu verwickeln», schreibt der Philosoph Peter Sloterdijk in seiner «Kritik der zynischen Vernunft». Einer der höchsten Werte in der Gesellschaft ist die Gesundheit. Einer der teuersten Werte auch. Dreistellige Milliardensummen fließen Jahr für Jahr durch die Labyrinthe des Gesundheitssystems. Kaum ein System ist so verwinkelt und für den Laien undurchschaubar wie das Geflecht aus gesetzlichen Krankenversicherungen, kassenärztlichen Vereinigungen, Kliniken, niedergelassenen Ärzten und der medizinisch-pharmazeutischen Industrie.

Untersuchungen zeigen, dass Korruption immer dann begünstigt wird, wenn es entweder Unterorganisationen oder Überorganisationen gibt. Im einen Fall wird das Fehlen von rechtlichen Regelungen ausgenutzt, im anderen Fall lässt die Fülle und Komplexität gesetzlicher Regelungen Freiräume entstehen, in denen illegale Geschäfte ablaufen können. Die unübersichtliche Gesundheitsindustrie ist in den letzten Jahren immer wieder in den Verdacht schmutziger Geschäfte, Abrechnungsbetrügereien und gigantischer Korruption geraten. Seit einzelne Landesverbände der Allgemeinen Ortskrankenkasse so genannte Task Forces zur Aufdeckung von Abrechnungsbetrug eingerichtet haben und selbst das Bundeskriminalamt Experten aus dem Bereich «Organisierte Wirtschaftskriminalität» im Gesundheitssystem wühlen lässt, sind die Fallzahlen sprunghaft gestiegen. Gab es 1999 noch 13 400 Ermittlungsverfahren, so waren es im Jahr 2000 schon 17 000, im Jahr darauf gar 20 000.

Unter diesen Fällen ist so manches Grelle und auch Makabere. Sogar mit Karteileichen wurde Kasse gemacht. Tote mussten auf dem Papier weiterleben, um angebliche Behandlungen abrechnen zu können. «Scheinangestellte» schufteten in Labors und wurden von den Kassen bezahlt. Rezepte wurden zwar eingereicht, aber Arzneimittel gab es dafür nicht; billiges Material wurde in Niedriglohnländern eingekauft und zu deutschen Höchstpreisen berechnet. Manchmal fuhr der Chefarzt auch nebst Gattin zum angeblichen Kongress ins Ausland inklusive Besuch des Fußball-Weltmeisterschaftsfinales. Selbstverständlich auf Kosten eines interessierten Arzneimittelherstellers.

In der Pharmabranche gibt es ein knallhartes Marketing. Schon immer war es üblich, dass die Lieferanten von teuren Geräten bevorzugt Chefärzte ins Ausland einluden. Wenn die Röntgengeräte verschiedener Hersteller gleichwertig erschienen und der Preisunterschied nur minimal war, entschied im Zweifel das bessere Reiseangebot. Dass Pharmaunternehmen Mediziner mit Reisen, wertvollen Uhren oder exquisiten Restauranteinladungen locken, gehört zum kleinen Einmaleins der angenehmen Nebenwirkungen des Arztberufes. Zur Einführung neuer Medikamente gab und gibt es Spezialreisen, Begleitung eingeschlossen. Ärzte, die sich an Studien beteiligen, bekommen für ihre so genannten Anwendungsbeobachtungen 25 bis 60 Euro pro Patient. Das ist vollkommen legal, denn die Arbeit hat ihren Preis. Im Jahr 2002 geriet ein Pharma-Unternehmen in den Verdacht, zwischen 1997 und 1999 im großen Stil Ärzte mit Reisen und Honoraren geschmiert zu haben, um sein neues Blutdrucksenkungsmittel auf dem Markt durchzusetzen. Der Betrugsskandal um die Mülheimer Dentalgesellschaft Globudent, die billigen Zahnersatz in China bestellt und in Deutschland zu Hochpreisen abgerechnet hatte, brachte Zahnärzte in Generalverdacht. Bis zu 2000 deutsche Dentisten wurden verdächtigt, mit Globudent gemeinsame Sache gemacht und den Gewinn geteilt zu haben. Experten schätzen, dass der Schaden, der für die Allgemeinheit jährlich durch Betrug und Korruption im Gesundheitswesen entsteht, bis zu einer Milliarde Euro beträgt.

Der ungehörige Erwerbssinn mancher Doktoren wurde einer breiteren Öffentlichkeit erstmals im Sommer 1994 bewusst. Damals erschienen die ersten Medienberichte über mögliche Bestechung von Klinikärzten im Zusammenhang mit dem Einkauf von Herzklappen und anderem medizinischen Material. In diesem frühen Stadium der Affäre gingen die Leibwächter der Angegriffenen zunächst einmal zur Entlastungsoffensive über. Der Präsident der Bundesärztekammer und der Vorsitzende der Ärztevereinigung Marburger Bund forderten wechselweise eine «gehörige» oder eine «anständige» Entschuldigung – nicht etwa von den Ärzten, die am Gesetz vorbeioperiert hatten, sondern von jenen «Hintertreppen-Journalisten», wie ein Ärztefunktionär sagte, die das Ganze aufdeckten und die darüber berichteten. Etwas voreilig verkündete der damalige Bundesgesundheitsminister, Horst Seehofer, eine flächendeckende und systematische Korruption von Ärzten gebe es nicht. Auch er musste erfahren, dass schwarze Schafe herdenweise auftreten können.

Insgesamt 1860 Verfahren gegen Mediziner und Klinikangestellte wurden in der Folgezeit eingeleitet. Sie standen im Verdacht der Bestechlichkeit, des Betruges und der Untreue, weil sie bei den drei in Düsseldorf und Neuss ansässigen Herstellern St. Jude Medical, Sorin Biomedia und Medtronic Herzklappen, Herzschrittmacher und andere kardiologische Produkte zu weit überteuerten Preisen eingekauft und mit den Krankenkassen abgerechnet hätten. Im Gegenzug war, so die Vorwürfe der Ermittler, von den

Firmen Geld an Chefärzte, Fördervereine oder auch Drittmittel-konten von Kliniken geflossen. Auch als Kongressreisen getarnte Kurzurlaube mit teurem Unterhaltungsprogramm seien bezahlt worden. In jahrelanger Arbeit hatten die Fahnder sage und schreibe vier Millionen Seiten Akten angesammelt. In insgesamt mindestens 11 000 Fällen sollen 33 Millionen Mark geflossen sein. Es war der bis dahin größte Korruptionsskandal im deutschen Gesundheitswesen. Er war letztlich der Anlass, dass die Bundesregierung 1997 die Antikorruptionsgesetze verschärfte. Auch wenn der überwiegende Teil der Verfahren am Ende eingestellt wurde, hatte die juristische Aufarbeitung des so genannten Herzklappenskandals für viele der involvierten Professoren, Klinikdirektoren und Firmenmitarbeiter erhebliche Konsequenzen.

Nach einer ersten Bilanz, die die *Süddeutsche Zeitung* im September 2002 zog, waren 224 Ärzte strafrechtlich belangt worden. 15 Verurteilungen und 44 Strafbefehle ergingen wegen Bestechlichkeit und Vorteilsannahme. Es wurden Geldstrafen von insgesamt 1,85 Millionen Mark verhängt und Geldbußen von weiteren 2,15 Millionen Mark. 132 Verfahren gegen Mitarbeiter der Lieferfirmen führten ebenfalls zu Strafbefehlen in Millionenhöhe und sechs Verurteilungen wegen Bestechung.

Der Herzklappenskandal ist beispielhaft für die enge – oft die Grenzen zur Korruption überschreitende – Verflechtung zwischen Pharmaindustrie und Geräteherstellern mit Kliniken und Ärzten. Etwas pathetisch gesagt handelt es sich bei solcher Art von Korruption und Betrug im Gesundheitswesen auch um Betrug an der Gesellschaft, an der Allgemeinheit. Wenn die Schätzungen verschiedener Kassenvertreter stimmen, dann tragen die kriminellen Machenschaften einiger Unternehmen oder Ärzte nicht unerheblich zu den desaströsen Defiziten der Krankenkassen bei.

Und dennoch würde es in diesem Fall zu kurz greifen, die Ursache allen mit der Raffgier der Beteiligten zu erklären. Der Herzklappenskandal hat auch eine andere ökonomische Dimension,

und sie offenbart das Dilemma, in dem Mediziner an Krankenhäusern und Universitätskliniken stecken: Wenn sie ihren Auftrag
ernst nehmen, sind sie auf die enge Kooperation mit der Industrie
angewiesen. Angesichts immer knapperer Budgets und Forschungsmittel läuft ohne Unterstützung durch die Industrie kaum
noch etwas. Selbst die Fortbildung der Mediziner ist nach Meinung
von Experten ohne private Drittmittel oder firmenfinanzierte Kongressreisen nicht mehr gesichert.

Die Hochschulgesetze der Länder erklären die Beschaffung von
Drittmitteln zum Zweck der Forschungsförderung inzwischen
sogar explizit zur Aufgabe der Institutsleiter oder Klinikdirektoren – und stürzen diese damit nicht selten in Gewissensnöte. Der
Herzklappenskandal zeigt: Es gibt viele Sünder, aber auch viele
Mediziner, die sich nicht persönlich bereichern wollten. Häufig
wurden die unberechtigt von der Industrie eingenommenen Gelder
ausschließlich für den medizinischen Betrieb, für die Ausstattung
der Abteilung oder des Instituts oder für die Fortbildung von Mitarbeitern verwendet. Verurteilt wurden die betreffenden Ärzte
zum Teil dennoch.

Einer dieser Fälle wurde am Ende vor dem Bundesgerichtshof aus-
getragen: Angeklagt war der Ärztliche Direktor der Abteilung
Herzchirurgie des Universitätsklinikums Heidelberg, Professor H.
Als ordentlicher Professor hatte er Aufgaben in Lehre und Forschung zu erfüllen. Als Leiter der Abteilung Herzchirurgie war er
für die Patientenversorgung zuständig. Er hatte die Dienstpläne zu
betreuen, musste über den Einsatz von Geräten entscheiden und
über die Verwendung der zugewiesenen Haushalts- und Betriebs-
mittel. Auch die Beschaffung – oder wie es im Fachdeutsch heißt:
«Einwerbung» – so genannter Drittmittel für die Forschung gehörte nach dem baden-württembergischen Hochschulgesetz ausdrücklich zu seinen Dienstaufgaben.

Nun war gerade die Zuteilung und Verwendung dieser Drittmittel, die durch die Universitätsverwaltung erfolgte, in den Augen des Professors ein Problem. Er betrachtete den Umgang seiner Hochschule mit diesen Mitteln als höchst ineffektiv und suchte nach Wegen, an zusätzliche Mittel zu kommen und diese schnell und unbürokratisch einzusetzen.

Unter anderem war Professor H. als Ärztlicher Direktor der Herzchirurgie für die Auswahl und den Einsatz der an der Uniklinik Heidelberg verwendeten Herzklappen und Herzschrittmacher verantwortlich. Er machte die Vorgaben, die Materialverwaltung hatte dann die Konditionen auszuhandeln, Rahmenverträge abzuschließen und die Bestellungen aufzugeben. Wie das Gericht später feststellte, ließ sich Professor H. nicht bestechen. Er kaufte oder empfahl auch nicht den Kauf von Material zu Wucherpreisen, wie es in anderen verhandelten Fällen häufig vorgekommen war. Und dennoch wurde er in erster Instanz wegen Untreue verurteilt.

Ausschlaggebend war eine Vereinbarung, die der um Forschungsmittel bemühte Professor 1988 mit der Lieferfirma Medtronic traf. Die Verabredung sah «umsatzabhängige Zuwendungen» vor, Bonuszahlungen in Höhe von fünf Prozent des getätigten Umsatzes, die dem Leiter der Herzchirurgie auf einem Bonuskonto gutgeschrieben werden sollten, das bei dem Unternehmen für ihn geführt wurde. Der richtige Weg wäre gewesen, diese Vereinbarung der Universitätsverwaltung anzuzeigen und die umsatzabhängigen Zahlungen des Medizinunternehmens auf das so genannte Drittmittelkonto der Universität fließen zu lassen.

Doch genau das wollte Professor H. vermeiden, da er fürchtete, seine Forschungsvorhaben auf diese Weise gerade nicht ordentlich verwirklichen zu können. Er ersann einen Trick: Er gründete den Verein «Freunde und Förderer der Herzchirurgie Heidelberg»; er übernahm den Vorsitz und seine Mitarbeiter waren die Mitglieder. Über das Konto dieses Vereins ließ er nun die Zahlungen des Medizinunternehmens laufen. Insgesamt flossen zwischen

September 1990 und August 1992 rund 162 000 Mark in sechs einzelnen Tranchen. Das Gericht stellte später ausdrücklich fest, dass die Gelder des Vereins seinem Zweck entsprechend ausschließlich für medizinische Belange eingesetzt wurden. So wurde Mitarbeitern der Herzchirurgie Fortbildung finanziert, büro- und medizintechnisches Gerät beschafft, wurden Probanden in verschiedenen medizinischen Studien bezahlt und die Löhne von geringfügig Beschäftigten in verschiedenen Forschungsprojekten finanziert.

Am 28. März 2001 verurteilte das Landgericht Heidelberg den Herzchirurgen wegen Untreue in sechs Fällen, fünfmal in Tateinheit mit Vorteilsannahme, zu einer Geldstrafe von 200 000 Mark. Das Gericht sah es als erwiesen an, dass der Professor als Amtsträger seiner Klinik Geld entzogen habe, das ihr eigentlich zustand, indem er die Bonuszahlungen des Unternehmens auf das Konto seines Fördervereins leitete. So habe er letztlich auch verhindert, dass die Universität die von ihm bestellten Geräte kostengünstiger hätte beschaffen können. Damit sei der Tatbestand der Untreue erfüllt, da Professor H. seine Vermögensbetreuungspflicht gegenüber seinem Dienstherrn, der Universität, verletzt habe.

Auch der Vorteilsannahme sah das Gericht den Herzchirurgen überführt, da die Gelder letztlich ihm und seiner Abteilung zugute gekommen seien und er sich somit durch die Annahme der Rückvergütungen wirtschaftlich besser gestellt habe. Lediglich wegen Bestechlichkeit mochte man ihn nicht verurteilen. Es war nicht festzustellen, dass Professor H. sich durch das Geld in seinen Entscheidungen für die Anschaffung bestimmter medizintechnischer Implantate für seine Abteilung hatte beeinflussen lassen.

Doch Professor H. nahm das Urteil des Landgerichts nicht hin. Sein Anwalt legte Revision beim Bundesgerichtshof ein. Und der 1. Strafsenat des BGH fällte am 23. Mai 2002 ein Urteil, das mittlerweile als wegweisend in der Rechtsprechung zur Einwerbung von Drittmitteln für die Forschung gilt. Für den früheren NRW-

Justizminister Jochen Dieckmann war es gar ein «Quantensprung».

Die Richter hoben die Verurteilung des Herzchirurgen wegen Untreue auf. Die Zuwendungen des Unternehmens, so das Urteil, hätten den Charakter einer Provision oder personengebundenen Spende gehabt. Das Geld sei nach dem Willen der Firma und des Professors eindeutig diesem persönlich zugedacht gewesen, wenn auch zweckgebunden für dessen Arbeit und Forschung. Also handelte es sich eben nicht um Geld, das eigentlich der Universität zugestanden hätte und für das der Professor gegenüber seinem Arbeitgeber eine besondere Treuepflicht hatte. Besonders würdigten die Richter, dass der Mediziner nicht zu Lasten der Universität auf die Preisgestaltung der von ihm zur Bestellung empfohlenen Produkte Einfluss genommen hatte. Also handelte es sich bei den Provisionszahlungen auch nicht um die berüchtigten «Kick-Back-Zahlungen», bei denen jenes Geld zurückfließt, das vorher durch überhöhte Preisabsprachen zum Schaden eines Dritten «verdient» wird.

In einem Punkt bestätigten die obersten Richter das Landgericht Heidelberg: Objektiv habe Professor H. sich der Vorteilsannahme schuldig gemacht, weil er durch die Gelder des Medizinunternehmens seine Arbeits- und Forschungsbedingungen verbessern konnte. Sie wiesen allerdings darauf hin, dass der Vorteil auch einen objektiv messbaren Inhalt haben muss, selbst wenn er immaterieller Art sein sollte. Ansehensmehrung oder Steigerung der wissenschaftlichen Reputation alleine schon als Vorteil im Sinne des Strafgesetzbuches verstehen zu wollen, hieße letztlich dem Professor zum Vorwurf zu machen, «dass er seine forschungs- und klinikbezogenen Aufgaben möglichst gut zu erfüllen versuchte».

Der Bundesgerichtshof verwies den Fall H. zurück an das Landgericht Heidelberg, dass nun erneut über die Strafzumessung bei der aufrechterhaltenen Verurteilung wegen Vorteilsannahme zu entscheiden hatte und den Bundesrichtern folgte. Er verwarnte den

Ärztlichen Direktor in seinem Urteil vom 14. Februar 2003 wegen Vorteilsnahme in fünf Fällen und behielt sich eine Geldstrafe von 34 000 Euro im Wiederholungsfall vor.

Der Fall des Heidelberger Professors macht deutlich, wo die Grenzen zwischen Korruption, gesetzwidriger Vorteilsannahme und lauterem Verhalten beim Einwerben von Industriegeldern zur Forschungsförderung verlaufen. Bereichert sich ein Klinikarzt oder ein Ärztlicher Direktor als Amtsträger persönlich, indem er Provisionszahlungen für überteuert eingekaufte Produkte in die eigene Tasche steckt, dann ist die Grenze zur Bestechlichkeit, zur Untreue oder zum Betrug überschritten.

Im Oktober 2000 haben Hochschullehrer, Klinikträger und Industrie eine Vereinbarung verabschiedet, die mehr Klarheit in die Zusammenarbeit bringen und anhaltende Unsicherheiten beseitigen soll. So müsse vermieden werden, dass Beschaffungsentscheidungen mit der Gewährung von Drittmitteln verknüpft werden. Zuwendungen an Mitarbeiter dürften nicht in Abhängigkeit von Umsatzgeschäften erfolgen. Ausschließlich oder überwiegend private Zuwendungen seien tabu. Alle Zuwendungen müssten der Verwaltung offen gelegt und genehmigt werden. Und außerdem müssten alle Zuwendungen schriftlich dokumentiert werden und zu den Gegenleistungen in einem angemessenen Verhältnis stehen.

DER FLUCH DER NÄHE

Einige Bemerkungen über Korruption im Journalismus

In der Theorie ist alles gut geregelt. Nach Richtlinie 15.1 des Deutschen Presserats besteht «die Gefahr einer Beeinträchtigung der Entscheidungsfreiheit von Verlagen und Redaktionen (...), wenn Redakteure und redaktionelle Mitarbeiter Einladungen oder Geschenke annehmen, deren Wert das im gesellschaftlichen Verkehr übliche und im Rahmen der beruflichen Tätigkeit notwendige Maß übersteigt». Das unabhängige Urteil könne dann durch solche Zuwendungen beeinträchtigt werden. Auch müssten Werbung und Redaktion strikt getrennt werden.

In der Praxis ist vieles anders, als es das Selbstkontrollorgan der deutschen Verleger und Journalisten in seinem Kodex vorschreibt. Und weil Theorie und Praxis so weit auseinander klaffen, gehört in dieses Buch ein kleines Kapitel über Korruption und Journalisten. Denn die Medien räumen Berichten über Korruption großen Raum ein.

«Vergnügen empfindet man nur an fremden Fehlern», hat der Korruptionsforscher Paul Noack vor vielen Jahren geschrieben. Korruption werde als ein Faktum begriffen, das immer nur die anderen angehe: die andere Klasse, die andere Partei, das andere System, den anderen Staat. Dabei gibt es in Wirklichkeit keinen Bereich, in dem nicht der Vorteil gesucht wird. Es gibt keinen Fußbreit Boden im weltumspannenden Reich der Wirtschaft, den man sorglos betreten könnte. Journalisten beschreiben die Missstände, sie führen vor, sie klagen an. Das ist richtig und wichtig. Ein seltsames, aber charakteristisches Phänomen ist jedoch, dass die Presse sich von der Kritik ausnimmt. Sie hat ihren blinden Fleck dort, wo sie mit sich selbst konfrontiert ist.

Zwar sind Verallgemeinerungen – wie auch in anderen Berufen – fehl am Platz, aber es gibt immer öfter komplizenhafte Verstrickungen zwischen Wirtschaftsführern, Politikern, Werbeindustrie und Journalisten. Manchmal geht es dabei um Geld, mit dem unfein geschmiert wird. Manchmal auch um das vornehmere Sponsoring.

Der Bürger stellt sich den guten Journalisten als unbestechlichen und nur der Wahrheit verpflichteten Chronisten vor. Viele sind es, aber manche nicht. Mittlerweile gibt es «viele Spielarten von Bestechung und Bestechlichkeit im deutschen Journalismus», schrieb Adolf Theobald, einer der ausgewiesenen Kenner der Branche. Und die schwarzen Schafe, meint er, würden immer mehr. Es seien mittlerweile «ein paar zu viel».

Wenn sich der Sportjournalist Rolf Töpperwien auf ZDF-Briefpapier über angeblich zu viel verlangtes Honorar in einem Bordell beschwert, ist das irgendwie anachronistisch. Die gängige Praxis ist subtiler. Unternehmen lassen Wirtschaftsjournalisten Reden für die Hauptversammlung schreiben. Sie werden dann zwar nicht gehalten, aber die Journalisten kassieren für den Entwurf Summen von 10 000 Euro und mehr. Dann berichten dieselben Journalisten über die tatsächlich gehaltene Rede. Gern auch geben Redakteure gestandenen Managern auf Seminaren Tipps, wie sich diese gegen Journalisten wehren können. Das hat für die Manager zumindest den Vorteil, dass solche Redakteure nie mehr ein kritisches Wort über sie berichten können.

Redaktionelle Beiträge entpuppen sich als pure Werbung, die vom Hersteller und vom Medium bezahlt werden. Wer Produkte der Pharmaindustrie in der Yellow Press bejubelt, kann mit fünfstelligen Zusatzhonoraren rechnen.

Eine der ältesten Krankheiten des deutschen Journalismus ist die Verwischung von Grenzen zur Politik, zur Wirtschaft, die ge-

genseitige Instrumentalisierung für politische und eigennützige Zwecke. «Ein Schmiergeld namens Nähe», hat der Journalist Peter Zudeick eine selbstkritische Analyse über den Parlamentsjournalismus überschrieben. An peinlichen Geschichten über komplizenhafte Verstrickungen zwischen Politikern und Journalisten ist kein Mangel. Beide Seiten profitieren davon.

Früher waren die Verhältnisse noch überschaubarer. Die enge Symbiose, in der viele Reisejournalisten und alle Reiseveranstalter lebten, war Thema in der Branche. Man amüsierte sich. Wenn Verlage sich von Hoteliers, Fluggesellschaften oder Reiseunternehmen zu teuren Trips einladen lassen, ist es schwierig, objektiv zu bleiben. Vor allem, wenn viele Redaktionen freie Mitarbeiter einsetzen, die den Redaktionsetat kaum belasten, aber auf zusätzliche PR-Aufträge angewiesen sind. Wer wiederkommen möchte, darf nicht unfreundlich sein. In demselben Ruf stand lange Zeit auch die journalistische Zunft der Autotester. Gern lud die Industrie zur Vorstellung eines neuen Modells ausgewählte Fachberichterstatter auch mal in südliche Gefilde, Flug und Fünf-Sterne-Hotel inbegriffen.

Um den schon verschiedentlich erwähnten Fußball auch in diesem Kapitel nicht zu vergessen: Immer wieder einmal haben sich Fußballbundesligisten der Nähe sportjournalistischer Lokalgrößen versichert, indem sie als Autoren für die vereinseigene Stadionzeitung verpflichtet wurden. Natürlich nicht für Gotteslohn.

Weiter gibt es in der angeblich so sauberen Branche eine Gepflogenheit, die an Schutzgelderpressung erinnert. Vor ein paar Jahren erhielt der Pressesprecher eines bekannten Herstellers von Badezimmerarmaturen einen Beschwerdebrief, den ein bekannter deutscher Journalist geschrieben hatte. Dessen vor drei Jahren für 250 Mark gekaufte Handbrause war defekt. Aus dem Umschalter, teilte der Publizist mit, trete Wasser aus. Na und? Jeder andere Kunde hätte zwar geflucht, aber sich eine neue Brause gekauft. Der berühmte Journalist kam keineswegs auf diese nahe liegende Idee. Er habe versucht, teilte er dem Pressesprecher mit, den Duschkopf zur Reparatur einsenden zu lassen, aber im Laden habe man nur müde abgewinkt. Dann wies er auch noch darauf hin, dass er mit den «Kollegen in der Redaktion» über den Fall gesprochen habe, und deren Bild von der Markenfirma sei «nun getrübt».

Die defekte Handbrause hatte der Journalist gleich mitgeschickt. Zugleich mahnte er den Besuch eines Kundendienstlers an, da eine Waschbatterie in einem der drei Bäder seines Privathauses «ein lautes Pfeifgeräusch von sich gibt». Auch telefonisch machte der Mann Druck. Sein Anruf wurde schriftlich festgehalten: «Er ist als Privatkunde schockiert, als Redakteur überlegt er, ob er nicht darüber schreiben soll.» Strafrechtlich betrachtet könnte das Nötigung sein, aber wer will sich schon mit so einem bedeutenden Pressemenschen anlegen?

Duschkopf und Dienstleistung hat er bekommen, eine Rechnung selbstverständlich nie.

Beschwerdebriefe von Journalisten, bei denen die Armatur pfeift oder der Duschknopf tropft, sind Alltag in der Pressestelle des Unternehmens, das wirklich einen guten Ruf hat. Auf dem Briefpapier seiner Zeitung teilte etwa am 11. Januar 2001 ein politischer Ressortleiter der Firma mit, dass sich vom Duschkopf «nach gut anderthalbjährigem Verbrauch die Verchromung löst. Wie telefonisch besprochen, würde ich mich freuen, wenn Sie uns das Nachfolgemodell schicken könnten». Die Firma expedierte eine neue, kostenlose Handbrause und wünschte «viel Duschspaß fürderhin».

Noch eine Telefonnotiz: Der Mitarbeiter einer Wirtschaftszeitung habe angerufen, weil «der U-Griff einer seiner Waschtischarmaturen abgebrochen sei. Er bittet um Ersatz. Was tun?» Das wurde über den Blitzdienst der Firma abgewickelt, auch wenn es Mühe machte, das sehr alte Teil noch zu beschaffen. Bezahlen musste der Redakteur nichts. Es gibt viele Pressestellen vieler Unternehmen, die Ähnliches erzählen könnten.

Zum Fall der Handbrause für den Publizisten, die auf kulantem Weg ersetzt worden war, hatte ein PR-Mann der Firma damals notiert: «Typischer Text eines Schnorrers, der denkt, er ist besonders schlau, wenn er uns eine Story erzählt, um kostenlos an eine neue Brause zu kommen.» Aber er hatte hinzugefügt: «Würde ihm trotzdem eine schicken, dazu aber die Faust in der Tasche ballen.» Der Redakteur dankte und versicherte, er werde das «äußerst großzügige Verhalten auch im Kollegenkreis» erwähnen.

Die Sitten sind rauer geworden, die Raffgier größer. Der Medienmanager einer Schifffahrtslinie, die teure Kreuzfahrten ausrichtet, hat sich aus der Betreuung von Journalisten verabschiedet. «Ich konnte es nicht mehr ertragen», sagte er dem Chronisten. Die Journalisten waren eingeladen, sie mussten nichts zahlen, doch das war ihnen nicht genug. Letzter Anstoß für seine Entscheidung sei eine Gruppe Berichterstatter gewesen, die nicht am Dinner teilnahm, sondern «in die Stadt ging und uns dann eine Speiserechnung aus einem der besten Häuser mit einem exorbitanten Betrag überreichte». Er hat bezahlt und auch die Faust in der Tasche geballt. Im Falle einer Weigerung, so hatte er befürchtet, hätte es negative Berichterstattung geben können.

Im Journalismus wird geschnorrt, eingesackt, zugegriffen. Internetseiten wie «Journalismus.com» und «Pressekonditionen.de» veröffentlichen die Namen von Hunderten deutscher Unternehmen, die Journalisten Rabatte anbieten.

Normalerweise genügt ein gültiger Presseausweis, und die Firmen gewähren Sonderkonditionen: Nokia, Air Berlin, Audi, T-Mobile Deutschland, TUI, E-Plus – da heißt es zugreifen, ehe es zu spät ist. Die Unternehmen können nichts Schlimmes daran erkennen. Sie umwerben eben «Multiplikatoren». «Wenn Sie sich in dieser Welt genauer umsehen möchten, übernehmen wir die Kosten dafür», wirbt T-Online für den Verfall der Sitten. Die Beteiligten versichern unschuldig, dass durch die Annahme von Geschenken und

Rabatten die Berichterstattung nicht beeinflusst wird. Natürlich nicht. Wer würde schon einräumen, dass durch Zuwendungen eine klebrige Nähe entsteht? Man bleibt unabhängig, versteht sich.

Der wirtschaftliche Druck in den Verlagen ist durch die Krise der Ökonomie gestiegen, immer häufiger werden journalistische Arbeit und Werbung miteinander vermengt. Der Kampf um Anzeigenkunden, um neue Erlöse verringert den Abstand zwischen Text und Inseraten. Die Gefahr ist groß, dass auf der Schnäppchenjagd ein Gespür für die journalistische Unabhängigkeit abhanden kommt.

Als Klaus Kocks, einer der Großen der Branche, noch Kommunikationsvorstand bei VW war, kam er bei Diskussionsveranstaltungen manchmal auf die Motorjournalisten und den Geiz der Verlage zu sprechen. «Wenn ein freier Journalist für eine größere Geschichte und ein großes Foto nur rund hundert Euro» bekomme, müsse er schon sehr charakterfest sein, um nicht korrupt zu werden. In Regionalblättern erscheinen Autoseiten, die von Konzernen produziert wurden, ohne dass der Leser darüber informiert wird. Schöne Fotos, gute Texte, keine Kosten für den Verlag. Kritische Berichterstattung wird vermieden.

Vor Jahren haben Chefredakteure von mehr als zwanzig Blättern – angeregt durch die Redaktion der *Augsburger Allgemeinen* – in einem Brief an die Pressechefs der Autokonzerne um ein bisschen Mäßigung gebeten. Diese sollten dafür sorgen, dass «die Auto-Repräsentation nicht in den Geruch eines touristischen Ausflugs gerät». Die Mitarbeiter sollten nicht «in Situationen kommen, die sie angreifbar machen».

Aber das Zusammenspiel zwischen Wirtschaft und korrupten Journalisten wird auf allen Ebenen immer intensiver betrieben.

GESETZE DER GIER

Wie sich das Mannesmann-Management seine Niederlage vergoldete – eine Chronique scandaleuse

Der Düsseldorfer Konzern Mannesmann war wie kaum ein anderer Symbol deutscher Wirtschaft: Bis lange nach dem Zweiten Weltkrieg stand der Name des 1890 gegründeten Unternehmens für Kohle, Stahl, Maschinenbau und Handel. Berühmt waren die nahtlosen Rohre, die Reinhard und Max Mannesmann 1886 entwickelt hatten. 1990 erschien zum hundertsten Firmenjubiläum die Schrift «Kontinuität und Wandel», in der das riesige Konglomerat der Beteiligungen und Tochterfirmen aufgeführt ist. In dieser Zeit begann auch der Aufbruch in die Telekommunikationssparte. Der damalige Chef des Traditionsunternehmens, Heinz Werner Dieter, erkannte die Chancen der neuen Technologie früher als die Kollegen in anderen Firmen. Mannesmann verschlang die Konkurrenz – und wurde am Ende vom Konkurrenten Vodafone geschluckt. Kurz bevor das Unternehmen unter britische Führung geriet, bedienten sich Manager aus der Firmenkasse. Seitdem ist mit dem Namen Mannesmann auch eine der größten Wirtschaftsaffären der Nachkriegszeit verknüpft. Das Schicksal des Düsseldorfer Konzerns steht heute für Aufstieg und Niedergang des Turbokapitalismus, für Gier und Unmoral.

«Gier ist gut», tönte der Börsenhai Gordon Gekko in *Wall Street*. Das war 1988, und der Film sollte die Auswüchse des entfesselten Turbokapitalismus persiflieren. Ein Jahrzehnt später war das öffentliche Bekenntnis zur Gier kein Tabu mehr. An der Börse spielten Konzerne Monopoly, und das neue Idol war der Topmanager, der sich wie ein Popstar feiern ließ. In immer neuen Dimensionen bewegten sich die Gehälter und vor allem die Abfindungen der Spitzenkräfte. Der Abstand zwischen dem Verdienst eines Topmanagers zu dem eines Arbeiters hatte jede Relation verloren. Das Gefühl für Größenordnungen und die Wahrnehmung für den Unterschied von rechtens und richtig waren einigen Managern abhanden gekommen.

Der Fall Mannesmann löste in Deutschland eine Diskussion darüber aus, ob Leistung und Vergütung von Vorständen in einem sinnvollen Zusammenhang stehen. Ende Mai 2003 legte eine nach ihrem Vorsitzenden Gerhard Cromme, dem Aufsichtsratschef von Thyssen Krupp, benannte Kommission Vorschläge für eine neue Unternehmenskultur vor. Mehr Transparenz und eine Begrenzung von Aktienoptionsprogrammen sollen grenzenlose Millionenspiele auf den Chefetagen künftig verhindern. Eine Lex Mannesmann?

Drei Monate zuvor hatten die Düsseldorfer Staatsanwälte Johannes Puls und Lothar Schroeter die ehemaligen Gebieter des untergegangenen Mannesmann-Reichs angeklagt. Die sechs Beschuldigten waren Josef Ackermann, Chef der Deutschen Bank, IG-Metall-Chef Klaus Zwickel, der frühere Mannesmann-Vorstandsvorsitzende Klaus Esser und dessen Vorgänger Joachim Funk, der im Jahr 2000 Aufsichtsratsvorsitzender bei Mannesmann war, der frühere Konzernbetriebsratsvorsitzende Jürgen Ladberg sowie Dietmar Droste, der bei Mannesmann die Vertragsangelegenheiten der leitenden Angestellten und der Vorstandsmitglieder bearbeitete. Als Zeugen treten unter anderem auf: Vodafone-Chef Sir Christopher Gent, dessen Deutschland-Statthalter Julian Horn-Smith, der damalige Allianz-Chef Henning Schulte-Noelle, der frühere Mannesmann-Vorstandsvorsitzende Heinz Werner Dieter sowie fünf Kriminalbeamte und vier Wirtschaftsprüfer. Ein richtiger Krimi also.

Die Beschuldigten, so die Konstruktion der Ermittler, sollen ohne

Rechtsgrundlage und teils ohne wirksame Beschlüsse die Zahlung von 111 514 794 Mark in Prämien, Boni und Pensionsabfindungen auf den Weg gebracht haben. Ein wahrer Geldsegen: 48 005 000 Mark erhielten Esser und sein Team. 63 509 794 Mark kamen pensionierten Vorstandsmitgliedern und/oder deren Angehörigen zugute.

Die Staatsanwaltschaft wertete das Wirken der Angeklagten als schwere Untreue beziehungsweise Beihilfe zur schweren Untreue. Die Sonderzahlungen, so formulierte es die Staatsanwaltschaft an einer Stelle, seien für Esser eine der Bedingungen für seine Zustimmung zu einer freundlichen Übernahme von Mannesmann durch Vodafone gewesen. Gegen eine Abfindungszahlung für Esser, die einschließlich eines Topbonus 29 781 173 Mark brutto betrug, hatten die Ermittler keine Einwände. Darüber hinaus beanspruchte Esser aber noch eine Vergütung, die verharmlosend, so die Strafverfolger, Anerkennungsprämie genannt worden sei. Diese betrug weitere 32 105 000 Mark und ist ein Gegenstand der Anklage. Im Jahr 2001 ließ sich Esser auch noch den lebenslangen Anspruch auf Pkw mit Fahrer sowie Büro und Sekretärin abkaufen, der ihm in aller Eile gewährt worden war. Weil Vodafone die zwei Millionen Euro zahlte, ist dieser Vorgang strafrechtlich nicht relevant.

Auch Funk wollte nicht leer ausgehen. Bei der Übernahme der Mannesmann AG erhielt er eine Prämie von sechs Millionen Mark für seine längst vergangene Amtszeit als Vorstandsvorsitzender (1994–1999). Weitere 5,3 Millionen Mark kassierte er als Abfindung für den Verzicht auf zusätzliche Pensionsansprüche.

Diese Bereicherung, so die Ermittler, hätten vor allem Ackermann und Zwickel als Mitglieder des Aufsichtsratsausschusses für Vorstandsangelegenheiten ermöglicht. Der Bankier und der Gewerkschafter hätten zwar erkannt, dass «Grund und Anlass» für die geplanten Zahlungen allein Essers und Funks Zustimmung zu einer freundlichen Übernahme gewesen seien und sie mitnichten im Interesse der Mannesmann AG gelegen hätten, dennoch hätten beide mitgemacht.

Weil Vodafone die Sonderzahlungen auf keinen Fall selbst leisten, aber Auszahlungen durch Mannesmann auch nicht entgegentreten wollte, sei den Beschuldigten bis zur Übernahme nur wenig Zeit für ihren Coup geblieben. Es sei zugegangen wie auf einem Basar. Über riesige Summen sei innerhalb weniger Minuten entschieden worden. Ohne entsprechende Vorlage, ohne rechtliche Prüfung. Die Beteiligten hätten sich darauf verlassen, dass das Treiben geheim bleibe. Das gelte insbesondere für den IG-Metall-Chef Zwickel.

Die Beschuldigten sehen in dieser Anklage einen Anschlag auf die unternehmerische Freiheit und einen typisch deutschen Fall von Profilierungssucht und Sozialneid.

Esser, der ebenso wie die anderen Angeklagten die Vorwürfe zurückweist, hat vor einem Zivilgericht gegen das Land Nordrhein-Westfalen geklagt, weil er seine Persönlichkeitsrechte durch Presseauskünfte der Justiz verletzt sah. Ende April 2003 wurde ihm in erster Instanz ein Schmerzensgeld in Höhe von 10 000 Euro zugesprochen. Die Düsseldorfer Landesregierung ging in die Berufung. Drei Wochen später erstattete Esser Strafanzeige gegen den Leiter der Düsseldorfer Staatsanwaltschaft, Reinhard Henke, wegen Verdachts der Beleidigung und üblen Nachrede. Henke hatte öffentlich erklärt, für die Vorgänge bei Mannesmann gebe es «in unserem Sprachgebrauch» den Begriff Käuflichkeit. Wenn der «Widerstand» gegen eine Übernahme aufgegeben und bei der «Befürwortung» derselben Geld gezahlt werde, lasse sich der Begriff Korruption «unter dem Terminus der Käuflichkeit subsumieren». Esser war empört.

Wie war es wirklich? Was also ist geschehen?

In dem Verfahren vor der 14. Großen Strafkammer des Landgerichts Düsseldorf wurden die Angeklagten im Sommer 2004 freigesprochen. Zuvor hatten die Staatsanwälte in ihrem Schlussplädoyer noch Haftstrafen verlangt. Nach dem Willen der Ankläger sollten Esser und Funk sogar hinter Gitter. Für die anderen

Angeklagten, darunter Ackermann, hatten sie Bewährungsstrafen beantragt. Staatsanwalt Lothar Schroeter erklärte, die Hauptverhandlung habe ergeben, dass sich die Angeklagten in allen Anklagepunkten strafbar gemacht hätten. Die Beschlüsse, die zur Auszahlung der Millionenprämien geführt hätten, seien aktienrechtliche Pflichtverletzungen gewesen. Ein Firmeninteresse Mannesmanns bei der Auszahlung der Prämien habe es nicht gegeben. Durch die Auszahlung der Prämien sei der Mannesmann AG ein Schaden in Höhe von 48 Millionen Mark entstanden.

Die Zahlung der Prämien, befand hingegen die Vorsitzende Richterin Brigitte Koppenhöfer, sei zwar aktienrechtlich unzulässig gewesen, weil kein Unternehmensinteresse vorgelegen habe, aber es habe sich nicht um eine strafbare Untreue gehandelt. Eine dafür erforderliche gravierende Pflichtverletzung nebst Vorsatz sei nicht festzustellen gewesen. Die Staatsanwaltschaft kündigte Revision an (siehe ausführlich S. 217ff.).

Das Personal

Josef («Joe») Ackermann, Jahrgang 1948, Topmanager. Er stammt aus dem schweizerischen Mels und promovierte an der Hochschule St. Gallen in Volkswirtschaft. Bald nach dem Studium übernahm er Leitungspositionen bei der Schweizerischen Kreditanstalt. Ackermann wurde 1996 Vorstandsmitglied der Deutschen Bank und hievte als Chef des Bereichs «Globale Unternehmen und Institutionen» das größte deutsche Bankhaus in die Liga der Global Player. Er profilierte sich 1999 bei der Integration des amerikanischen Investmenthauses Bankers Trust als Sanierer und zog im selben Jahr in den Aufsichtsrat der Mannesmann AG ein. Im Mai 2002 wurde er Vorstandssprecher der Deutschen Bank und strukturierte das Geldhaus um.

Mark Binz, Jahrgang 1949, Anwalt. Er studierte Rechtswissenschaft in Berlin, Hamburg und Genf und promovierte an der Universität Köln. Seit 1977 ist er Rechtsanwalt, seit 1987 Seniorpartner der Stuttgarter Anwaltskanzlei Binz & Partner, seit 2001 zudem Honorarprofessor in Stuttgart. Der Spezialist für Unternehmensnachfolge kümmert sich im Tagesgeschäft um mittelständische und familiengeführte Unternehmen. Seit Jahren kämpft Binz mit seinem Partner Martin H. Sorg gegen die Selbstbedienung von Managern. Beide haben mit Strafanzeigen Topverdiener aus der Industrie an den Pranger gestellt.

Dietmar Droste, Jahrgang 1959, Manager. Der studierte Jurist war zunächst beim Arbeitgeberverband in Bochum tätig. 1995 wechselte er in die Direktionsabteilung des Mannesmann-Konzerns und kümmerte sich vor allem um die Verträge der leitenden Angestellten.

Klaus Esser, Jahrgang 1947, Topmanager. Der promovierte Jurist begann seine Karriere als Anwalt in New York und trat 1977 in die Mannesmann AG ein. Nach seinen Erfolgen in unterschiedlichen Abteilungen wurde er 1990 Vorstandsmitglied der Mannesmann-Demag AG. Vier Jahre später trat er in den Vorstand von Mannesmann ein und entwickelte den Bereich Telekommunikation zu einem ertragreichen Geschäft mit hohen Zuwachsraten. 1998 wurde er stellvertretender Vorstandsvorsitzender, im Mai 1999 Vorstandsvorsitzender. Nach seinem Abgang bei Mannesmann kaufte er sich bei der US-Firma General Atlantic Partners (GAP) ein. Als Teilhaber der renommierten Investmentgruppe ist er eine Art Schnäppchenjäger in der Welt mittelständischer High-Tech-Unternehmen. Die bislang wichtigste Beteiligung von GAP in Deutschland war im Herbst 2002 der Einstieg bei dem Münchner Softwarehaus Ixos. Im Dezember 2002 wurde Esser zum Chef des Ixos-Aufsichtsrats gewählt.

Joachim Funk, Jahrgang 1934, Ex-Manager. Funk studierte Betriebswirtschaft in München und promovierte 1960 zum Dr. oec. publ. Im selben Jahr begann er seine Laufbahn bei Mannesmann: Zunächst war er Leiter der Abteilung Konzernabschlüsse und der Hauptabteilung Rechnungswesen, 1980 Vorstandsmitglied, von 1994 bis Mai 1999 Vorstandsvorsitzender, von Juni 1999 bis April 2000 Aufsichtsratsvorsitzender bei Mannesmann. In seiner Ära gelang der Einstieg in das lukrative Geschäft der Telekommunikation. Der vielfach geehrte Manager ist seit 1998 Honorarprofessor an der Universität München, Spezialgebiet: Konzernrechnungswesen.

Jürgen Ladberg, Jahrgang 1946, Gewerkschaftsfunktionär. Seit seiner Lehre war der Starkstromelektriker bei der Mannesmann-Röhrenwerke AG beschäftigt. Ab 1980 war er freigestelltes Betriebsratsmitglied sowie von 1996 bis 2000 Konzernbetriebsratsvorsitzender der Mannesmann AG. Als Mitglied des Aufsichtsrates wurde er im Mai 1999 in den Aufsichtsratsausschuss für Vorstandsangelegenheiten gewählt. Am 1. Oktober 2000 trat er als Konzernbetriebsratsvorsitzender bei Mannesmann zurück und wechselte zur Salzgitter AG. Dort ist er inzwischen wieder Vorsitzender des Konzernbetriebsrats und Mitglied des Aufsichtsrats.

Johannes Puls, Jahrgang 1960, Staatsanwalt. Er befasste sich zunächst bei der Staatsanwaltschaft Berlin mit der DDR-Vergangenheit, Schwerpunkt Regierungskriminalität. 1994 wechselte der Strafverfolger zur Staatsanwaltschaft Düsseldorf und spezialisierte sich auf die Bekämpfung der Wirtschaftskriminalität. Im Prozess agierte der verschlossene Ermittler nicht sehr glücklich. Er habe, kommentierte das *Manager Magazin*, mit «ratternder Stimme» seine Positionen vorgetragen und sei den «Provokationen der Verteidiger auf den Leim» gegangen. Sein Chef, der Leitende Oberstaatsanwalt Hans-Reinhard Henke, vergleicht ihn gern mit der Fernsehfigur «Columbo». Puls frage auch «so hintenherum».

Klaus Zwickel, Jahrgang 1939, Gewerkschaftsfunktionär. Der gelernte Werkzeugmacher wurde 1984 erster Bevollmächtigter der IG-Metall-Verwaltungsstelle Stuttgart und 1986 geschäftsführendes Vorstandsmitglied. Nach dem Rücktritt von Franz Steinkühler wegen umstrittener Aktiengeschäfte wurde Zwickel 1993 Chef der mächtigsten Einzelgewerkschaft der Welt. Zwei Jahre zuvor war er bereits als stellvertretender Vorsitzender in den Mannesmann-Aufsichtsrat eingezogen. Seit 1993 sitzt er auch im Kontrollgremium von VW. Zwickel hat häufig gegen die «Auswüchse des globalen Kapitalismus» gewettert.

Vorstand Esser: Der Millionen-Abgang

Oktober 1999: Am 18. des Monats entscheidet der Mannesmann-Vorstand, den britischen Mobilfunkbetreiber Orange zu übernehmen. Einen Tag später stimmt der Aufsichtsrat zu. Die Gespräche über den Kauf von Orange hatten bereits im November 1998 begonnen. Der Kaufpreis beträgt etwa 60 Milliarden Mark. Mannesmann will eine feindliche Übernahme durch den britischen Konkurrenten Vodafone Airtouch verhindern und gleichzeitig seine eigenen Marktchancen verbessern. Der Vorstandsvorsitzende Esser zeigt sich nach der gelungenen Übernahme generös und erklärt öffentlich: «Wir freuen uns sehr, das exzellente Management-Team und alle Mitarbeiter von Orange in der Mannesmann-Gruppe willkommen zu heißen.»

Das Willkommen ist nicht ganz billig. Es hagelt Anerkennungsprämien: Allein der Vorstandsvorsitzende von Orange, Hans Snook, erhält umgerechnet 45 Millionen Mark. Andere Spitzenmanager kassieren bis zu 22 Millionen Mark und etliche Orange-Mitarbeiter einen so genannten leistungsabhängigen Anreiz, der das 25fache beziehungsweise 30fache ihrer durchschnittlichen Jahresgehälter beträgt – insgesamt umgerechnet 360 Millionen Mark. Der Leser dieser Chronik mag nach Luft schnappen, aber so wild ging es damals zu. Intern erklärt Esser, der Verbleib der Führungsebene bei Orange müsse unbedingt gesichert werden.

Der chinesische Multimilliardär und Inhaber des weltweit agierenden Mischkonzerns Hutchison Whampoa, Li Ka Shing, besitzt 44 Prozent aller Orange-Aktien. Er tauscht sie in Mannesmann-Papiere und kann einen Gewinn von gut zehn Milliarden Mark verbuchen. Fortan ist Hutchison der größte Einzelaktionär bei Mannesmann.

November 1999: Der Chef des britischen Mobilfunkgiganten Vodafone Airtouch, Chris Gent, gibt sich überrascht von der Offensive Essers: «Das war ein Schock, als er Orange ohne Rücksicht auf uns übernahm.» Insgeheim plant Gent schon lange den großen Schlag in Deutschland, und er ist bereit, ihn sich eine Menge Geld kosten zu lassen.

Ein Riese will einen Riesen verschlingen. Die Düsseldorfer kennen die Absichten der Briten. Bereits im Januar 1999 hatten Vodafone-Manager Großaktionären verraten, dass sie Mannesmann kaufen wollen. Dreimal hat sich Esser mit Vodafone-Chef Chris Gent getroffen; seit September wissen die Mannesmann-Manager, dass es ernst wird. 53,7 Vodafone-Aktien bietet der britische Firmenchef den Mannesmann-Aktionären für jedes ihrer Papiere. Das entspricht einem Gesamtpreis von rund 270 Milliarden Mark. Die Mannesmann AG erhielte einen Anteil von 47,2 Prozent an einem zusammengelegten Konzern. Dies ist das bis dahin höchste Übernahmeangebot der Wirtschaftsgeschichte.

Manche Experten sind der Meinung, Gent habe nach der Übernahme des Mobilfunkbetreibers Orange durch Mannesmann – nach dem deutschen Vorstoß auf britisches Terrain – gar keine andere Wahl mehr gehabt, als nach dem Düsseldorfer Konzern zu greifen.

Am 22. November teilt Esser dem leitenden Mitarbeiter Kurt Kinzius schriftlich mit, dieser werde im Fall der Übernahme durch Vodafone («Change of Control») und einer gleichzeitigen Beendigung des Arbeitsverhältnisses durch Mannesmann einen finanziellen Ausgleich erhalten. Kinzius wird Leiter des «Projekts Friedland», mit dem die Übernahme durch Vodafone verhindert werden soll.

Das Projekt Friedland war von Mannesmann bereits Ende der 80er Jahre initiiert worden, um feindliche Übernahmen abzuwehren. Damals hatte die Thyssen AG vergeblich versucht, die Mehrheit an Mannesmann zu erlangen. Seit 1998 erarbeiten Mannesmann-Mitarbeiter gemeinsam mit externen Beratern Abwehrmaßnahmen für den Fall eines Angriffs. Zum Team Friedland zählen Investmentbanker, Rechtsanwälte und Manager der Mannesmann AG.

Dezember 1999: Mannesmann lehnt das Angebot von Vodafone ab. Esser erklärt im Aufsichtsrat, er halte die Offerte Gents für falsch, den Preis für falsch, die Strategie für falsch. Dietmar Droste verfasst am 6. Dezember das Papier «Schutzmaßnahmen für den Fall eines Change of Control». Bereichsleiter, Abteilungsleiter, Direktoren und Geschäftsführer der Tochtergesellschaften sollen abgesichert werden. Esser teilt Funk mit, er wolle «keine über das vertraglich zugesagte Maß hinausgehende Zusagen schaffen, um nirgendwo den Eindruck aufkommen zu lassen, der Abwehrkampf werde als verloren angesehen».

Anfang Dezember wird von Aktionärsvertretern beim Düsseldorfer Landgericht eine einstweilige Verfügung gegen die Mannesmann AG und gegen Esser beantragt. Der Vorstand der Mannesmann AG soll keine Maßnahmen ergreifen, die dem Interesse der Mannesmann-Aktionäre zuwiderlaufen. Der Antrag wird am

14. Dezember durch das Landgericht Düsseldorf abgewiesen. Kurz darauf entwickelt Esser den Plan, zumindest den Mitgliedern des Projekts Friedland einen «Shareholder-Value-Bonus» zuzusagen. Wie die spätere Auswertung von Mannesmann-Unterlagen zeigt, ist sich der Vorstand zu diesem Zeitpunkt bewusst, dass hohe Abfindungszahlungen, so genannte Golden Parachutes, mit dem deutschen Aktienrecht nur schwer vereinbar sind. Nach nicht einmal sechsmonatiger Amtszeit werden die Bezüge Essers vom Aufsichtsrat deutlich erhöht.

Anfang Januar 2000: Die Übernahmeschlacht tobt: laut *Bild* ein Kampf zwischen «Hai» (Gent) und «Superhirn» (Esser). Am 10. Januar schlägt Esser dem Aufsichtsratchef Funk vor, mit zehn bis zwanzig Millionen Mark einen Fonds zu bilden, um später verdienstvolle Mitarbeiter auszeichnen zu können. Im Erfolgsfall sollte die Arbeit der Manager honoriert werden. Falls Vodafone siege, müssten die Mitarbeiter abgesichert werden, die den Abwehrkampf geführt hätten.

Gent erfährt von den Debatten bei Mannesmann und wiegelt ab. Abfindungen für Mannesmann-Manager seien überflüssig: «Ich glaube zu keinem Augenblick daran, dass die Mannesmann-Vorstände gehen müssen. Wir haben bisher gut zusammengearbeitet und wir wollen das auch in Zukunft tun. Entlassen wird da keiner.»

Dennoch plant das Mannesmann-Management, zumindest 22 Mitarbeitern des Projekts Friedland den Shareholder-Value-Bonus zu gewähren. Eine Schlüsselrolle bei allen Entscheidungen hat der vierköpfige Aufsichtsratsausschuss für Vorstandsangelegenheiten, in dem Ackermann, Zwickel, Funk und Ladberg sitzen. Am 16. Januar beschließt dieser Ausschuss, auch Präsidiumsausschuss genannt, Esser und vier seiner Vorstandskollegen für den Fall des Erfolges üppig zu belohnen.

30. Januar 2000: Der Investmentexperte Scott Mead, der Vodafone berät, hat die Topmanager von Mannesmann gebeten, an diesem Sonntag nach Paris zu kommen. Wichtige Entscheidungen stünden an. Kinzius entwirft für die Sitzung ein Papier, das für den Fall der Fälle von einem Zusammenschluss gleichberechtigter Partner ausgeht. Esser soll Vorstandsvorsitzender bleiben, Gent soll den Aufsichtsratsvorsitz übernehmen. Das Treffen in einem Konferenzraum des Pariser Flughafens verläuft in frostiger Atmosphäre. Gent und seine Begleiter wirken gereizt und übermüdet. Sie stellen die Mannesmann-Emissäre vor die Wahl: Entweder nehmen die Deutschen das Vodafone-Angebot an oder sie werden übernommen.

Bei der Zusammenkunft wird auch darüber gesprochen, dass Vodafone das Angebot der Mannesmann-Beteiligung am zusammengelegten Konzern von 47,2 Prozent auf 49 Prozent erhöhen könne, wenn die Düsseldorfer die Offerte unterstützen. Esser hat jedoch den Eindruck, dass Vodafone nicht ernsthaft verhandeln will.

Am Nachmittag desselben Tages geben der französische Mischkonzern Vivendi, mit dem Esser seit Monaten eine Fusion anstrebt, und Vodafone in Paris bekannt, dass sie künftig kooperieren. Chris Gent und der Vivendi-Chef Jean-Marie Messier haben die ganze vorherige Nacht miteinander verhandelt.

Esser ist nervös und wirkt genervt. Monatelang hatte er mit den Franzosen Verhandlungen geführt. Im November waren die Gespräche intensiviert worden. Umstritten war, wer Vorstandsvorsitzender werden sollte und wo der Sitz der Zentrale sein würde, doch die Probleme schienen lösbar. Und jetzt war Vivendi ins andere Lager gewechselt.

Messier hatte Esser die schlechte Neuigkeit nicht persönlich mitteilen wollen. Er wusste, wann Esser von Düsseldorf nach Paris fliegen wollte. Und genau zu dem Zeitpunkt, als die Maschine in der Luft war, sprach er Esser die Nachricht von der Kooperation mit Vodafone auf die Mailbox. Messier behauptet später, Esser habe in letzter Minute neue Forderungen gestellt. Der Deutsche sei ein «Zauderer». Esser bestreitet die Vorwürfe. Er fühlt sich von Messier hintergangen.

Noch am selben Nachmittag tagt in Düsseldorf der Mannesmann-Vorstand. Der Protokollant hält fest, bei Vodafone bestünde offenkundig große Siegeszuversicht. Esser gibt sich als Konzernlenker: Bei einem Zusammenschluss müsse Mannesmann 52 Prozent des vereinigten Unternehmens erhalten. Die Europazentrale müsse in Düsseldorf sitzen und der Name Mannesmann in Deutschland erhalten bleiben. «Verhandelbar» seien die integrierte Telekommunikationsstrategie, die Besetzung des Boards eines vereinigten Unternehmens und die Weiterbeschäftigung der Mannesmann-Manager für Vodafone. («Mgmt. von MM würde auch bei Vod. von Nutzen sein.»)

31. Januar 2000: Der Aufsichtsrat tagt. Esser sieht keine Chancen mehr zu gewinnen. Er schildert den Kontrolleuren Einzelheiten der Vereinbarung zwischen Vivendi und Vodafone. Der Großaktionär Hutchison Whampoa, der bis zu diesem Zeitpunkt Mannesmann unterstützt habe, strebe jetzt eine friedliche Lösung an. Vodafone reichen zum Sieg knapp über vierzig Prozent des Aktienkapitals. Aufsichtsratsmitglied Klaus Zwickel empfiehlt, eine friedliche Einigung in die Überlegungen einzubeziehen. Mannesmann dürfe nicht als Verlierer dastehen. Eine Verhandlungslösung «im Zustand eigener Stärke», so Zwickel, solle angestrebt werden.

Auf einer Versammlung ein paar Wochen zuvor hatte sich Zwickel noch kämpferisch gegeben: «Die völlige Zerschlagung des Mannesmann-Konzerns und die unwiderrufbare Zerstörung der Mannesmann-Identität» müssten verhindert werden. «Herr Gent interessiert sich wirklich nicht für Mannesmann, und schon gar nicht – Kolleginnen und Kollegen – für uns.»

Aber noch ist Mannesmann nicht verloren. Vivendi war nicht die einzige Trumpfkarte. Parallel zu den Gesprächen mit den Franzosen verhandelte ein Mannesmann-Team über eine Kooperation mit dem zweitgrößten europäischen Internetanbieter, AOL Europe. Diese Kooperation könnte den Verkauf des Konzerns noch abwenden. Die Verhandlungen laufen zäh, aber Mannesmann zeigt merkwürdigerweise auch keine Eile.

Doch schon beginnen die Absetzbewegungen. Funk schreibt an diesem Januartag einen Brief: Der erst am 20. November 1998 geschlossene Dienstvertrag Essers soll ergänzt werden. Dem Mannesmann-Chef, der noch nicht einmal ein Jahr Vorstandsvorsitzender ist, sollen nach seinem Ausscheiden auf Lebenszeit ein Wagen mit Fahrer und ein Büro mit Sekretärin zur Verfügung stehen. Eigentlich darf nur der Ausschuss für Vorstandsangelegenheiten solche Entscheidungen treffen. Vieles, was in den folgenden Tagen bei Mannesmann geschieht, verstößt gegen die guten Sitten. Verstößt es auch gegen das Gesetz?

1. Februar 2000: Im Düsseldorfer Industrieclub treffen sich Gent und Esser. Der Deutsche signalisiert sein Einlenken, stellt aber noch einige Bedingungen. Gent lehnt ab. Sein schroffes Verhalten ist riskant. Wenn Esser will, kann er den Sieg der Briten, zumindest noch eine Weile, hinauszögern.

Nach dem Treffen melden sich zwei Mitarbeiter des Finanzdienstleisters Morgan Stanley bei Esser und teilen ihm mit, der Übernahmekampf sei ihrer Meinung nach für Mannesmann nicht mehr zu gewinnen. Dem Aufsichtsrat berichtet Esser, die Lage habe sich weiter verschlechtert.

2. Februar 2000: Esser führt zahlreiche Telefonate mit dem aus Hongkong angereisten Canning Fok, der die Interessen von Hutchison Whampoa vertritt. Seit Tagen residiert der Geschäftsmann in der Suite eines nahe gelegenen Hotels an der Königsallee und agiert im Hintergrund. Die Verbindung zwischen den beiden ist eng und gut. Als Esser während des Übernahmekampfes schwer erkältet war und nicht mehr sprechen konnte, schickte ihm Canning Fok einen großen Blumenstrauß mit den besten Wünschen zur Genesung. Am nächsten Tag war Esser wieder fit.

Fok drängt den Mannesmann-Chef, einer freundlichen Übernahme zuzustimmen. Bei langwierigen Verhandlungen und bei einer feindlichen Übernahme würden Hutchison erhebliche Kursverluste drohen. Der Großaktionär darf vor Ablauf eines Jahres seine frisch erworbenen Mannesmann-Aktien nicht verkaufen. Sollte Esser allerdings umgehend zustimmen, dürfte eine gewisse Anzahl veräußert werden. Etwa zehn Milliarden Mark würde der Verkauf eines Teils des Aktienpakets einbringen.

Esser teilt Fok mit, er sei zur Aufgabe bereit. Mannesmann akzeptiere auch eine Minderheitsbeteiligung. Vodafone sei mit der Höhe dieser Beteiligung von 49,5 Prozent einverstanden. Fok ist hocherfreut. Gent macht sich auf den Weg nach Düsseldorf.

Während der Brite unterwegs ist, erhält Esser einen Anruf aus New York von Bertelsmann-Chef Thomas Middelhoff. Er hat eine gute Nachricht: Bei AOL in New York lägen die Verträge zur Unterschrift bereit, der Kooperation mit Mannesmann stünde nichts mehr im Wege.

Aber Esser will diese Option, die den Düsseldorfer Traditionskonzern retten könnte, nicht mehr wahrnehmen. «Als die Meldung zu mir kam», erzählt er später einem Filmteam, «habe ich mir gesagt, das ist zu spät. Erstens: Ich habe mich jetzt mit Gent verabredet. Zweitens: Es ist jetzt nicht mehr fünf nach zwölf, sondern zwanzig, dreißig, vierzig Minuten nach zwölf. Es geht nicht mehr.»

Warum hat der Mannesmann-Chef nicht die letzte Chance genutzt? Ein Mann, ein Wort? Seit wann sind mündliche Zusagen unter allen Umständen bindend?

Mindestens 330 Millionen Mark hat sich Mannesmann die zwei Monate tobende Abwehrschlacht kosten lassen. Allein die Berater, vor allem Rechtsanwälte und Investmentbanker, haben mehr als 200 Millionen Mark verdient.

Während Esser an diesem Februartag auf Gent wartet, schaut Fok bei ihm vorbei. Der Kaufmann wirkt sehr zufrieden. Er gratuliert Esser und verkündet, dass Hutchison ihm für seine hervorragende Leistung eine Prämie von rund 30 Millionen Mark zahlen wolle.

Nach eigener Aussage lehnt Esser ab. Das Geld könne er nur von seinem Arbeitgeber Mannesmann annehmen. Für diesen Fall habe er zwei Bedingungen: Die Hälfte der Prämie müsse sein Team erhalten, und Vodafone müsse der Zahlung zustimmen. Fok telefoniert mit seinem Chef Li Ka Shing in Hongkong. Der freundliche Chinese will die Prämie verdoppeln, damit Esser mindestens 30 Millionen Mark Bonus bekommt. Li Ka Shing habe bedauert, so Fok, dass in Deutschland keine Aktienoptionen für Vorstandsmanager üblich seien, und deshalb sei eine solche Gabe nur recht und billig.

Endlich kommt Gent, und Fok spricht auch mit ihm über die Zuwendung, die seltsamerweise Mannesmann zahlen soll. Der Vodafone-Chef verspricht, sich in seinem Board dafür stark zu machen. Esser unterrichtet Funk über das Angebot Li Ka Shings. Funk soll gesagt haben, er halte die Prämie für eine gute Idee. Einige Konfliktpunkte werden noch in der Nacht zwischen Mannesmann-Managern und Vodafone-Emissären diskutiert, allerdings werden die Ergebnisse nicht schriftlich festgehalten. Dennoch knallen um 1.30 Uhr die Champagnerkorken.

Die rasche Kapitulation wirft Fragen auf: Warum klappte der Deal mit Vivendi nicht, lag es wirklich nur an Messier? Warum spielte die AOL-Offerte keine Rolle?

3. Februar 2000: Am Morgen tagt bei Mannesmann der Vorstand, am Nachmittag der Aufsichtsrat. Obwohl zu diesem Zeitpunkt kein unterschriebener Vertrag vorliegt, schlägt Esser dem Kontrollgremium vor, einer Vereinbarung mit Vodafone zuzustimmen. Zwickel wendet immerhin ein, es bestünden doch nur Absichtserklärungen. Esser präsentiert auf der Leinwand eindrucksvolle Schaubilder.

Gent darf erstmals die Mannesmann-Zentrale betreten. Bis dahin hatte Esser ihm nur den Zugang zum Zweigbüro in Oberkassel gewährt. Gegen 23 Uhr treten beide Konzernchefs vor die Fernsehkameras und teilen den Friedensschluss mit. Gent sagt: «Klaus und ich, wir beide sind Gewinner.» Esser sagt: «Ich freue mich auf eine Zusammenarbeit mit Chris Gent.»

4. Februar 2000: Am Vormittag erfährt Esser von Funk, der vierköpfige Ausschuss für Vorstandsangelegenheiten werde sich bereits an diesem Tag mit den Prämien beschäftigen. Esser erstellt eine Beschlussvorlage über Prämienzahlungen in Höhe von 60 Millionen Mark.

Die Akteure vermitteln den Eindruck, alle Parteien wünschten ausdrücklich den Geldsegen und es komme gar nicht darauf an, wer am Ende zahle, doch dieser Eindruck täuscht. Vodafone will die Prämie nur akzeptieren, wenn die Zahlungen vor der Übernahme abgewickelt werden. Klar ist auch: Vodafone will nicht zur Kasse gebeten werden. Genauso wenig möchte der freundliche Chinese seine private Schatulle öffnen. Die Prämien sind Sache von Mannesmann. Die Sitzung beginnt um 12 Uhr. Ladberg ist krank, Zwickel hält sich bei VW in Wolfsburg auf und ist telefonisch zugeschaltet. Zwei Vertraute von Esser werden, obwohl laut Protokoll «der Aktienerwerb durch Vodafone sehr wahrscheinlich ist», quasi in letzter Minute noch zu Vorständen ernannt und mit entsprechenden Verträgen ausgestattet. Es geht hektisch zu.

Später müssen Teilnehmer der Sitzung den Staatsanwälten den Ablauf noch einmal genau schildern. Seltsamerweise haben sie ziemlich unterschiedliche Erinnerungen: Ackermann sagt aus, zu Beginn sei der Entwurf für einen Beschluss über Anerkennungsprämien vorgelegt worden. Es sei um Esser und Kollegen gegangen. Während der Sitzung habe ihm Aufsichtsratschef Funk mitgeteilt, er wolle auch an der Prämie des Teams beteiligt werden. Er habe dagegen keine Bedenken gehabt, Funk habe einen Betrag in Höhe von etwa neun Millionen Mark genannt. Ackermann will nicht gewusst haben, dass in Deutschland über die Vergütung von Aufsichtsratsmitgliedern nur die Hauptversammlung beschließen darf. Nach seinen Schweizer und angelsächsischen Erfahrungen, erklärt er den Staatsanwälten, bestimme der Verwaltungsrat beziehungsweise der Board selbst über die Höhe der Vergütung für seine Mitglieder. Er habe zunächst mit dem Aufsichtsratsmitglied Canning Fok, dann mit Zwickel über die Millionen für Esser gesprochen. Der Gewerkschaftsfunktionär habe ihm gegenüber geäußert, es handle sich um sehr viel Geld, aber im Ergebnis habe er kein Problem damit.

Zwickel kann sich an einen solchen Satz nicht erinnern. Sollte er sich entsprechend geäußert haben, sagte er den Ermittlern, so habe es sich lediglich um eine Kommentierung und keinesfalls um eine förmliche Willenserklärung gehandelt. Laut seiner Aussage ist er zunächst davon ausgegangen, Vodafone werde die Prämien zahlen. Erst im Lauf des Gesprächs sei ihm klar geworden, dass Mannesmann zahlen solle. Diese Entscheidung sei nicht zu verhindern gewesen. Er habe sich aber entschlossen, ihr nicht zuzustimmen, sondern sie nur «zur Kenntnis» zu nehmen.

Auch das Protokoll der Sitzung des Ausschusses für Vorstandsangelegenheiten kann die Unklarheiten nicht beseitigen: «Herr Dr. Esser soll auf Initiative des Großaktionärs Hutchison Whampoa und nach einer zwischen Hutchison und Vodafone getroffenen Abstimmung eine Anerkennungsprämie in Höhe von zehn Millionen britischen Pfund (umgerechnet 31 Millionen Mark) erhalten. Der Ausschuss für Vorstandsangelegenheiten stimmt zu. Die Prämie wird gezahlt, wenn Vodafone die Aktienmehrheit erworben hat.»

Wer soll zahlen und warum?

Unter Nr. 5 des Protokolls ist vermerkt: «Ebenfalls auf Initiative von Hutchison und ebenfalls in Abstimmung mit Vodafone soll ein weiterer Fonds von zehn Millionen britischen Pfund für Herrn Prof. Funk, Aufsichtsratsvorsitzender, und für Mitarbeiter im Telekommunikationsbereich geschaffen werden. ... Dabei soll Herr Funk eine Prämie in Höhe von drei Millionen britischen Pfund (umgerechnet neun Millionen Mark) erhalten.»

Dass ein Aufsichtsratsvorsitzender sich derart ungeniert selbst bedient, erleben auch hartgesottene Ermittler nicht alle Tage. Ausschlaggebend für die Sonderzahlungen, so formulieren es später die Düsseldorfer Staatsanwälte, sei allein die Zustimmung der Mannesmann-Leute zu einer freundlichen Übernahme gewesen. Wochen später wird Funk die ihn betreffenden Teile des Protokolls streichen.

Der Aufsichtsrat wird über die Abläufe im Präsidiumsausschuss nur sehr lückenhaft unterrichtet. Esser sagt später, er habe die Teilnahme von Funk an einer diesen begünstigenden Entscheidung für «problematisch» gehalten.

7. bis 14. Februar 2000: Artig bedankt sich Esser bei Großaktionär Li Ka Shing für dessen Wohlwollen: «Der von Ihnen und Canning für meine Person und die Gruppe unserer besten Führungskräfte vorgeschlagene und angebotene ganz besondere ‹appreciation bonus›, um in dieser Übergangsphase motiviert zu werden, ist eine sehr große Ehre, Gunst und Freude für mich.» Wie motivieren sich eigentlich gewöhnliche Angestellte, und wer erweist ihnen Ehre und Gunst?

Kurz darauf unterrichtet Esser seinen Freund Canning Fok, eine deutsche Wirtschaftszeitung plane einen Artikel über den geplanten Prämiensegen. «Können Sie bestätigen, dass der Appreciation Award [Prämienzahlung; H. L.] weder von Chris Gent noch von Klaus Esser auf den Weg gebracht wurde?»

Essers Vertrag wird geändert. In der alten Fassung stand: «Der Vertrag läuft ab dem 1. Januar 1999 bis zum 30. Juni 2004. Dr. Esser kann den Vertrag vorher nur aus wichtigem Grund beenden.

Eine Erneuerung und Verlängerung des Vertrages muss mit dem Management ein Jahr vor Ablauf des Vertrages neu ausgehandelt werden.»

In der neuen Fassung steht: «Sollte der Vertrag als Folge einer Übernahme nicht fortgeführt werden, erhält Klaus Esser als Abfindung Gehalt und Boni in der Höhe, in der diese bis zum 30. 06. 04 hätten erhalten werden können.» Esser will den Konzern verlassen, und die Abfindung soll 27,8 Millionen Mark betragen. Im Klartext heißt das: 31 Millionen Mark Prämie geplant, 27,8 Millionen Mark Abfindung vereinbart, auf Lebenszeit Fahrer, Auto, Sekretärin, Büro im Gegenwert von vier Millionen Mark: Macht insgesamt 62,8 Millionen Mark, brutto allerdings.

Der Schweizer Chef der Wirtschaftsprüfungsgesellschaft KPMG, Jakob Baer, hat die Arbeit eines Prüfers einmal so beschrieben: Erst wenn man die Eigernordwand zum zweiten oder dritten Mal bezwinge, sei der Blick frei für ein Edelweiß abseits des Weges.

Was aber ist, wenn man Unkraut entdeckt und die Kunden behaupten, es handele sich um Edelweiß? Den deutschen Kollegen Baers ergeht es so, als sie im Februar die Bücher der Mannesmann AG für das Geschäftsjahr 1999 prüfen und in dem Zusammenhang auch die Anfang 2000 gefassten Beschlüsse des Ausschusses für Vorstandsangelegenheiten. Der Prüfer Günter Nunnenkamp ist fassungslos, als er das Protokoll der Sitzung vom 4. Februar liest. Weder kann er nachvollziehen, warum der Aufsichtsratsvorsitzende Funk für seine frühere Vorstandszeit eine Prämie erhalten soll, noch welche Berechtigung die geplante Zahlung an Esser hat. Diesem Protokoll, das steht fest, gibt er keinen Prüfstempel. Er bespricht den Fall mit dem Risikomanager der KPMG und den Hausjuristen der Firma.

In einem Vermerk hält Droste fest, dass Funk von den gut 30 Millionen für das Team neun Millionen Mark erhalten und der Rest aufgeteilt werden soll.

Auf dem Papier ist Esser noch der Mannesmann-Chef, der künftig bei Vodafone eine Führungsposition innehaben wird. Nach Londoner Börsenrecht muss er bei Eintritt in den Board einer britischen Firma die Bedingungen seines Vertrages offen legen. Er müsste die Höhe der geplanten Abfindung und vor allem die Höhe der geplanten Prämie angeben. Esser hat von dieser Regelung erst am 7. Februar erfahren, und eigentlich möchte er die Beträge nicht nennen. Am einfachsten wäre es, auf den Wechsel zu Vodafone zu verzichten, aber das würde Aufsehen erregen.

Die beeindruckenden Zahlen werden gemeldet und die Botschaft kommt an. Die *Bild-Zeitung* erscheint am 11. Februar mit einem Foto Essers und dem Aufmacher: «60 Mio. und Tschüss». Droste mailt einem Kollegen: «Sie hatten um eine Kopie des Briefes an Herrn Dr. Esser wg. des Appreciation Awards gebeten. Herr Dr. Esser und Herr Prof. Funk haben jetzt entschieden, dass hierzu kein Brief geschrieben werden soll. Ich gebe Ihnen einen Auszug aus dem Beschlussprotokoll des Ausschusses für Vorstandsangelegenheiten, sobald dieses unterschrieben ist (am 17. 2.), oder reicht eine Kopie des *Bild*-Artikels von heute?»

Funk und Ulrich Maas, Vorstandsmitglied der KPMG, diskutieren über die Wirksamkeit des Beschlusses vom 4. Februar. Maas teilt Funk mit, bei unwirksamen Beschlüssen mache die KPMG nicht mit. Später weiß er nicht mehr genau, ob er Funk gesagt hat, für eine solche Zahlung gebe es keine Rechtsgrundlage. Aber liegt dieser Gedanke nicht ohnehin auf der Hand? Warum sollte ein Aufsichtsrat im Nachhinein Geld für seine frühere Vorstandstätigkeit erhalten? Ein Manager der Wirtschaftsprüfungsgesellschaft macht einen Vermerk: Falls trotz der «warnenden Hinweise» eine Auszahlung erfolge, müsse Alarm geschlagen werden. Er verweist auf den Paragraphen des Handelsgesetzbuches, der vorschreibt, über «Unrichtigkeiten oder Verstöße gegen gesetzliche Vorschriften» zu berichten. Bei der KPMG wird in Erwägung gezogen, den gesamten Mannesmann-Aufsichtsrat, der über die Vorgänge im vierköpfigen Ausschuss im Detail nicht Bescheid weiß, zu informieren. Die Prüfer haben formale und inhaltliche Bedenken. Ein weiterer Prüfer aus der Zentrale wird hinzugezogen, der auch im Hinblick auf das Aktiengesetz erhebliche Vorbehalte äußert. Es sei «fraglich», schreibt er, ob Esser mehr zustehe als die Auszahlung des Vertrages mit «allen Vergütungsbestandteilen». Kurz gesagt: 27,8 Millionen Mark sind genug.

Die Einwände der Prüfer werden deutlicher und führen auch bei Mannesmann zu Unruhe. Esser beauftragt einen Düsseldorfer Professor mit einem Gutachten.

16. Februar 2000: Droste sitzt mehr als zehn Stunden am Entwurf einer Beschlussvorlage für die Sitzung des Präsidiumsausschusses, die am nächsten Tag stattfinden soll. Die Lage ist unübersichtlich. Was normalerweise eine Formalie ist, gestaltet sich sehr schwierig. Die Beschlussvorlage legt er auch einem KPMG-Mitarbeiter vor. Passagen werden gelöscht, andere korrigiert.

Esser hat eine Unterredung mit Nunnenkamp. Der Prüfer macht ihn noch einmal darauf aufmerksam, die KPMG bestehe auf einem korrekten Beschluss. Und wegen der Höhe der Prämien müsse der gesamte Aufsichtsrat informiert werden.

17. Februar 2000: Am Morgen tagt zunächst der Präsidiumsausschuss, dann der Aufsichtsrat. Insbesondere die Arbeitnehmervertreter tun sich schwer mit den geplanten Prämien für Esser und Kollegen. Droste erinnert sich an den Auftritt von Zwickel. Während der Sitzung habe der Gewerkschaftchef vorgeschlagen, folgende Formulierung ins Protokoll aufzunehmen: «Die Entscheidung des Vodafone Boards über die Zuerkennung eines Appreciation Awards in Höhe von zehn Millionen britischen Pfund (umgerechnet etwa 31 Millionen Mark) an Herrn Dr. Esser wird zur Kenntnis genommen.» Droste hat den Eindruck, dass Zwickel sich in der Öffentlichkeit hinter Vodafone zurückzuziehen versucht.

Esser führt ein Gespräch mit Zwickel. Der IG-Metall-Vorsitzende schlägt vor zu kommunizieren, dass die geplante Zuwendung von Vodafone initiiert worden sei. Esser will nicht schwindeln und lehnt es ab, diese Version zu verbreiten.

Zwickel soll daraufhin geäußert haben, angesichts der bevorstehenden Fusion sei es ohnehin gleichgültig, aus welcher Kasse bezahlt werde. Esser will Zwickel darüber aufgeklärt haben, der Beschluss des Vodafone-Boards bedeute keinesfalls eine Zuwendung, sondern nur eine Unterstützung der Zuwendung der Mannesmann AG. Ladberg, der am 4. Februar nicht anwesend war, nimmt Anstoß an den geplanten Zahlungen. Er könne diesen Beschluss nicht mittragen und werde ein diesbezügliches Protokoll nicht unterzeichnen. Zwickel schließt sich ihm an.

Im Protokoll heißt es: «Die Herren Zwickel und Ladberg weisen darauf hin, dass sie diesen Beschluss aus grundsätzlichen Erwägungen nicht mittragen können und sich deshalb der Stimme enthalten.»

Die Aufsichtsratssitzung wird unterbrochen. Ackermann spricht mit den Arbeitnehmervertretern. Das Aufsichtsratsmitglied Sembach notiert handschriftlich: «Dr. Ackermann – Hutchison. Anerkennungsprämie für die MM-Wertsteigerer – Mit Vodafone besprochen – 20 Mio Pfund Anerkennungsprämie finanziert durch Vodafone – Dr. E. 10 Mio Pfund – restl. 10 Mio Pfund an die Führungspers. die dazu beigetragen haben. Zuteilung u. Pers. bestimmt Dr. Funk und Dr. E.»

Das heißt: Sembach glaubt, die Briten würden zahlen und Hutchison bedanke sich für die Wertsteigerung. Ähnlich hat sein Aufsichtsratskollege Rainer Schmidt die Ausführungen Ackermanns verstanden.

Aufsichtsrat Hermann Josef Schmidt und das Aufsichtsratsmitglied Mönks hingegen glauben, Hutchison werde die Prämie zahlen. Fazit: Das Kontrollgremium blickt nicht durch.

Eine Entscheidung über die Anerkennungsprämien fällt an diesem Tag nicht. Der Aufsichtsrat beschließt aber das Ausscheiden Essers aus dem Vorstand zum 31. Juli 2000. Funk hält die Details schriftlich fest: eine im Juli 2000 fällige Abfindung in Höhe von 24,85 Millionen Mark brutto, ein Paket Vodafone-Aktien, Sachbezüge auf Lebenszeit, für das Geschäftsjahr 2000 einen anteiligen Bonus. Mit Wirkung vom 1. Juli 2007 sollte Esser ein Ruhegeld in Höhe von siebzig Prozent des letzten Monatsgehaltes erhalten.

18. Februar 2000: Die IG Metall kommentiert die Vorgänge bei Mannesmann in einer Pressemitteilung. Und weil es sich um einen besonders schweren Fall von Heuchelei handelt, wird die Erklärung hier dokumentiert: «Als ‹unanständig hoch und für keinen Arbeitnehmer mehr nachvollziehbar› haben der IG-Metall-Vorsitzende Zwickel und der Mannesmann-Konzernbetriebsratsvorsitzende Jürgen Ladberg die an Mannesmann-Chef Klaus Esser gezahlte Abfindung bezeichnet. ‹In der gerade begonnenen Tarifrunde sollen sich die Arbeitnehmer mit dem Inflationsausgleich begnügen. Und gleichzeitig werden einem Unternehmenschef fast 60 Millionen Mark auf einen Schlag ausgezahlt. Das passt nicht zusammen›, sagte Zwickel am Freitag in Frankfurt. Solche Auswüchse des globalen Kapitalismus seien der Öffentlichkeit nicht zu vermitteln.»

Laut Zwickel und Ladberg haben die Arbeitnehmervertreter im Aufsichtsrat der Abfindungszahlung für Mannesmann-Chef Esser nicht zugestimmt. Die Prämie, die Klaus Esser zusätzlich zu seinen vertraglich vereinbarten Bezügen ausgezahlt werde, sei von den Vodafone-Aufsichtsratsgremien in Großbritannien auf den Weg gebracht worden. «Das war weder ein Thema im Aufsichtsrat, noch ist darüber im Aufsichtsratsausschuss für Vorstandsangelegenheiten jemals gesprochen worden», erklärt Zwickel. Die Arbeitnehmervertreter im Aufsichtsrat hätten von der Millionen-Abfindung erst aus der Zeitung erfahren, ergänzt Jürgen Ladberg.

Eine «Notlüge» nennt Esser später Zwickels Äußerungen in dieser Presseerklärung. Damit ist der Sachverhalt nicht richtig getroffen. Zwar hat Zwickel gelogen, aber in Not war er nicht.

Was hätte er denn machen können, hat er später gefragt. Beispielsweise hätte er gemeinsam mit Ladberg die umstrittenen Beschlüsse im Präsidiumsausschuss blockieren können. Zwar hätten die Kapitalvertreter im 20-köpfigen Aufsichtsrat möglicherweise die Zahlungen durchsetzen können, weil der Aufsichtsratsvorsitzende Doppelstimmrecht hat. Aber hätte das Kontrollgremium nach einer kontroversen Diskussion tatsächlich zugestimmt?

In späteren Interviews legt Zwickel Wert auf die Feststellung, er habe sich nicht persönlich bereichert. Das stimmt. Aber er handelte wie jemand, der moralisch korrupt ist. Die Staatsanwälte hegen den Verdacht, Zwickel habe sich nicht widersetzt, weil er dafür bei anderer Gelegenheit Entgegenkommen erwartete.

Es muss sich einer nichts in die Tasche stecken, um korrupt zu sein. Korrupt sind alle, die sich auf Kosten des Gemeinwohls eigene Vorteile verschaffen. Bestechlich ist auch derjenige, der beispielsweise zugunsten seines beruflichen Fortkommens gegen die eigene Überzeugung die Meinung derjenigen stützt, die die Fäden seiner Karriere in der Hand halten.

Den Ermittlern gegenüber behauptet Esser, von Ackermann erfahren zu haben, Zwickel habe sich in kleiner Runde «positiv und lobend» über den Prämierungsvorschlag geäußert. Das sei dahingestellt. Interessanter ist eine andere Feststellung Essers: «Die Differenzierung zwischen der aktienrechtlichen Mitwirkung einerseits und der gewerkschaftspolitischen Linie andererseits», sagt Esser aus, werde von Betriebsräten und hohen deutschen Gewerkschaftsfunktionären in allen deutschen Aufsichtsräten und Ausschüssen für Vorstandsangelegenheiten seit fünfzig Jahren konsequent gepflegt: Die Bezahlung von Vorständen werde in der Regel unterstützt. Dies allerdings mit strikter Vorgabe zur Diskretion. So legten Gewerkschafter Wert darauf, keine Kopien solcher Beschlüsse kursieren zu lassen.

An jenem 18. Februar findet auch ein Gespräch zwischen Nunnenkamp und Droste statt. Der KPMG-Prüfer warnt erneut vor einer Auszahlung der Millionen und weigert sich, das Beschlussprotokoll vom Vortag abzustempeln.

Droste hält das Gespräch in einer Notiz fest: «Zahlung Professor Dr. Funk ‹geht so überhaupt nicht› laut Herrn N. Grund: Ausschuss für Vorstandsangelegenheiten nicht zuständig für Zahlung an Vorsitzenden des AR. Außerdem habe Prof. F. selbst mitgewirkt. Herr N. regt an, Prof. F. solle Herrn Maas anrufen.»

Droste telefoniert mit Funk und schreibt sich wieder den Kummer von der Seele: «Er will Herrn Maas nicht anrufen. Er bittet mich, die entstandene Situation mit Herrn Ackermann zu erörtern. Wenn irgendein Problem bleibe, wolle er lieber von dem Betrag Abstand nehmen.»

19. Februar 2000: Der KPMG-Prüfer Michael Gewehr verfasst den Vermerk: «Sollte trotz unserer warnenden Hinweise eine Auszahlung des Appreciation Award erfolgt sein, führt nach meiner Auffassung kein Weg an unserer schriftlich gegenüber den Mitgliedern des Ausschusses für Vorstandsangelegenheiten ausgeübten Redepflicht vorbei.»

21. Februar 2000: Der KPMG-Prüfer Erhard Tönjes resümiert in einem langen Vermerk, es gebe bislang keine hinreichende Grundlage für die Zahlung einer Prämie in Höhe von 30 Millionen Mark an Esser. Einer seiner Kollegen diagnostiziert im Fall Funk einen Konflikt mit Paragraph 113 des Aktiengesetzes und äußert auch im Hinblick auf Esser gravierende Bedenken: «Im vorliegenden Fall wird daher zu prüfen sein, ob die Abwägung der o. g. Kriterien – ggf. unter Berücksichtigung der Beteiligungshöhe und des Beitrags von Dr. E. zum wirtschaftlichen Erfolg der M-AG – die Höhe der zuerkannten Gesamtabfindung rechtfertigt. Hierbei wird fraglich sein, in welchem Umfang Zahlungen zulässig sind, die über die

Gesamtsumme aller Vergütungsbestandteile hinausgehen, welche sich unter Berücksichtigung der Laufzeit des Angestelltenvertrages von Herrn E. ergibt. Insoweit spricht einiges dafür, grundsätzlich als Höchstbetragsgrenze der auszuschüttenden Abfindung das positive Interesse des Ausscheidenden an der Vertragserfüllung anzusetzen. Abweichungen hiervon erscheinen nur dann gerechtfertigt, wenn daran ein besonderes Interesse der Gesellschaft besteht. Ob dies allein aus der Werthaltigkeit der geleisteten Arbeit des Vorstandsmitgliedes hergeleitet werden kann, erscheint allerdings zweifelhaft.»

Knapper gesagt: Tönjes bezweifelt, dass Esser das Geld zusteht.

23. Februar 2000: Die Gehaltsbuchhaltung von Mannesmann will 13 161 308,27 Mark – das ist der Nettobetrag der Esser-Prämie – über die Deutsche Bank in Frankfurt auf ein Konto Essers überweisen. Die KPMG-Prüfer erfahren davon und raten dringend ab.

24. Februar 2000: Die Überweisung der Millionen wird gestoppt. Bei der Staatsanwaltschaft Düsseldorf geht eine Strafanzeige gegen Esser und die Mitglieder des Aufsichtsrates wegen Verdachts der Untreue im Zusammenhang mit der Anerkennungsprämie ein. Die Anzeige haben der Wirtschaftsanwalt Prof. Mark Binz und der Anwalt und Wirtschaftsprüfer Martin H. Sorg erstellt.

Mit Binz ist nicht zu spaßen. Anfang der 90er Jahre hat der überzeugte Nichtraucher gegen die Lufthansa prozessiert, weil er das Rauchen in den Flugzeugen verbieten lassen wollte. Er hat zunächst verloren, aber am Ende doch gewonnen. Der Anwalt und Honorarprofessor, der mit der Hartnäckigkeit eines Dachshundes in das Labyrinth der Wirtschaftskriminalität einzudringen versucht, ist kein Linker, sondern ein Konservativer. Er gehört dem Wirtschaftsrat der CDU an.

Warum macht sich jemand, der in den Aufsichtsräten feiner

Unternehmen wie Faber-Castell sitzt, Ärger in den besseren Kreisen? Binz, Vater von fünf Kindern, versteht eine Menge von Selbstvermarktung, aber ihn treibt vor allem, so hat es zumindest den Anschein, ein ausgeprägter Gerechtigkeitssinn.

Die Fragen, die ihn beschäftigen, sind nahe liegend:
- Warum wurde eine Abwehrschlacht geführt, die laut Binz' Rechnung nicht 330 Millionen, sondern sogar 430 Millionen Mark gekostet hat? (Investmentbanken 155 Millionen Mark, Rechtsanwälte 55 Millionen Mark, «sonstige Berater» 140 Millionen Mark, Anzeigen 56 Millionen Mark.)
- Welchen im Interesse der Mannesmann AG liegenden Grund hatte der Aufsichtsrat, nach verlorener Schlacht eine Anerkennungsprämie in Höhe von rund 31 Millionen Mark zuzusagen?
- Warum will Mannesmann zahlen, wenn Hutchison Whampoa angeblich angeboten hat, die Prämie zu übernehmen?
- Welchen im Interesse der Mannesmann AG liegenden Grund hatte der Aufsichtsrat, Esser nach nur achtmonatiger Amtszeit 60 Millionen Mark zu zahlen und ihm auf Lebenszeit einen Wagen mit Fahrer und ein Büro mit Sekretärin zu gewähren?
- Welchen im Interesse der Mannesmann AG liegenden Grund gab es für die Sonderzuwendungen an den Esser-Kreis in Höhe von rund 31 Millionen Mark?
- Welchen im Interesse der Mannesmann AG liegenden Grund hatte der Aufsichtsrat, dem Chef dieses Kontrollgremiums, Funk, eine Sonderzuwendung in Millionenhöhe zuzusagen?

Binz hat den Verdacht, zumindest in der Endphase habe sich der Abwehrkampf an den Interessen des Großaktionärs Hutchison Whampoa orientiert.

28. Februar bis Mitte April 2000: Die Strafanzeige löst bei Mannesmann Hektik und Nervosität aus. Esser, der in New York als Anwalt gearbeitet hat, fertigt gemeinsam mit vier Helfern eine

Stellungnahme für die Staatsanwaltschaft. Die Mannesmann-Leute sind nur kurz im Schwitzkasten der Ermittler, dann können sie Hoffnung schöpfen. Am 21. März lehnen die Düsseldorfer Strafverfolger die Aufnahme von Untersuchungen mit folgender Begründung ab: «Die Berechtigung des aus Grundgehalt und Leistungsboni zusammengesetzten Betrags von 27,8 Millionen Mark steht außer Frage; auf diese Bezüge hat der Vorstandsvorsitzende nach Darlegung der Mannesmann AG, an deren Richtigkeit zu zweifeln kein Anlass besteht, einen dienstvertraglichen Anspruch.»

Und: «Einem Aufsichtsrat bleibt es unbenommen, die Bezüge eines Vorstandsmitglieds geänderten wirtschaftlichen Interessen anzupassen und dies auch nachträglich zu tun, wenn die vertraglich vereinbarten Gesamteinkünfte in der Retrospektive niedrig erscheinen. So liegt der Fall hier. ... Dr. Esser hat in den Übernahmeverhandlungen beachtliche Vorteile für das bisherige Unternehmen und den Standort Düsseldorf erreicht. ... Auch in der öffentlich verbreiteten Meinung wird, soweit ersichtlich, nirgendwo die Forderung nach strafrechtlicher Verfolgung der Beschuldigten erhoben. Im Gegenteil, in zahlreichen Meinungsäußerungen wird die Höhe der Vergütung für den scheidenden Vorstandsvorsitzenden begrüßt.»

Später werden die Ermittler behaupten, dass sie von Mannesmann getäuscht und unzutreffend über die Abläufe informiert wurden. Die Vorgänge, die in dieser *Chronique scandaleuse* geschildert werden, waren den Strafverfolgern zum größten Teil nicht bekannt.

Was bleibt, ist der Ärger mit der KPMG, deren Manager sich weiterhin sperrig zeigen. Chefjustitiar Tönjes hat inzwischen eine umfangreiche Stellungnahme zur «Wirksamkeit der Beschlussfassungen des Ausschusses für Vorstandsangelegenheiten der Mannesmann AG» verfasst, und er will sich widersetzen. Ihn ärgert sichtlich das Verhalten der Beteiligten. Noch am 28. Februar war in einem so genannten Umlaufbeschluss festgestellt worden, Zwickel und Ladberg würden sich der Stimme enthalten.

«Angesichts dessen kann nur empfohlen werden, die vorstehend aufgezeigten Mängel im Wege einer erneuten Beschlussfassung zu heilen», schreibt Tönjes. Alle Mitglieder des Präsidiumsausschusses müssten auf die «Notwendigkeit einer ordnungsgemäßen Stimmabgabe hingewiesen» werden.

Seit sechs Wochen geht das so. Tönjes macht dem Mannesmann-Management klar, er denke an eine entsprechende Meldung im Prüfbericht.

In einem Briefentwurf der KPMG wird festgestellt, drei der gefällten Beschlüsse seien «unwirksam». Die KPMG sehe die Gefahr der Vermögensschädigung der Mannesmann AG, sollten Zahlungen auf der Grundlage dieser Beschlüsse bereits erfolgt sein oder noch erfolgen. Die für Funk vorgesehene Prämie sei ein Verstoß gegen Paragraph 113 des Aktiengesetzes. Auch an der Rechtmäßigkeit der geplanten Prämie für Esser bestünden Zweifel.

Gleichwohl veranlasst Esser im Einvernehmen mit Funk ihre Auszahlung. Auf sein Privatkonto werden 13,3 Millionen Mark überwiesen, brutto entspricht das 32 105 000 Mark. Dem aufmerksamen Leser wird möglicherweise die Differenz zum Überweisungsversuch am 23. Februar auffallen. Ein Kursgewinn des britischen Pfundes gegenüber der Deutschen Mark verhilft Esser zu weiteren 152 265,99 Mark.

Das Geld ist überwiesen, das Problem bleibt bestehen. Droste schickt Esser eine E-Mail: «Im Protokoll des Ausschusses für Vorstandsangelegenheiten vom 17. 2. (Ihren Award betreffend) heißt es bekanntlich: Die Herren Zwickel und Ladberg nehmen... zur Kenntnis. Herr Prof. Funk hat wie besprochen diesen Satz am Rand kommentiert mit: Dies meint Stimmenthaltung. Funk. Herr Tönjes, KPMG, hat gegenüber Herrn Prof. Funk zum Ausdruck gebracht, dass er eine Bestätigung von Herrn Zwickel für erforderlich hält, weil sich nur dann unmittelbar aus dem Papier ergibt, dass Herr Zwickel selber dies so gemeint hat. Vielleicht ergibt sich ja die Möglichkeit, am Rande der AR-Sitzung am kommenden Mittwoch Herrn Zwickel um eine entsprechende Abzeichnung des Protokolls zu bitten, um so die KPMG endgültig zu beruhigen. Würden Sie Herrn Zwickel dann ansprechen? Wenn ja, gebe ich Ihnen rechtzeitig vorher die Unterlage.»

In einem weiteren Schreiben weist Droste den Chef noch einmal auf die Dringlichkeit hin: «Wie per E-Mail angekündigt, finden Sie anbei das Original des Beschlussprotokolls des Ausschusses für Vorstandsangelegenheiten vom 17. 2. 2000.

Es muss von Herrn Zwickel heute am Rande der AR-Sitzung die (hand-)schriftliche Bestätigung eingeholt werden, dass die von Herrn Prof. Funk gegebene Interpretation ‹Dies meint Stimmenthaltung› auch von Herrn Zwickel selbst so gesehen wird. Herr Zwickel könnte zum Beispiel schreiben: ‹Ja! Zwickel!› oder ‹Dies ist zutreffend. Zwickel›. Herr Dr. Müller wies soeben darauf hin, dass die KPMG ansonsten das Testat nicht erteilt. Weil die Erteilung des Testats jetzt am Wochenende erfolgen soll, steht die Sache unter hohem Zeitdruck. Sollte die AR-Sitzung ausfallen, müssen wir die Zwickel-Bestätigung per Fax einholen!»

Der Protokollführer der Aufsichtsratssitzung erhält das Papier und ergänzt das alte Protokoll um den handschriftlichen Zusatz «Einverstanden». Er bittet den Gewerkschaftsführer um seine Paraphe. Der Zusatz sei zur Klarstellung unbedingt erforderlich, teilt er Zwickel mit. Der fragt noch einen Nachbarn und unterschreibt dann endlich.

Zwickel gibt Rätsel auf. Zunächst hatte er die Formulierung «Stimmenthaltung» noch abgelehnt. Nun zeichnet er den Zusatz «Dies meint Stimmenthaltung» ab. Später wird die Staatsanwaltschaft behaupten, er habe nur unterschrieben, weil das Ermittlungsverfahren zu diesem Zeitpunkt eingestellt gewesen sei und er keine strafrechtlichen Konsequenzen mehr befürchtet habe.

Die KPMG erteilt ihr Testat. Fast unbeachtet bleibt der Einwand der Prüfer, der im Prüfbericht zum Jahresabschluss der Mannesmann AG zum 31. Dezember 1999 zu finden ist: «Ein Rückgriffanspruch gegen Vodafone Airtouch wurde nicht eingebucht. Es kann nicht ausgeschlossen werden, dass es sich bei dem vorliegenden Sachverhalt um die Veranlassung der Mannesmann AG im Sinn von Paragraph 113 Absatz 1 Aktiengesetz handelt, für sie nachteilige Rechtsgeschäfte vorzunehmen.»

Aber die KPMG sperrt sich nicht mehr, und auch Funk bekommt noch seine Millionen. Am 12. April scheidet er aus dem Aufsichtsrat aus, und fünf Tage später beschließt das Gremium, ihm nicht neun, sondern sechs Millionen Mark zu überweisen. Esser erzählt später, er habe mit Gent über das Geld für Funk gesprochen. «Wie viel?», habe Gent gefragt. Er habe null, drei, sechs oder neun Millionen gesagt und Gent habe «sechs Millionen notiert».

Die Begründung lautet, Funk habe in den Jahren 1994 bis 1999 maßgeblich zum Unternehmenserfolg und zur Steigerung des Unternehmenswertes beigetragen. Vor der Übernahme der Mannesmann AG hatte offenbar niemand eine Sonderprämie für den Aufsichtsrat erwogen.

Nur der Gewerkschafter Ladberg ist nicht einverstanden, aber seine Einwände lösen keine Diskussion aus. Immerhin lehnt er, anders als Zwickel, die Unterzeichnung des Beschlusses ab.

29. Mai 2000: Esser will dem Fiskus nicht zu viel geben. So möchte er nur für einen Teil der 60 Millionen Mark Kirchensteuer zahlen. Und er schreibt dem treuen Droste, sein Steuerberater habe ihn um eine Klarstellung gebeten, in welchem Umfang die von ihm bezogenen Abfindungsbeträge auch wirklich Abfindung im steuerlichen Sinne seien. Wenn er das Geld erhalten hätte, weil sein Arbeitsplatz verloren ging, wäre das, steuerlich gesehen, günstiger.

Esser stellt in dem Schreiben an Droste fest, dass die Prämie ganz eindeutig nur für den Verlust seines Arbeitsplatzes gezahlt worden sei und die Aktionäre sich mehrheitlich dagegen entschieden hätten, den Vorstandsvorsitzenden seine Arbeit fortsetzen zu lassen.

Seinem Schreiben fügt Esser schon den Entwurf eines entsprechenden Briefes der Mannesmann AG an ihn bei. Er wird am Tag darauf, leicht verändert, an ihn zurückgeschickt.

5. Juni 2000: Esser legt sein Amt als Vorstandsvorsitzender nieder. Sein Nachfolger wird der Brite Julian Horn-Smith. Der ebenfalls am 5. Juni tagende Ausschuss für Vorstandsangelegenheiten nimmt das Ausscheiden Essers zur Kenntnis und legt erneut die Konditionen für die Abfindung fest. Nach einem komplizierten System wird die Summe neu errechnet: 29 781 173 Mark. Mit der bereits gezahlten Anerkennungsprämie ergibt sich ein Betrag von 61 886 173 Mark.

Im Januar 2001 verzichtet Esser auf seinen lebenslangen Anspruch auf Auto, Fahrer, Sekretärin und Büro und erhält zum Ausgleich weitere zwei Millionen Euro.

Als ihn Wochen später der Fernsehjournalist Klaus Martens fragt, in welcher Währung er die zwei Millionen bekommen habe, antwortet Esser: «Ich glaube, es ist in... Ich bin mir nicht sicher.»

Nachdem Binz und Sorg gegen die Einstellung des Verfahrens Beschwerde eingelegt haben, weist die Düsseldorfer Generalstaatsanwaltschaft am 12. März 2001 die Staatsanwaltschaft an, ein neues Ermittlungsverfahren einzuleiten: «Inzwischen liegen Erkenntnisse vor, die einen Anfangsverdacht dahingehend begründen, dass finanzielle Zusagen an Mitglieder der Führungsmannschaft von Mannesmann zu der Aufgabe des Widerstandes gegen eine Übernahme durch Vodafone geführt haben.» Der noch vergleichsweise junge Staatsanwalt Puls übernimmt den Fall. Später wird ihm ein älterer Kollege zur Seite gestellt.

Die Ermittlungen ziehen sich lange hin. Eine Sonderkommission des Landeskriminalamts, die «EK Mannesmann», treibt die

Ermittlungen voran. Als sich die Anklage abzeichnet, versuchen prominente und einflussreiche Helfer der Beschuldigten, die Bremse zu ziehen.

Der Münchner Unternehmensberater Roland Berger erscheint im Juli 2002 beim damaligen nordrhein-westfälischen Ministerpräsidenten Wolfgang Clement und teilt ihm mit, in Sachen Mannesmann spitze sich die Lage dramatisch zu. Vor allem eine Anklage gegen Ackermann könne größte Auswirkungen haben. Clement ist erschrocken. Kurz zuvor hat er mit dem Chef des größten europäischen Geldhauses die Rettung von Babcock-Borsig versucht. Den Schweizer schätzt er außerordentlich. «Internationale Auswirkungen» könne eine Anklage haben, erklärt er später Vertrauten. Clement ist Jurist. Zwar hat er nur das erste Staatsexamen, aber selbst ohne Aktenkenntnis traut er sich schon mal ein fixes Urteil zu. Er könne einen möglichen Anklagevorwurf nicht erkennen, teilt er Freunden mit. Ackermann muss diese Botschaft missverstanden haben: «Viele berühmte Politiker dieses Landes haben mir gesagt, ich solle mich bloß nicht beeindrucken lassen», verkündet er später.

Immerhin, die Sozialdemokraten in Düsseldorf fallen der Justiz nicht in den Arm. Die Ermittler dürfen ihre Untersuchungen abschließen.

Februar 2003: Die Strafverfolger haben aus den Unterlagen, die Hunderte von Aktenordnern füllen, eine Anklage destilliert, in der es neben denkwürdigen Prämien auch um Pensionsabfindungen geht.

Aufsichtsrat Funk:
Riesen-Reibach mit der Rente

Die Vorstände der Mannesmann AG konnten ihrem Ruhestand sorglos entgegensehen. Ihre Pensionen betrugen in der Regel bis zu sechzig Prozent der Vorstandsbezüge, und seit dem Ende der 50er Jahre gab es zusätzlich noch eine so genannte Alternativpension, die sich an Gehältern und Tantiemen der aktiven Vorstände orientierte. Sie kam auch den Hinterbliebenen zugute. Witwen erhielten garantiert sechzig Prozent, Waisen garantiert zwanzig Prozent des dem Pensionär zustehenden Betrags.

Wie üppig dieses Versorgungssystem war, offenbaren die Bezüge Joachim Funks. Als seine Amtszeit als Vorstand Mitte 1999 endete, hatte er sogar Anspruch auf eine Festpension von siebzig Prozent. Allein in den fünf Monaten vom 1. August bis zum 31. Dezember 1999 erhielt er dank der Alternativpension den Betrag von 622 222 Mark. Mancher Pensionär bezog mehr Ruhegeld, als er bei Mannesmann verdient hatte.

Deshalb gab es seit Sommer 1998 bei Mannesmann Überlegungen, den Anspruch der Pensionäre auf die Alternativpension zumindest zu kürzen, wenn nicht gar fortfallen zu lassen. Der damalige Aufsichtsratsvorsitzende Hilmar Kopper von der Deutschen Bank hatte intern diese Entwicklung kritisiert, «die mit der persönlichen Leistung der ehemaligen Vorstandsmitglieder in deren Aktivzeit nicht zu begründen» sei.

Dietmar Droste verfasste im Oktober 1998 einen Bericht über die «Umstrukturierung der Vergütung der aktiven Vorstandsmitglieder/Konsequenzen für die Vorstandspensionäre», in dem es heißt: «Gegenüber den heutigen Pensionären beruft das Unternehmen sich auf eine Änderung der Geschäftsgrundlage. Dies erscheint rechtlich vertretbar, weil die variablen Bezüge – spätestens nach Einführung der jetzt vorliegenden neuen Struktur – absolut und in Relation zum Festgehalt eine Größenordnung erreicht haben, die bei Abschluss der Pensionsverträge außerhalb jeder Vorstellungskraft lag. Es liegt also eine wesentliche und nachhaltige, bei Abschluss der Verträge nicht vorhersehbare Änderung der maßgeblichen Verhältnisse vor. Dies rechtfertigt nach Treu und Glauben eine Anpassung.»

Mit dem Ende der Selbständigkeit von Mannesmann war auch das Ende der lukrativen Alternativpensionen abzusehen. Zumindest drohte eine erhebliche Reduzierung der Bezüge. Funk war alarmiert und suchte nach einem vorteilhaften Modell. Warum keine Abfindung? Droste musste wieder ran, er kannte die Abflussröhren bei Mannesmann am besten.

Allein, das war Funk klar, hatte er keine Chance. Er brauchte Verbündete unter den Kollegen Vorstandspensionären. Spätestens seit dem 20. Februar 2000, so rekonstruierte die Staatsanwaltschaft, habe Funk versucht, Mitstreiter zu gewinnen. Ihm sei bewusst gewesen, «dass eine nur auf seine Person ausgerichtete Abfindungsregelung nicht darstellbar war und deshalb zwangsläufig die übrigen Vorstandspensionäre sowie deren Witwen und Waisen mit einbezogen werden mussten». Deshalb empfahl er einigen Veteranen, eine Abfindung ihrer Ansprüche auf eine Alternativpension zu verlangen.

Um seine Interessen nicht zu offenbaren, gab er vor, einige pensionierte Vorstandsmitglieder hätten sich an ihn und Ackermann mit der bangen Frage gewandt, was denn aus den Alternativpensionen würde. Die Ermittler waren skeptisch. Hatten die gut versorgten Pensionäre wirklich um das Geld gezittert? Die Beamten suchten mehrere ehemalige Vorstände auf und erfuhren, dass die meisten sich gar keine Sorgen gemacht hatten. Sie seien sogar von dem Abfindungsangebot überrascht worden.

Nur der Vorstandsvorsitzende Esser hatte Funks Pläne kritisch verfolgt. Esser hatte bereits kurz nach seinem Amtsantritt 1999 vorgeschlagen, die Alternativpension für alle aktiven Vorstandsmitglieder abzuschaffen.

Am 27. März 2000 fuhren Esser und Funk im Auto nach Frankfurt zu einer Sitzung des Ausschusses für Vorstandsangelegenheiten. Dort sollte der Geldsegen für die Pensionäre beschlossen werden, doch Funk hatte dem skeptischen Esser diesen Tagesordnungspunkt verschwiegen. Als sie bei der Deutschen Bank eintrafen, bat Funk den Mannesmann-Chef, erst einmal vor der Tür zu bleiben. Er wolle zunächst allein mit Ladberg und Zwickel reden. Nach etwa einer Viertelstunde wurde Esser in den Besprechungsraum gerufen.

Während er einen kleinen Vortrag hielt, wurde Esser überraschend durch Zwickel unterbrochen: Er habe noch eine «Verständnisfrage» zu der Abfindung für Vorstandspensionäre, wandte sich der Gewerkschafter an Ackermann.

Esser wirkte überrascht. Also war doch über die Pensionen gesprochen worden. Er hatte den Eindruck, dass Zwickel die Frage nur stellte, weil er mit der offenkundig vereinbarten Geheimhaltung nicht einverstanden war.

Ohne den gesamten Aufsichtsrat einzuschalten, billigte der Ausschuss schließlich die Pensionärsabfindungen. Damit die Summe angemessen üppig ausfiel, wurden die Prozentsätze des Unternehmensergebnisses, nach denen die erfolgsabhängige Pension bemessen wurde, noch erhöht. Die Differenz zwischen Festpension und Alternativpension wurde auf der Basis des geschäftlich hervorragenden Jahres 1999 berechnet.

An 18 Pensionäre, deren Witwen oder Nachkommen wurden insgesamt 61,116 Millionen Mark ausgezahlt:

Pensionär,	geb. 1914	2 918 513 Mark
Pensionär,	geb. 1916	2 974 276 Mark
Pensionär,	geb. 1926	3 361 344 Mark
Pensionär,	geb. 1927	3 289 804 Mark
Pensionär,	geb. 1928	3 948 276 Mark

Pensionär,	geb. 1929	10 839 960 Mark
Pensionär,	geb. 1931	3 359 091 Mark
Pensionär,	geb. 1934	5 313 595 Mark
Pensionär,	geb. 1935	6 956 534 Mark
Pensionär,	geb. 1940	3 413 248 Mark
Witwe,	geb. 1910	826 344 Mark
Witwe,	geb. 1917	1 629 347 Mark
Witwe,	geb. 1919	1 741 541 Mark
Witwe,	geb. 1926	5 361 954 Mark
Witwe,	geb. 1928	2 485 557 Mark
Witwe,	geb. 1943	1 632 145 Mark
Halbwaise,	geb. 1975	366 800 Mark
Halbwaise,	geb. 1981	698 560 Mark

Laut Düsseldorfer Staatsanwaltschaft wären allenfalls 34 993 000 Mark angemessen gewesen. Nach den Erkenntnissen der Ermittler wurde Mannesmann um mindestens 26 123 000 Mark geschädigt. Die Aufsichtsräte Funk, Ackermann, Zwickel und Ladberg, so ihr Vorwurf, hätten gewusst, dass der entsprechende Beschluss mindestens bezüglich der Höhe der Zahlungen, «wenn nicht gar insgesamt», rechtswidrig gewesen sei.

Auch Sonderwünsche wurden berücksichtigt. Ein früherer Arbeitsdirektor beispielsweise erhielt am 29. März 2000 ein Abfindungsangebot über 3 948 000 Mark. Zunächst erklärte er sich einverstanden, dann fiel ihm auf, dass seine Frau zwanzig Jahre jünger war, und er fand, dieser Altersunterschied müsse auch noch berücksichtigt werden. Der Aufsichtsratschef Funk wurde eingeschaltet. Am 12. April wurde ein Umlaufbeschluss über die Zahlung weiterer 770 105 Mark an den Petenten verfasst. Weil aber Funk tags zuvor sein Mandat als Aufsichtsrat niedergelegt hatte, wurde der Beschluss, den Ackermann und die anderen unterschrieben hatten, auf den 11. April rückdatiert.

Ein ehemaliger stellvertretender Vorstandsvorsitzender sollte 6 956 000 Mark erhalten. Eigentlich eine Menge Geld. Er fand aber, seine Stellung als Vize sei nicht ausreichend berücksichtigt worden. Seine Argumentation war nicht ganz unlogisch. Bei Mannesmann gab es seit Mai 1999 keinen stellvertretenden Vorsitzenden mehr, und deshalb beruhte die Zahlung für den Betreffenden nur auf der Vergütung einfacher Vorstandstätigkeit.

Funk und Droste trafen sich mit dem Ehemaligen, um ihn von seiner Forderung abzubringen: «Von der Technik her hat er dies auch verstanden, sieht es aber im Ergebnis nicht ein und besteht auf einer Entscheidung», notierte Droste.

Funk, der nicht mehr zuständig war, merkte an, in der Angelegenheit müsse auch noch Ackermann angesprochen werden. Die Sache wurde gütlich geregelt. Der ehemalige Vize erhielt im Mai 2000 eine Nachzahlung von 743 466 Mark.

Oder wie Staatsanwalt Puls den Vorgang in seiner Anklage knapp zusammenfasste: Der Mannesmann AG sei ein zusätzlicher Schaden von 743 466 Mark entstanden.

Januar 2004: Am 21. Januar 2004 beginnt der Prozess in Düsseldorf. Sicherheitsmänner der Deutschen Bank inspizieren draußen jeden Mülleimer. Drinnen erklärt Ackermann den Deutschen die Welt: Deutschland sei «das einzige Land, wo die Leute, die Werte schaffen, vor Gericht kommen», erklärt er. Dazu lächelt er und macht das Victory-Zeichen. Sein Lächeln drückte Verachtung aus – auch gegenüber denen, die für kleines Geld schuften und Werte schaffen. Das Victory-Zeichen, das er machte, war obszön und ein Abgrund an Arroganz. Es war die Arroganz der Macht. Ackermann verstand später die Aufregung über seinen Auftritt nicht. Nach seiner Erinnerung hatte er mit Esser und den Anwälten auf die Richterin Koppenhöfer gewartet. Esser habe ihn gefragt, ob er sich an den Prozess gegen den Popsänger Michael Jackson erinnere. Ackermann will danach das Victory-Zeichen gemacht haben, um Jackson zu imitieren, der mit dem Zeichen seine Fans in der Welt begrüßt habe. Die Geste des Imperators wurde von den meisten Kommentatoren als publizistischer GAU gewertet.

Die Staatsanwälte Johannes Puls, Lothar Schroeter und Dirk Negenborn klagen an.

März 2004: Richterin Koppenhöfer macht bei einem «Rechtsgespräch» klar, dass der Prozess für die Staatsanwälte vermutlich mit einem GAU enden wird. Nach dem derzeitigen Stand der Anklage, erklärte sie am 31. März, werde die Kammer die Angeklagten freisprechen. Sie fragt, «ob ein Notarztwagen für die Staatsanwaltschaft» erforderlich sei. Bei Zulassung der Anklage hatte sie, etwa bei Esser, Bestechlichkeit ausgeschlossen und lediglich die mögliche Beihilfe zur Untreue akzeptiert. Auch die Vorwürfe gegen Funk waren aus ihrer Sicht geringer als von den Ermittlern formuliert gewesen. In einem Rechtsgespräch zwischen Verteidigung und Staatsanwaltschaft trägt die Vorsitzende das Resümee der Kammer vor, aus dem sich das Urteil bereits ablesen ließ. Die Prämien für Esser und andere Vorstandsmitglieder seien aktienrechtlich unzulässig, aber keine Straftat. Die Prämie für Funk sei aktienrechtlich unzulässig und überdies eine gravierende Pflichtverletzung, weil es für eine solche Zahlung keine sachliche Grundlage gegeben habe. Allerdings handele es sich strafrechtlich um einen Verbotsirrtum, da die Beteiligten Rechtseinkünfte eingeholt hätten. Die Pensionsabfindungen für die ehemaligen Vorstände und deren Angehörige seien aktienrechtlich unzulässig gewesen und es habe sich auch um eine gravierende Pflichtverletzung gehandelt. Allerdings könne kein Vorsatz festgestellt werden.

April/Mai 2004: Die Ankläger, die sich vor dem Rechtsgespräch sehr zurückgehalten haben, schießen plötzlich ein Feuerwerk von Beweisanträgen ab. Die Kammer lehnt fast alle ab, weil sie angeblich bedeutungslos seien.

Juni 2004: Am 16. Juni schließt Richterin Koppenhöfer knapp fünf Monate nach Prozessauftakt die Beweisaufnahme. Die Staatsanwaltschaft fordert in ihrem Plädoyer für die Angeklagten Haft- oder Bewährungsstrafen. Juristisches Schattenboxen. Die Akteure wissen, dass das Gericht die Angeklagten freisprechen wird.

Juli 2004: Der Tag des Urteils, der 22. Juli 2004, war brütend heiß, eine lähmende Hitze, die sich über Düsseldorf gelegt hatte. Das Gerichtspersonal hatte das Fenster des Saales 111 weit geöffnet, als Brigitte Koppenhöfer, die Vorsitzende Richterin der XIV. Großen Wirtschaftsstrafkammer des Landgerichts Düsseldorf, kurz vor neun Uhr den Raum betrat. «So, guten Morgen», sagte sie – und dann wurde es ganz still im Saal.

Nach sechs Monaten Verhandlung ging einer der spektakulärsten Wirtschaftsprozesse der Nachkriegszeit zu Ende. Die sechs Angeklagten wurden vom Vorwurf der schweren Untreue beziehungsweise der Beihilfe dazu freigesprochen. In den meisten Fällen erfolgte der Freispruch aus tatsächlichen Gründen, in einem infolge eines so genannten Verbotsirrtums.

In ihrer mehrstündigen Urteilsbegründung sagte die Vorsitzende Richterin, die Vorwürfe der Käuflichkeit und einer Absprache zur Bereicherung hätten sich nicht bestätigt: «Vermutungen und Verdächtigungen reichen nicht aus.» Koppenhöfer sah jedoch in der Prämienausschüttung einen Verstoß gegen das Aktiengesetz. So stelle der Bonus für Esser, der rund 15 Millionen Euro betragen hatte, eine doppelte Vergütung dar, weil die von ihm erbrachte Leistung bereits mit seinem vertraglich vereinbarten Gehalt abgegolten worden sei. Dies sei aber «keine gravierende Pflichtverletzung». So sei die Ertrags- und Vermögenslage von Mannesmann damals sehr gut gewesen. Zudem hätten die angeklagten Aufsichtsräte mit der Gewährung der Prämie «keine sachwidrigen Motive verfolgt, da sie selbst nicht profitierten. Und die Sonderzuwendung an Funk sei zwar ein Verstoß gegen Paragraph 87 Absatz 1

Satz 1 des Aktiengesetzes gewesen; in diesem Fall aber hätten sich die Angeklagten in einem «unvermeidbaren Verbotsirrtum» befunden: «Ihnen fehlte die Einsicht, Unrechtes zu tun.»

Zugunsten der Angeklagten sprach, dass sie noch vor der Auszahlung der Prämien Wirtschaftsprüfer und einen Aktienrechtler konsultiert hatten. Sie seien davon ausgegangen, dass ihr Vorgehen rechtmäßig gewesen sei.

Dass sechs Männern die Summen zu Kopf gestiegen waren, mit denen sie täglich zu tun hatten, war nicht strafwürdig. Männer, denen das Gefühl für das rechte Maß abhanden gekommen ist, wurden freigesprochen.

Bezüglich der Abfindung der Alternativpensionsansprüche machte die Kammer den Angeklagten Funk, Zwickel, Ladberg und Ackermann trotz des Verstoßes gegen das Aktienrecht ebenfalls keinen strafrechtlichen Vorwurf. Auch in diesen Fällen gingen die Richter nicht von einer gravierenden Pflichtverletzung aus. Mangels einer Haupttat kam hier auch keine Beihilfehandlung des Angeklagten Droste in Betracht. «Wir sind nicht das Scherbengericht der deutschen Wirtschaft», sagte Frau Koppenhöfer.

Die Staatsanwälte legten Revision ein.

Vor der Urteilsverkündung hatte die Richterin in einer persönlichen Stellungnahme Kritik an der versuchten Einflussnahme auf den Prozess geübt. Die Erklärung wird im Wortlaut dokumentiert:

Gestatten Sie mir vor der Eröffnung der Urteilsgründe ein persönliches Vorwort. Noch nie während meiner nunmehr 25-jährigen Dienstzeit als Richterin ist wie in diesem Verfahren derart massiv versucht worden, auf die Entscheidungen direkt oder indirekt Einfluss zu nehmen.

Dass ich in meinem engen und weiteren persönlichen Umfeld angesprochen wurde, war zu erwarten. Mit Schmähbriefen habe ich ebenfalls gerechnet, nicht jedoch mit Telefonterror bis hin zu regelrechten Drohungen. Dass sich sämtliche Stammtische Deutschlands meldeten, war nicht überraschend. Überraschend für mich war jedoch, wer im Laufe des Verfahrens – und auch bereits im Vorfeld – an einem solchen Stammtisch Platz nahm. Da meldeten sich so genannte Rechtsexperten aus allen Teilen Deutschlands und äußerten über die Medien ihre Meinungen, selbstverständlich ohne jede Aktenkenntnis und ohne jemals die Hauptverhandlung besucht zu haben. Nur ein Beispiel von vielen: Ein solcher Rechtsexperte durfte im Feuilleton einer Zeitung einen langen Artikel über das Rechtsgespräch abdrucken lassen, der darauf beruhte, dass die Schöffen und «Ersatzrichter» vor dem Gespräch von mir «in die Kantine geschickt wurden», was schlicht falsch war. Die Schöffen haben an dem Gespräch teilgenommen. Ergänzungsrichter dürfen nicht teilnehmen. Weitere Rechtsexperten – unter anderem angeblich unabhängige Wissenschaftler – haben mehr oder weniger umfangreiche, quasi gutachterliche Stellungnahmen öffentlich abgegeben, und ich musste mich nicht immer fragen, wer der Auftraggeber war. Andere «Experten» werteten vermeintliche Aussagen aus dem nichtöffentlichen Teil des Rechtsgesprächs, die auch nicht dadurch richtiger wurden, dass das Wort «angeblich» vorangestellt wurde. Pensionierte und nicht pensionierte Kollegen taten ihre Meinungen kund. Wenn sich gar nichts Medienwirksames mehr ereignete, durfte auch schon mal eine Zeugin außerhalb der Hauptverhandlung als Sachverständige ihre Sicht der Dinge darstellen.

Auch unter den Politikern aller Parteien fanden sich «Stammtisch-Rechtsexperten», die unser Strafrecht neu definierten; sie erfanden Straftatbestände wie «Sauerei», «Schweinerei» oder auch «Perversion»; neu war auch die Einstellungvorschrift der «Gefährdung des Wirtschaftsstandorts Deutschland».

Den Wirtschaftsstandort Deutschland fand zum Teil auch die ausländische Presse gefährdet, so zum Beispiel, wenn sie selbst die Akkreditierungsfrist für die Zuweisung von Presseplätzen verpasste. In einem solchen Fall sollte der Bundeskanzler in die richterliche Unabhängigkeit eingreifen und dafür sorgen, dass dem Beschwerdeführer ein Platz zur Verfügung gestellt wird.

Dass Verteidiger und auch Angeklagte vor, während und vermutlich auch nach dem Prozess versuchen, die Presse mit mehr oder weniger Erfolg zu instrumentalisieren, mag ihr Recht sein. Ob es ein «gutes» Recht ist, möchte ich nicht beurteilen. Dass dies ebenso von Seiten der Staatsanwaltschaft geschieht, war für mich neu und befremdlich.

Grundsätzlich sind Verteidigung und Staatsanwaltschaft nicht gehindert, auch Subjektives und Verfahrensfremdes außerhalb der Hauptverhandlung der Presse mitzuteilen. Mitteilungen von Richtern an die Presse während eines laufenden Verfahrens halte ich unter allen Umständen für unangebracht.

Lassen Sie mich noch einige Ausführungen zum Rechtsgespräch machen, das die Wellen hat hoch schlagen lassen. Ein derartiges Gespräch ist in der Praxis nicht nur üblich, sondern Ausdruck des fair trial. Es dient dazu, dass alle Beteiligten sich auf die Rechtsauffassung des Gerichts einstellen und ihr Prozessverhalten entsprechend einrichten können. Das Gespräch und das nichtöffentliche Vorgespräch stellen die Meinung der Kammer zur Diskussion. Es ist immer ein vorläufiges Resümee auf der Grundlage der erhobenen Beweise, keine vorzeitige Festlegung. Es bringt in jedem Fall Klarheit für alle Prozessbeteiligten. Überraschungsentscheidungen sind meines Erachtens mit einer modernen Auffassung von Strafprozess nicht vereinbar. Die Präsentation der vorläufigen Kammermeinung führt in vielen Fällen auch zu einer Verkürzung des Verfahrens; dies setzt jedoch einen Prozessbeschleunigungswillen aller Beteiligten voraus.

Ich möchte hervorheben, dass die Kammer im vorliegenden Fall lediglich für die Entscheidung der angeklagten und einbezogenen Taten als Straftatbestand zuständig war, nicht mehr, aber auch nicht weniger. Wir haben keine unternehmerischen Entscheidungen zu treffen oder solche abstrakt zu bewerten, allenfalls deren strafrechtliche Relevanz. Wir haben auch keine moralischen oder ethischen Werturteile zu treffen. Uns steht weder ein isoliertes Urteil über das Funktionieren der Mitbestimmung noch über die Kontrollfunktion der Aufsichtsräte oder deren Gremien zu. Wir sind kein «Scherbengericht» für die deutsche Wirtschaft; wir sind Mitglieder einer Wirtschaftsstrafkammer. Wir bewerten nicht deutsche Unternehmenskultur, selbst wenn die Beweisaufnahme insoweit Anlass zur Verwunderung ergab. Allerdings – und das sei deutlich gesagt – operieren Unternehmen und deren Entscheidungsträger in Deutschland nicht im rechtsfreien Raum, und zwar unabhängig davon, ob sie Werte schaffen oder nicht. Dies ist ein Vorteil und ein Argument für den Wirtschaftsstandort Deutschland.

Auch die Kammer hatte bei ihrer Entscheidung teilweise ihre Zweifel, die in der Urteilsbegründung näher konkretisiert werden. Im deutschen Strafprozessrecht werden solche Zweifel jedoch nach Abschluss der Beweiswürdigung zu Gunsten der Angeklagten gewertet. Man muss Angeklagten zwar nicht alles glauben, man darf ihnen aber auch nicht alles unterstellen. Das ist nicht Klassenjustiz, sondern ein rechtsstaatlicher Fundamentalgrundsatz mit Verfassungsrang.

BOLLWERK DES BEWAHRENS

Ein Streifzug durch die bundesdeutsche Lobbykratie

Es gibt Gärtner, die in die Geschichte eingegangen sind: Senecas Zeitgenosse Columella etwa und natürlich Plinius, der Verfasser der «Historia naturalis». Sind Gärtner glücklich? Nein. Sind sie unglücklich? Nein. Zufrieden? Nein. Unzufrieden? Nein. Euphorie und Klagen bilden in diesem Beruf einen stetigen Wechselgesang, und die Arbeit wird von Zweck und Mittel bestimmt. Das Leben richtet sich nach der Sonne, und fürs Ruhen bleibt keine Zeit.

«Es muss Leute geben, die im Schatten arbeiten und die sich zurückhalten, und es muss Leute geben, die die Voraussetzungen schaffen, damit diejenigen, die nach außen herausgestellt werden, richtig von der Sonne erfasst werden.» Dieser Satz könnte von einem Gärtner stammen – gesagt hat ihn Karl Wienand.

Seit mehr als 25 Jahren düngt der aus dem Rheinland stammende Lobbyist die Felder. Für Konzerne wie Thyssen und Unternehmen wie Edelhoff oder Trienekens hat er geackert und immer den kürzesten Weg gesucht. Nichts Menschliches blieb ihm fremd. Seine Arbeit trug schon viele Früchte.

Die Gemeinsamkeiten zwischen dem Lobbyisten und dem Gärtner offenbarte in den 80er Jahren erstmals die Flick-Affäre einer breiten Öffentlichkeit. Am damaligen Regierungssitz Bonn unterhielt der Düsseldorfer Flick-Konzern ein Büro. Die Lobbyisten waren zu vielem nützlich und zu allem fähig. Sie empfahlen ihren Mitstreitern in der Unternehmenszentrale, nicht auf die anonymen Parteiapparate zu setzen, sondern bevorzugt Einzelpersonen zu unterstützen: «Spenden in die große Kasse kommen weniger zur

Geltung ... Eine gezielte Spende über einen Mann, mit dem man gut im Gespräch ist, ist sinnvoller.»

Aber auch die Zauderer und Neinsager dürfen nicht unbeachtet bleiben. Das sieht der Landschaftsgärtner ähnlich. Auf zwanzig Feldern blühen die Blumen, nur das einundzwanzigste will nicht recht gedeihen. Dieses einundzwanzigste liegt ihm auf der Seele. Er sorgt sich, vielleicht braucht es Dung.

Der Flick-Konzern versuchte sogar, Widersacher durch Zahlungen gefügig zu machen, und förderte gezielt die Karrieren genehmer Nachwuchspolitiker. Mit Geld mischte sich das Unternehmen in innerparteiliche Flügelkämpfe ein. Politiker wurden durch Geschenke, Spenden und durch Betreuung auf Auslandsreisen gewogen gestimmt. Die Flick-Zentrale, die damals mehr als hundert Firmen im In- und Ausland mit einem Jahresumsatz von fast zehn Milliarden Mark dirigierte, beeinflusste mit Millionenzahlungen die Entscheidungen in der Republik.

Wie das Leben so saust und braust, erfahren Bürger und Wähler manchmal durch die Untersuchungen einer mutigen Staatsanwaltschaft, und sehr gelegentlich verschaffen auch die Recherchen von Journalisten ein paar kleine Einblicke. Unter Lobbyismus, erklärt eine Verteidigerschrift, sei «richtigerweise das systematische Bemühen unter anderem von Unternehmen und Wirtschaftsverbänden zu verstehen, mit der Exekutive und Legislative in nutzbringender Verbindung zu bleiben». Dazu diente beispielsweise auch die Übernahme von «Reisebegleitungskosten». Diese umfassten nicht nur Flug- und Hotelkosten, sondern auch speziellen Service.

Für Quittungen und verdächtige Notizen, die den Staatsanwälten in die Hände fallen könnten, gäbe es eine einfache Erklärung. «Im Verlauf und in Nachwirkung solcher Gespräche wurde gelegentlich besonders deutlich, wie wichtig und notwendig es war, zur Unterstützung und Förderung der von einem Gesprächspartner verfolgten politischen Linie einen Beitrag an den Parteiflügel zu leisten, dem er angehört.» Und wer könnte besser über die sinnvolle Verteilung der Douceurs entscheiden als der Umworbene?

Dass das Treiben der Lobbyisten wirtschaftliche Macht ohne Mandat in politischen Einfluss verwandelt, dass die Demokratie in eine Lobbykratie zu entarten droht – davor warnen Verfassungsrechtler. An Mutmaßungen über das dunkle Geschäft der «lichtscheuen Gnome», wie der Politikwissenschaftler Martin Sebaldt Lobbyisten einmal nannte, hat es nie gemangelt. «Ein Abgeordneter ist nicht an Weisungen gebunden, aber an Überweisungen», kritisierte das Wirtschaftsfachblatt *Capital* bereits in den 80er Jahren die Gepflogenheiten: «Verbandsvertreter versuchen die Regierung zu erpressen; das ist üblich. Firmenvertreter versuchen Parlamentarier zu bestechen; das ist beliebt.»

Dass Erpressung üblich und Bestechung beliebt ist, darf bezweifelt werden.

Einfluss und Wirkung der *pressure groups* verlaufen nach komplizierteren Regeln. Auch die angeblichen «heimlichen Herrscher» *(Der Spiegel)* können schnell in der Bedeutungslosigkeit verschwinden.

In Berlin tummeln sich Kontaktpfleger aller Art. Mehr als 300 Unternehmen und über 1600 Verbände versuchen, mit Hilfe von Interessenvertretern in das Räderwerk von Parlament und Regierung einzugreifen. Ihre Namen sind bekannt: Seit den 70er Jahren wird vom Bundestagspräsidenten alljährlich die so genannte Lobbyliste veröffentlicht. Sie umfasst derzeit rund 400 Seiten und nennt Institutionen von der Abwassertechnischen Vereinigung bis zur Zoologischen Gesellschaft für Arten- und Populationsschutz. Nur wer darin verzeichnet ist, kommt bei Anhörungen des Parlaments und der Regierung zu Wort.

Die vielen geselligen Abende der Lobbyisten, die politischen Salons – es geht zu wie im einschlägigen Gewerbe. Beim Hintergrundgespräch im Séparée wird manche Vorlage besprochen.

Später ist es einem Gast auch schon einmal unangenehm, dass er anwesend war. Am 21. April 2002 zum Beispiel hatte ein Anlagenbauer aus Nordrhein-Westfalen in Berlin zum «Parlamentarischen Abend mit Ministerpräsident Wolfgang Clement» geladen. Hauptredner war der Manager Sigfrid Michelfelder, der über den Bau von Kohlekraftwerken referierte. Clement war an jenem Abend kurzfristig verhindert. Er wird es später nicht bedauert haben. Kurz darauf kam Michelfelder in Haft. Fotos vom Treffen der beiden wären unerfreulich gewesen.

Längst sind Parlamentarier Teil des Systems der organisierten Interessen geworden. Sie sitzen in Verbandsvorständen oder Aufsichtsräten und verdienen sich ein Zubrot als Firmenberater. Jeder dritte Abgeordnete geht einer Nebentätigkeit nach.

Möglichst geräuschlos werden die Seiten gewechselt. Als die Parlamentarische Staatssekretärin im Bundesverteidigungsministerium, Agnes Hürland-Büning (CDU), 1990 aus dem Amt schied, wurde sie auf der Hardthöhe mit allen militärischen Ehren verabschiedet. In den Lokalblättern in ihrer westfälischen Heimat deutete sie an, sich vorstellen zu können, als «One-Dollar-Frau» im Osten beim Aufbau behilflich zu sein. Es wurde von den wenigsten wahrgenommen, dass sie vielmehr sofort nach dem Abschied aus dem Ministerium als Lobbyistin für große Unternehmen wie den Thyssen-Konzern tätig war.

Im Nebel der Leuna-Affäre beispielsweise tauchte die kleine Dame wieder auf. Dass die unscheinbare «Agnes», die schon lange Großmutter ist, durch Lobbyarbeit etliche Millionen verdiente, hat bei alten Parteifreunden wie dem früheren CDU-Vorsitzenden Wolfgang Schäuble Erstaunen hervorgerufen. «Was hatte die Agnes denn?», wunderte er sich. Sie hatte Verbindungen, kannte die richtigen Leute in den Ministerien und wusste, wie sie zu erreichen waren. Die Wände Berliner Lobby-Büros sind bedeckt von Organigrammen der Ministerien, und jeder Mitarbeiter ist mit seiner Durchwahl aufgeführt.

Auf dem offiziellen Briefbogen des Bundesministeriums für Wirtschaft und Technologie unterrichtete der Parlamentarische Staatssekretär Siegmar Mosdorf (SPD) am 1. März 2002 einen ausgewählten Kreis von Firmenvertretern und Bekannten: Nach zwölf Jahren Parlamentszeit und dreieinhalb Jahren Regierungsarbeit habe er sich entschlossen, die «Weichen neu zu stellen». Er wechsle in die Wirtschaft und trete in den Vorstand eines internationalen Beratungsunternehmens für «strategische Kommunikation» ein.

Mosdorf äußerte den Wunsch, nach dem Wechsel vom politischen Betrieb in die Wirtschaft die «vertrauensvolle Zusammenarbeit auch in meiner neuen Aufgabe fort[zu]setzen». Über einen «engen Kontakt» würde er sich freuen.

Jedem Abgeordneten des Bundestages stehen 15 Lobbyisten gegenüber, von denen manche geschmeidig die Seite gewechselt haben. Da die Abgeordnetenbüros, anders als beispielsweise in den USA, nicht über große Mitarbeiterstäbe verfügen, sind manche Volksvertreter für Handreichungen dankbar. Abgeordnete halten nicht selten Reden, die in den Zentralen von Wirtschaftsverbänden entworfen wurden. Ministerien machen schon mal Vorlagen, die Interessenvertreter erarbeitet haben. Bei Anfragen und Anhörungen mischen Verbandschefs mit und versuchen, auch in die Gesetzgebung einzugreifen.

In Martin Sebaldts Essay «Der deutsche Bundestag im Gefüge organisierter Interessen seit Mitte der siebziger Jahre» plaudert ein anonymer Verbandsvertreter aus der Praxis: «Wenn Sie eine bestimmte Entwicklung befürchten oder wissen, dass da was in der Regierung läuft, und Sie wollen, dass das auf den Tisch kommt, dann brauchen Sie einen Abgeordneten, der eine Anfrage stellt. Optimal ist es natürlich, wenn Sie dem Abgeordneten die Frage schreiben und dem Staatssekretär die Antwort. Dann haben Sie Ihr Geld für den Monat verdient.»

In der Amtszeit des Kanzlers Helmut Kohl tauchten in Ausschüssen Positionspapiere der Industrie als Koalitionsvorlagen auf. Der Altkanzler wurde nach seinem Ausscheiden als Berater für einige Unternehmen tätig. Auch die Sozialdemokraten haben ein offenes Ohr für die Sorgen alter Freunde. Ein Anruf des damaligen VW-Chefs Ferdinand Piëch bei Kanzler Gerhard Schröder genügte, und der Regierungschef versuchte, die Anordnung zum Altauto-Recycling auszuhebeln.

Die «unsichtbare Macht des klassischen Lobbyismus ist es», schrieb der ehemalige grüne Bundestagsabgeordnete Christian Simmert in seinem Buch «Die Lobby regiert das Land», Entscheidern «im politischen Geschäft ihre Argumente so unterzujubeln, dass politische Abwägungen zugunsten der Lobby ausfallen. Wenn eine Kommunikationsstrategie so angelegt ist, dass Bundestagsabgeordnete, Ministerien und Medien gleichzeitig versorgt werden», dann sei die Chance für die Zuflüsterer groß.

Besitzstände zu wahren ist eines der wichtigen Ziele der organisierten Interessen. Veränderungen sind ihnen ein Gräuel. Mit großer Entschiedenheit wird um den Fortbestand von Subventionen gekämpft. Am härtesten aber kämpfen die Lobbyisten im Gesundheitswesen. Alle wollen etwas abhaben von den rund 125 Milliarden Euro, die die Kassen jährlich ausgeben. Der frühere Gesundheitsminister Horst Seehofer (CSU) fand in seinem Büro eines Tages einen Umschlag voller Geldscheine. Er schickte ihn umgehend zurück und zog öffentlich gegen die «enthemmte Lobby» zu Felde.

Eine der bestorganisierten Interessenvertretungen in Berlin sei die Zigarettenlobby, vermutet der Grünen-Politiker Simmert. Er zitiert eine Studie des britischen Wissenschaftsmagazins *The Lancet*, das dank amerikanischer Forscher Zugang zu den Archiven der Tabakindustrie gefunden hatte.

Deren Unterlagen legen der Studie zufolge «offen, dass die deutsche Tabakindustrie den ehemaligen Bundeskanzler Helmut Kohl seit 1978 als engen Verbündeten betrachtete». Der ehemalige Bundeswirtschaftsminister und damalige EU-Kommissar Martin Bangemann sei sogar ganz freimütig zu Diensten gewesen.

In einer Antwort auf ein Schreiben der britischen Tabakindustrie bedankte sich der Freidemokrat Bangemann artig: «... die Argumente in Ihrem Papier werden sehr nützlich bei zukünftigen Diskussionen mit meinen Kollegen in der Kommission sein». Die Lobbyisten versuchten, die geplante Werbeeinschränkung für Tabakprodukte zu mildern. Die Bundesregierung reichte in Brüssel ein Papier ein, das die Tabakindustrie nicht besser hätte formulieren können. Deutschlands Vorschlag «basiert weitgehend auf dem Vorschlag» des Verbandes der Cigarettenindustrie, heißt es in einem internen Vermerk.

In diversen Parteispendenverfahren fanden sich immer wieder Hinweise auf erhebliche Zuwendungen der Zigarettenindustrie. Ein unmittelbarer Zusammenhang zwischen finanziellen Zuwendungen und politischen Entscheidungen konnte nie festgestellt werden.

Lange vor Bekanntwerden der widrigen Praktiken, die unser Gemeinwesen seit Jahren beeinflussen, wurde eine akademische Diskussion über die Regierbarkeit geführt. Offenbar gutgläubige Politiker und Wissenschaftler wunderten sich, weshalb bestimmte Probleme des Umwelt- und Verbraucherschutzes oder der Krankenversicherung nicht gelöst werden konnten. Diese Diskussion endete ergebnislos, bis Staatsanwälte die illegalen Geldquellen der Parteien aufdeckten. Sie ermittelten, dass wichtige Politiker auf der *pay-roll* großer deutscher Unternehmen und Interessenverbände standen. Das hat die vermeintliche Unfähigkeit des Staates, drängende Probleme anzugehen, in einem neuen Licht erscheinen lassen.

Einblicke in die vielfältigen Aktivitäten eines Lobbyisten liefert ein Arbeitsbericht, den der Sozialdemokrat Otto Georg 1996 für ein damaliges Vorstandsmitglied des Anlagenbauers ABB verfasste:

«1. Vom 20. Februar bis 22. Februar finden die Gespräche mit der Partei- und Staatsführung [Ungarns; H.L.] statt. Ich werde anschließend berichten.

2. Mate Laszlo wird nicht mehr als Stellvertreter von Horn kandidieren. Eine kleine Gruppe linker Extremisten hatte ihn angegriffen. Horn hat ihm öffentlich demonstrativ sein persönliches und politisches Vertrauen ausgesprochen. Mate bleibt im Parlament und einer der engsten Vertrauten von Horn. Es gibt keine Veranlassung, an der jetzigen Regelung etwas zu ändern.

3. Professor Iwinski hat mir am 7. Februar in Brüssel von sich aus beteuert, wie sehr der Präsident im obersten Führungskreis in Warschau das hervorragende Ergebnis der Gespräche mit Ihnen in Davos betont habe. Es bleibt bei unserer Absprache, dass Sie zuerst nach Polen gehen. Ich werde später die parteipolitischen Modalitäten abschließend erörtern und regeln.

4. Synchron zu meinen persönlichen Verbindungen zum Irak will ich beim nächsten Treffen mit Pierre Mauroy den Stand der Beziehungen zwischen diesem Land und der Sozialistischen Internationale feststellen.

5. Dabei werde ich mit ihm auch Ihr Treffen mit Hosni Mubarak abstimmen.

6. Wie sieht es in der Konzernleitung in Bezug auf den Iran aus? Hier kann Unterstützung bis in die oberste Staatsführung geboten werden.

7. Mit José Lamego habe ich vereinbart, dass ich zuerst nach Lissabon gehe. Dann können wir entscheiden, ob der nächste Besuch allein oder gemeinsam erfolgt.

8. Aus Athen höre ich, dass die neue Regierung die Müllverbrennungsanlage wieder aufgreifen will. Ihre Leute vor Ort sollten am Feind bleiben.

9. Siemens versucht, in Mecklenburg-Vorpommern mit Hilfe der CDU ein Pilotprojekt zur Müllverbrennung durchzusetzen. Dr. Lienhardt [ABB-Manager; H.L.] sieht hier eine gefährliche Ent-

wicklung sich abzeichnen. Soll ich mit Ringstorff [wurde 1998 SPD-Ministerpräsident; H. L.] Verbindung aufnehmen?

10. Ich würde es begrüßen, wenn auf der Besprechung am 20. Februar 1996 ein paar neue Großprojekte auf den Tisch kämen. Wir brauchen frisches Futter auf der Raufe. Das schafft Abwechslung, Spannung und ist eine neue Herausforderung.

Beste Grüße Ihr Otto Georg»

Noch einmal ganz langsam: Ein ehemaliger Mitarbeiter der Wiesbadener Staatskanzlei, der in der Sozialistischen Internationale viele Genossen kennt, steht in Diensten eines Anlagenbauers und kümmert sich um dessen Angelegenheiten in Ungarn, Polen, Irak, Ägypten, Iran, Portugal, Athen und Ostdeutschland.

In den Unterlagen des Arbeitskreises Privater Versicherer entdeckten Ermittler in einem Parteispendenverfahren Hinweise, dass jedes Jahr siebzig bis achtzig Bundestagsabgeordnete, auf deren Wohlwollen die Assekuranzunternehmen Wert legten, gefördert werden sollten. Geldzahlungen an «Hinterbänkler» seien sinnlos, weil die «letztlich doch keinerlei Einfluss besäßen, um unsere Anliegen mitzuvertreten». Die Empfänger von Dotationen müssten einigermaßen einflussreich und zumindest bereit sein, «Stellungnahmen der Versicherungswirtschaft zu einzelnen Gesetzesvorhaben als Beiträge zur Meinungsbildung aufzunehmen».

Den Schatzmeistern der Parteien war es ein Dorn im Auge, dass die Versicherer so viel Geld an einzelne Abgeordnete und so wenig in die Parteikassen transferierten. Sie unterbreiteten anscheinend ihrerseits Vorschläge für eine Gewinn bringende Zusammenarbeit: In einem beschlagnahmten Sitzungsprotokoll des Arbeitskreises Privater Versicherer heißt es, die Kassenwarte hätten zugesagt, dass die «maßgeblichen Vertreter der Fraktion, zum Beispiel die Vorsitzenden der Arbeitskreise, zu Gesprächen über unsere Anliegen zur Verfügung stehen» würden. Durch solche Kontakte dürfte sich «mehr erreichen lassen als durch Initiativen einzelner geförderter Abgeordneter, die keine ausreichende Resonanz» in der Fraktion fänden.

Nicht oft erhält das Publikum solche Einblicke in den Parlamentsbetrieb, und schon «geringfügigere» Vorfälle rufen große Aufregung hervor. 2002, im Jahr der Bundestagswahl, machte der Frankfurter Lobbyist Moritz Hunzinger Schlagzeilen. Der SPD-Politiker Rudolf Scharping, den Hunzinger seit mehr als zwanzig Jahren kennt, hatte von dem PR-Berater in den Jahren 1998 und 1999 insgesamt 140 000 Mark erhalten. Angeblich setzte sich der Betrag zusammen aus Honoraren für ein geplantes Buch des Verteidigungsministers sowie für drei Vorträge, die Scharping zwischen 1996 und 1998 auf Veranstaltungen Hunzingers gehalten hatte. Beeindruckt war mancher von einer Rechnung des Frankfurter Herrenausstatters Möller & Schaar vom 22. März 1999. Scharping hatte sich mit neuen Anzügen, Jacketts, Hemden und Manschettenknöpfen im Wert von 54 885 Mark eingedeckt.

Umstritten ist, ob Scharping oder Hunzinger die Rechnung beglichen hat. Scharping wurde von seinen Parteifreunden zum Rücktritt gezwungen. Sein Parteivorsitzender, der Kanzler, hatte sich am meisten daran gestört, dass auf der Rechnung Strümpfe gestanden hatten, die dreißig Mark das Paar kosteten.

Hunzinger ist eine der schillerndsten Figuren dieser oszillierenden Branche: Wie früher in Bonn finden heute in Berlin seine «Parlamentarischen Abende» und «Politischen Salons» statt. Bei solcher Gelegenheit trat auf dem Höhepunkt des Kosovo-Krieges auch mal der Redner Scharping auf. Generäle und Unternehmer, die sich um ihre Immobilien oder zukünftigen Investitionsmöglichkeiten auf dem Balkan sorgten, waren auch zugegen.

Hunzinger führt Kunden aus der Industrie mit Entscheidungsträgern aus Politik und Medien zusammen. Seine Adressenkartei enthält mehr als 65 000 Namen. Seine erste Adresse war der Christdemokrat Heinz Riesenhuber, der später Bundestagsabgeordneter und auch Minister wurde. Hunzinger vermittelt Interviews, berät Unternehmen und spricht von «Agenda-Setting», wenn er die Sichtweise seiner Kunden erfolgreich vermakelt hat. Er ist ein Mann für viele Gelegenheiten, und die eher linken CDU-Sozialausschüsse wählten ihn vor Jahren als Schatzmeister. Ein «Heißluftgebläse» nannte der rheinische Verleger Thomas Rommerskirchen den eher rechten Christdemokraten Hunzinger. «Ach, der Rommerskirchen», meinte darauf Hunzinger. Eine Sekretärin habe ihm geraten, den Rheinländer mit «Anzeigen zuzuscheißen», dann sei Ruh.

Hunzinger hat manche Probleme mit Geld geregelt. Rednern zahlte er für ihre Auftritte im «Politischen Salon» oder bei den «Parlamentarischen Abenden» 20 000 Mark. Dem grünen Bundestagsabgeordneten Cem Özdemir half er aus einer Klemme: Der Grüne hatte Schwierigkeiten mit dem Finanzamt, und Hunzinger gab ihm einen Kredit von etwa 70 000 Mark zu einem Zinssatz von 5,5 Prozent. Als der Kredit publik wurde, war die politische Karriere von Özdemir – zumindest vorläufig – beendet.

Der Fall des grünen Abgeordneten beleuchtet das System Hunzinger. Er gibt und hofft, dass er eines Tages nehmen kann: «Ich kenne nach vierundzwanzig Jahren Berufspraxis ein paar Leute mehr als andere und kann halt zum Hörer greifen, solange ich noch etwas zu sagen habe.» Sein «Beziehungsnetzwerk» funktioniere nach einfachen Prinzipien: «Korrespondieren, telefonieren, immer im Bild sein, keinem die Zeit stehlen und stets einen Informationsvorsprung haben.»

Vor allem «ein guter Gastgeber sein». Der ist er zweifellos.

Er sponsert auch die «Sportgruppe Fußball der Betriebssportgemeinschaft» des Bundesverteidigungsministeriums. Wenn es um Sieg oder Niederlage geht, tragen die Kicker die Trikots der Hunzinger Information AG.

DIE FÜNF VON DER MÜLLFABRIK

Wie im Kölner Müllskandal geschmiert und getrickst wurde

Seit gut 300 Jahren hat in der italienischen Region Kampanien die Camorra das Sagen. Die Verbrecherorganisation entstand in den Armenvierteln der damals reichen Stadt Neapel und befasste sich vorwiegend mit Mord, Entführung, Erpressung und Schmuggel. Später kam als Einnahmequelle für die rund hundert einflussreichen Mafiafamilien der Drogenhandel hinzu. Und dann entdeckte die Camorra eine sprudelnde Geldquelle, mit der sie allerdings weitaus weniger identifiziert wurde: das Geschäft mit dem Dreck anderer Leute. Bis zum Winter 2000 kontrollierten die Clans das lukrative Müllgeschäft rund um Neapel. Die Entsorgung funktionierte recht unkompliziert: Der Abfall wurde schlicht auf uralte Kippen geworfen.

Als dann die EU neumodische Richtlinien erließ und verlangte, Abfälle nur auf umweltgerechten Deponien abzulagern, herrschte plötzlich Müllnotstand in Süditalien. Rettung kam aus dem Land der Ordnung. Die Entsorgungsfirma Trienekens aus dem niederrheinischen Viersen sprang ein und holte – erstmals im April 2001 – den Müll in langen Sonderzügen nach Deutschland. Seitdem verfeuert sie ihn in den Müllverbrennungsanlagen Oberhausen, Wuppertal, Krefeld und Essen. 300 Mark pro Tonne, gut 150 Euro, zahlen die Italiener. Ein fairer Preis.

Wenn sich die Mafia für Müll interessiert, sagt das prinzipiell zweierlei; erstens: Mit Abfällen ist Geld zu verdienen. Zweitens: Damit die Geschäfte ungestört von politischen Seitenwinden laufen können, fließt Bares in die richtigen Kanäle. «Im Müllgeschäft wird geschmiert wie in kaum einem anderen Geschäftszweig», sagt der Frankfurter Oberstaatsanwalt Wolfgang Schaupensteiner, der als der kompetenteste Fachmann für Korruptionsdelikte aller Art gilt. Wenn eine Behörde quasi als Monopolist darüber bestimmen dürfe, wer den Zuschlag bei Müllverbrennungsanlagen bekommt und wer Deponien bauen darf, könne leicht ein übler Geruch hochsteigen, sagt der Strafverfolger, der Tausende von Korruptionsverfahren betrieben hat und dem nichts Menschliches mehr fremd ist.

In den 80er Jahren schon hatten die Lenker großer Unternehmen entdeckt, dass Müll ein Markt mit Zukunft war. Energieversorger wie die RWE oder Veba kauften sich in die bis dahin mittelständisch strukturierte Entsorgungsbranche ein, und an vielen Plätzen wurden Müllverbrennungsanlagen gebaut. «Die Energiekonzerne wollen sich als umfassende Dienstleister für Kommunen und industrielle Großkunden etablieren», erkannte damals die Unternehmensberatung Arthur D. Little. Ziel sei es, «ähnliche Monopolstrukturen wie im Energiebereich aufzubauen». Das ist gelungen. Die Großen haben die Kleinen geschluckt.

Es schien ein todsicheres Geschäft zu sein. In den 80er Jahren hatte sich der Unrat der Wohlstandsgesellschaft noch zu Bergen getürmt. Politiker und Wissenschaftler warnten angesichts der Mülllawine vor einem angeblichen «Entsorgungsnotstand». Dann begannen die Deutschen mit gewohnter Gründlichkeit, ihren Müll zu sortieren, und statt des Abfalls gab es plötzlich ein Müllloch. Müll wurde knapp. Dennoch machte die Entsorgungswirtschaft Gewinne, denn sie war bald so weit, Preise und Mengen beeinflussen zu können. Die Zeche zahlten die Verbraucher und die produzierende Industrie. Wie das funktionierte, zeigt geradezu exemplarisch das Beispiel des Dualen Systems Deutschland (DSD). Als die Trägerorganisation für den Grünen Punkt durch kriminelle Schieber immer stärker in Verruf geriet, präsentierte sich in den 90er Jahren die Entsorgungswirtschaft als Helfer in der Not. An die

Schaltstellen des DSD rückten Manager der Abfallwirtschaft – und schanzten ihren Recyclern riesige Subventionen zu. Die Höhe konnten sie selbst bestimmen, weil sie in den Gremien saßen, die darüber befanden. Immer perfektere Recyclingverfahren setzten immer aufwendigere Techniken voraus. Auch das konnten nur die Großen leisten. Die Kleinen wurden abgedrängt, die Großen teilten den Kuchen untereinander auf.

Im größten Bundesland Nordrhein-Westfalen konkurrierten die Rethmann Entsorgungs AG aus Lünen und RWE/Trienekens um die Marktführung. Wenn die Rede auf diese beiden Unternehmen kommt, spricht Umweltministerin Bärbel Höhn gerne von «Denver und Dallas». Viele Jahre lang kämpften die beiden Kolosse erbittert darum, die Verbrennungsanlagen des Landes unter ihre Kontrolle zu bringen. Das Bundeskartellamt stellte im Jahr 2000 fest, dass Trienekens im bevölkerungsreichsten Bundesland 30 bis 40 Prozent des Marktes für den Abtransport und die Entsorgung von Müll beherrschte. Es gibt allein in NRW sechs Öfen für Klärschlamm, 14 für Sonderabfall, 15 für Siedlungsabfall und einen, in dem Verschiedenes verbrannt werden kann. Zum 1. Januar 2005 tritt die von der Bundesregierung beschlossene Verordnung über die umweltverträgliche Ablagerung von Siedlungsabfällen in Kraft. Wenn Müll nur noch verbrannt oder mechanisch-biologisch aufbereitet werden darf, müssen etliche Deponien schließen.

Wer beim Müll-Monopoly die besten Anlagen erworben hat, liegt uneinholbar vorn und kann auf gute Einnahmen und sichere Gewinne setzen. Auch deshalb wurde, als in Köln einer der letzten Müllverbrennungsöfen gebaut werden sollte, erbittert und phantasievoll um den Zuschlag gekämpft. Ursprünglich sollte die Anlage auf allenfalls 280 000 Jahrestonnen ausgelegt werden. Das war immerhin Ende der 80er Jahre, als die viertgrößte deutsche Stadt angeblich im Müll zu ersticken drohte. Die einflussreiche Müll-Lobby fingerte hinter den Kulissen an den Berechnungen und setzte Anfang der 90er Jahre, als der Schwund des Bedarfs eigentlich nicht zu übersehen war, sogar eine mehr als doppelt so große Anlage durch. Umgerechnet mehr als 400 Millionen Euro zahlte die öffentliche Hand für den Bau, den 521 000 Kölner Haushalte über die Müllgebühren finanzieren müssen. Seit dem Bau der umstrittenen Müllverbrennungsanlage in Köln-Niehl sind die Abfallgebühren in der Stadt auf 280 Euro im Jahr gestiegen. Sie haben sich damit fast verdreifacht.

Bevor wir uns den Vorgängen um den Bau der Müllfabrik in Köln zuwenden, werfen wir zunächst einen Blick auf die Usancen der Branche, um die es geht. Damit nicht der Eindruck entsteht, dass Köln nur ein Einzelfall gewesen ist.

Die Branche: «Beatmen» gehört zum Geschäft

Der Kaufmann Erich Mustermann (Name geändert) hat in seinem bewegten Berufsleben die Welt kennen gelernt. Für Konzerne wie den schweizerisch-schwedischen Anlagenbauer ABB (Asea Brown Boveri) bereiste der Kraftwerksspezialist in den vergangenen Jahrzehnten alle fünf Erdteile. Aber wo immer er auch war, stets ging es um Geld, um schwarzes Geld. Denn Mustermann, Jahrgang 1941, war oft der Mann mit dem Koffer, der in Hotelzimmern oder in Restaurants zwischen Kaffeegedeck und Cognac die Bündel rüberschob. «Zahlungskoordinator» wurde der Überbringer des Schmiergeldes in den Vorstandsetagen vornehm genannt.

Vor ein paar Jahren hat sich Mustermann einmal am Telefon seinen Kummer von der Seele geredet, und dieses Gespräch ist dankenswerterweise von dem Teilnehmer am anderen Ende der Leitung aufgezeichnet worden. Es vermittelt ungewöhnliche Einblicke in das Korruptionsbiotop Deutschland: Er gehe davon aus, sagte Mustermann, dass hierzulande in seiner Branche bei jedem «zweiten Geschäft, wenn nicht noch mehr» geschmiert werde. «Mmh», antwortete der Gesprächspartner. «Fast wie im Orient», versicherte der weltgewandte Kaufmann. «Ich wollte gerade sagen, das ist schlimmer als im Orient», denn dort wisse man ja darum, war die eilfertige Antwort. «Hier weiß man es auch», sagte Mustermann etwas trotzig. Das Telefonat fand am 12. August 1996 statt. Mustermann hatte irrtümlich geglaubt, der Anrufer sei Mitarbeiter in der Zentralen Revision der ABB in der Schweiz, und deshalb packte er aus. Der angebliche Revisor war jedoch ein findiger Privatdetektiv, der damit begonnen hatte, den Fall ABB aufzurollen. Jahre später erklärte Mustermanns Frankfurter Anwalt, wegen der «gravierenden Verletzung der Vertraulichkeit» und wegen der «Irreführung» seines Mandanten dürfe der Gesprächsinhalt nicht gegen ihn verwendet werden.

Mustermanns Erzählungen gestatten anschauliche Einblicke in ein Milieu, das nicht in der «Tagesschau», sondern allenfalls im «Tatort» vorkommt – und doch das Leben in der Bundesrepublik nachhaltig beeinflusst. Gierige Manager und Absahner aus der Politik packten zu und wurden von einem großen Konzern geschmiert – die deutsche Hai-Society. Selten ist so offen über die Feinheiten des schmutzigen Gewerbes gesprochen worden.

Das 1988 aus dem Zusammenschluss der Elektrokonzerne Asea und Brown Boveri & Cie entstandene Technologieunternehmen hat Niederlassungen in rund hundert Ländern. Die größte Tochtergesellschaft des schwedisch-schweizerischen Industriekonzerns ist ABB in Mannheim. Das Unternehmen beschäftigt in Deutschland etwa 17 500 Mitarbeiter und erzielte im Jahr 2003 einen Umsatz von etwa drei Milliarden Euro. Der Verlust vor Steuern betrug rund 128 Millionen Euro. Das Unternehmen habe «wohl die schwierigste Zeit in der Geschichte von ABB in Deutschland vor sich», erklärte Personalvorstand Heinz-Peter Paffenholz im April 2003. Das Management müsse sich seiner Vorbildfunktion bewusst sein und künftig ein «ehrliches Bild» des Unternehmens zeichnen.

Wer nach vorne will, muss zurückschauen. Die Geschichte von

ABB ist eine Geschichte des Missmanagements und, für die 80er und 90er Jahre, auch der Korruption. Fast flächendeckend wurde die Republik gedüngt. Dreißig Millionen Mark schleuste der Technologiekonzern für «nützliche Aufwendungen» auf Nummernkontos in der Schweiz.

Gäbe es eine nach Branchen geordnete Hierarchie der Durchstechereien, so läge der Anlagenbau sicher ganz vorn. Um an Aufträge für den Bau oder Umbau von Müllöfen oder auch Heizwerken zu kommen, ist kräftig bestochen worden. Unter anderem liegt das daran, dass sich nur wenige Anbieter den Markt lukrativer Großprojekte teilen. Und es geht um viel Geld. Das Auftragsvolumen für den Bau einer Müllverbrennungsanlage (MVA), eines Müllheizkraftwerks (MHKW), einer Sonderabfall-Verbrennungsanlage (SAVA) oder einer Verbrennungsanlage für Rückstände aus der Abwasserbehandlung (VERA) beträgt je nach Größe der Anlage zwischen 50 und 400 Millionen Euro. Bei Nachrüstungen liegen die Kosten in der Regel zwischen fünf und 50 Millionen Euro. Entweder werden verschiedene Gewerke des Projekts, auch Lose genannt, bei der Herstellung an einzelne Teilnehmer vergeben, oder einer erhält die Generalunternehmerschaft und vergibt dann bei Bedarf selbst Aufträge.

Diese Ausschreibungen sind oft nur eine Farce. Der Hamburger Ingenieur Hans Reimer, Jahrgang 1932, der einst mit seiner Planungsgesellschaft GRP jeden zweiten Abfallofen in Deutschland gebaut hat, bestätigt das. Allerorten sei bestochen worden. In der Müllbranche sei für das Schmieren der Begriff «Beatmung» gefunden worden. Politiker und Manager, sagt Reimer, hätten die Hand aufgehalten. Das «Beatmen» habe zum Geschäft gehört. Es liege «im Interesse der sich bewerbenden Firmen», notierten Hamburger Ermittler, «sowohl auf der Vergabeseite als auch bei den Planern Stimmung für sich zu machen. Dementsprechend war man auch bereit, für die Erlangung der Aufträge so genannte Provisionen zu zahlen». Ein Kartell der Korruption.

Anders gesagt: Das Geben und Nehmen beim Bau großer Anlagen wird fast schon als selbstverständlich empfunden, es ist Teil des Systems geworden, nach dem derartige Projekte verwirklicht werden. Staatsanwaltschaften in Stuttgart, Köln, Bonn und Mannheim haben über diese Praktiken Erstaunliches zutage gefördert. Aber nur in Einzelfällen kann die Spur des Geldes detailliert zurückverfolgt werden. Manchmal sind die Ermittler auch überfordert. Im ABB-Fall beispielsweise, der uns auf den folgenden Seiten näher beschäftigen soll, verjährten etliche Vorgänge, weil die Mannheimer Staatsanwaltschaft die Akten nicht rechtzeitig an Kollegen weitergereicht hatte.

Die Auswertung von Ermittlungsakten und eigene Recherchen im In- und Ausland ergeben den folgenden, vorläufigen Überblick über das Ausmaß der Korruptionsaffäre im Anlagenbau; «Provisionen» flossen bei folgenden Projekten:

HKKW Neubrandenburg:	950 000 Mark
HKW Böblingen:	972 000 Mark
geplante MVA Kaiseresch:	mindestens 800 000 Mark
Sava Brunsbüttel:	300 000 Mark
VERA Hamburg:	1,6 Mio. Mark
MHKW Aachen-Weisweiler:	2,5 Mio. Schweizer Franken
MVA Bamberg:	950 000 Mark
MVA Ingolstadt:	725 000 Mark
MVA Rostock:	geschätzte 2 Mio. Mark
MVA Köln:	21,6 Mio. Mark.

«Bestechungszahlungen in Millionenhöhe» wurden nach Feststellungen des Bundeskriminalamtes zudem in Sachen HKW Cottbus und MVA Kassel geleistet. Die korrupten Transaktionen der Konzerne funktionierten nach einem Muster: Über Briefkastenfirmen wurden Millionen verschoben, und Lobbyisten mit Verbindungen in die Politik kümmerten sich um das gesellschaftliche Klima.

Im Fall der ABB war Otto Georg der Mann mit dem kurzen Draht zur Politik. Georg, der viele Jahre lang als graue Eminenz seiner Partei galt, war die rechte Hand des früheren hessischen SPD-Ministerpräsidenten Georg August Zinn gewesen. Der frühere Bundeskanzler Willy Brandt war ebenso mit ihm befreundet wie der österreichische SPÖ-Kanzler Bruno Kreisky.

Noch zwei Wochen vor seinem Tod im Sommer 1990 besuchte Kreisky Otto Georg im hessischen Kronberg, und bei dieser Gelegenheit traf er auch zum letzten Mal Willy Brandt. Georg pflegte viele Kontakte ins Ausland, insbesondere zur Sozialistischen Internationale in London, zu den Sozialisten in Lissabon und nach Israel. Die erste Vereinbarung mit der ABB hatte er 1983 geschlossen. Aus einer Auftragsübersicht für die Jahre 1990 bis 1996 bei ABB geht hervor, dass mit Unterstützung von Georg Aufträge mit einem Volumen von 500 Millionen Mark für die ABB Deutschland realisiert wurden.

Georg soll als Lobbyist knapp neun Millionen Mark von ABB erhalten haben. Ein wegen Durchstechereien beschuldigter ABB-Manager sagte Anfang 2002 der *Süddeutschen Zeitung*, Georg sei «unser Scharnier zur SPD» gewesen. Über ihn und mit Hilfe seiner Beziehungen zur Sozialistischen Internationale sei Geld an die Sozialdemokraten geflossen. Otto Georg bestreitet solche Geldmanöver vehement. Gegen ihn wurde auch nicht ermittelt, er wurde in Mannheim lediglich als Zeuge befragt. Und bei dieser Gelegenheit hielten es die Beteiligten nicht für notwendig, über die SPD zu sprechen.

Viele Spuren führen in diesem Geschäft zu so genannten Domizilgesellschaften in der Schweiz. Solche Gründungen unterhalten keinen eigenen Geschäftsbetrieb und sind wirtschaftlich nicht aktiv. Ihre einzige Aufgabe ist es, Scheinrechnungen zu schreiben. Üblicherweise kassieren sie dafür fünf Prozent der Rechnungssumme – manchmal auch deutlich mehr – als Provision und zahlen dann den Rest an Geldboten aus: meist in bar.

Dieser Weg des Geldes birgt allerdings das Risiko, dass das Finanzamt nach Prüfung derart auffälliger Rechnungen den Abzug der «Betriebsausgaben» verweigert. Deshalb werden zur zusätzlichen Verschleierung des wahren Geschehens auch Privatpersonen in die Abwicklung solcher Geschäfte einbezogen. Camouflage, Täuschen und Tarnen «haben Methode», sagt der Bonner Strafverfolger Friedrich Apostel, der sich im schmutzigen Müllgeschäft als Aufklärer einen Namen gemacht hat.

Trotz allen Ermittlungseifers von Strafverfolgern und Journalisten bleibt in vielen Fällen unklar, wer am Ende das schöne Geld bekommen hat. ABB-Geldbote Mustermann beispielsweise berichtete den Fahndern von etlichen Begegnungen mit Geldempfängern, deren Identität er gar nicht kannte. Das tat seinem Einsatzwillen keinen Abbruch. Ein Ex-Geschäftsführer der ABB Kraftwerksleittechnik bezeichnete Mustermann als «Weltmeister im Verrechnen». Als die Ermittler im Büro des Geschäftsführers beschlagnahmte Disketten auswerteten, erfuhren sie, was er damit meinte. Sie stellten fest, dass Schmiergelder für inländische Projekte ausländischen Kunden in Rechnung gestellt worden waren. So wurden Überweisungen an eine Londoner Briefkastenfirma, aus deren schwarzer Kasse dann in Deutschland geschmiert wurde, in die Kosten für ein Kraftwerk im iranischen Ghom eingerechnet.

Geldbote Mustermann hat sich manchmal über seine eigenen Perspektiven in diesem Spiel Gedanken gemacht, denn offiziell war im ABB-Konzern Schmieren streng untersagt. «Nach außen», sagte Mustermann etwas gedrechselt, «hatte der Vorstand zwar ein generelles Verbot der Gewährung von Zuwendungen verhängt. Intern war bekannt, dass nicht nur im Ausland, sondern auch bei Projekten im Inland» geschmiert wurde. Es habe verschiedene Wege des Geldtransfers gegeben. Überweisungen, Barschecks oder gelegentlich auch Bargeld – je nach Wunsch des Empfängers.

«Was mache ich am Schluss, wenn die Fahnder kommen?», hat Erich Mustermann seine Vorgesetzten gefragt. Einer der Bosse ver-

wies auf das Beispiel eines anderen deutschen Konzerns, der seine
«Zahlungskoordinatoren» noch in der Haft befördert habe. «Das
ist für mich aber ein schwacher Trost», hat Mustermann gesagt. Ab
1997 wurde dann tatsächlich gegen ihn ermittelt. Immerhin hat er
von ABB nicht etwa die fristlose Kündigung bekommen, sondern
1,34 Millionen Mark Abfindung.

Das Personal

Ulrich Eisermann, Jahrgang 1944, ehemaliger Verwaltungsbeam-
ter. Obwohl er kein Abitur hatte, machte er eine ungewöhnliche
Beamtenkarriere. Der Sozialdemokrat stieg 1988 zum Leiter des
Hauptamtes der Stadt Köln auf – in eine Schlüsselrolle der Stadt-
verwaltung. 1991 übernahm er die Leitung der Projektgruppe
Abfallverwertungsgesellschaft und wurde ein Jahr später Ge-
schäftsführer der Abfallentsorgungs- und Verwertungsgesellschaft
Köln, dem späteren Betreiber der Müllverbrennungsanlage Köln-
Niehl. Eisermann stand im Ruf, fleißig und ehrlich zu sein. Er
wurde im Mai 2004 wegen Angestelltenbestechlichkeit und
Steuerhinterziehung von der 7. Großen Strafkammer des Landge-
richts Köln zur drei Jahren und neun Monaten Haft verurteilt.

Sigfrid Michelfelder, Jahrgang 1941, Ex-Topmanager. Bereits als
junger Mann war Michelfelder Oberingenieur in Indien, dann
arbeitete er als Geschäftsführer einer Forschungsanstalt in Hol-
land. Er promovierte 1976 zum Dr. Ing. und wechselte knapp drei
Jahre später zum Anlagenbauer L&C Steinmüller nach Gummersbach, wo er 1993 zum Vorsitzenden der Geschäftsführung aufstieg. Nach dem Verkauf des Unternehmens an die Oberhausener
Babcock-Borsig AG 1999 wurde er Generalbevollmächtigter für
die Sparte Energietechnik (2,3 Milliarden Euro Jahresumsatz).

Daneben gehörte er dem Präsidium des Bundesverbandes der Deutschen Industrie an und war Vorsitzender in einflussreichen Verbänden wie dem SET-Industrieverband Stahlbau und Energietechnik. Michelfelder ist seit 1979 verheiratet, hat eine Tochter und einen schwerbehinderten Sohn. Er wurde im Mai 2004 zu zwei Jahren Haft auf Bewährung verurteilt und bekam eine hohe Geldstrafe. Er muss zudem eine Million Euro Schadenswiedergutmachung zahlen.

Norbert Rüther, Jahrgang 1950, Psychiater. 1975 trat er in die SPD ein und machte in der Partei und beruflich Karriere. Seit 1987 leitete er als Chefarzt die Forensische Psychiatrische Abteilung der Rheinischen Klinik in Langenfeld. Er war Vorsitzender des SPD-Bezirks Mittelrhein sowie Geschäftsführer und zeitweilig Vorsitzender der SPD-Fraktion im Kölner Stadtrat. Im Jahr 2000 wurde er Landtagsabgeordneter der SPD in Düsseldorf, im März 2002 legte er sein Landtagsmandat nieder. Nach 41-tägiger Beweisaufnahme wurde er von den Richtern der 7. Großen Strafkammer des Kölner Landgerichts freigesprochen.

Hellmut Trienekens, Jahrgang 1938, Müllunternehmer. Der gelernte Großhandelskaufmann mit Gespür für Nischen, Entwicklungen und treue Helfer fing 1961 im elterlichen Betrieb (Heu- und Strohgroßhandel) an. Nachdem sein Vater 1968 gestorben war, übernahm er den Betrieb und stieg in das Müllgeschäft ein. Über die Jahre wurde daraus die Trienekens-Gruppe, die aus 32 Unternehmen mit 4754 Mitarbeitern bestand. Darüber hinaus war er an 260 Firmen beteiligt. Trienekens war Präsident des Bundesverbandes der Entsorgungswirtschaft. Er wurde eine der Hauptpersonen des Kölner Müllskandals. Einen Tag vor seinem 64. Geburtstag, im Mai 2002, verkaufte er die von ihm und seinen drei Töchtern gehaltenen Aktien an den Großkonzern RWE. Aus der Trienekens AG wurde die RWE Umwelt AG. Im Kölner Müllprozess saß er nicht auf der Anklagebank, weil er zu krank für einen solchen Prozess war.

Karl Wienand, Jahrgang 1926, Rentner. Der Sohn eines Betonfacharbeiters und studierte Lehrer war in den ersten Jahren der sozialliberalen Koalition Fraktionsgeschäftsführer der SPD im Bundestag und gehörte zu den Mächtigsten und Einflussreichsten im Politikbetrieb. Er war Paladin des damaligen Fraktionschefs Herbert Wehner und stiller Helfer von Helmut Schmidt. Nach Affären musste der «Mann fürs Grobe», wie Wienand genannt wurde, 1974 sein Mandat aufgeben und startete eine Karriere als Unternehmensberater. Auch in der Müllbranche agierte er als Lobbyist. 1996 wurde er wegen Spionage für die DDR zu zweieinhalb Jahren Haft verurteilt und 1999 vom damaligen Bundespräsidenten Roman Herzog begnadigt. Wienand zitierte gern einen Spruch seines Ziehvaters Wehner: «Selbst der Sauberste stinkt, wenn er in einen Eimer Scheiße steigt.»

Wienands Leben erinnert an Hiob. In der Kriegsgefangenschaft wurde sein linker Unterschenkel amputiert, Wienand leidet an Angina Pectoris. Seine erste Frau starb 1960 an Krebs. Seit vier Jahren liegt seine zweite Frau Margret im Wachkoma. Sie ist bewegungsunfähig und kann nicht mehr sprechen. Ein Sohn verunglückte tödlich in den USA, der andere ist schwer krank. Eine Kette von Schicksalsschlägen. Ebenso wie Trienekens kam er aus Gesundheitsgründen ohne Prozess davon.

Der Deal: Eine Ausschreibung wird gefälscht

Immer wieder einmal bekommen Finanzbeamte brisante Post. Frauen schwärzen untreue Ehemänner an, Angestellte packen über ihre Chefs aus. Manchmal petzen auch Unternehmer. Deshalb waren die Beamten der Steuerfahndung beim Finanzamt Köln-Altstadt nicht überrascht, als sie im März 1996 den dreiseitigen Brief eines Anonymus erhielten, der sich «Dipl. Ing. H. Weyer» nannte und über die «Errichtung einer Müllverbrennungsanlage in Köln durch das Generalunternehmen Steinmüller, Anlagenbau» ein paar Neuigkeiten mitzuteilen hatte.

Auszug: «In obiger Sache möchte ich folgende Hinweise geben: Ich bin leitender Mitarbeiter in einem metallverarbeitenden Betrieb, welcher ständig für das Generalunternehmen Steinmüller, Gummersbach, als Nachunternehmer tätig ist. Ich kenne mehrere Mitarbeiter der Fa. Steinmüller, davon zwei in Führungspositionen. Wir treffen uns in unregelmäßigen Abständen, um den Projekt-Ablauf bzw. Detailplanungen zu erörtern. Mit einem in der Führungsposition tätigen Mitarbeiter bin ich seit längerer Zeit persönlich bekannt, d. h. wir treffen uns gelegentlich in privater Atmosphäre. Bei den zuletzt genannten Treffen reden wir auch oft über Ausschreibungen und die Auftragslage, natürlich auch über Bestechungsgelder, die auch unsere Firma zahlen muss, um lukrative Aufträge zu erhalten und am Markt zu bleiben. In einem Gespräch im Dezember vergangenen Jahres mit dem genannten Mitarbeiter der Fa. Steinmüller unterhielten wir uns ganz beiläufig wiederum über die Auftragslage. Wir diskutierten darüber, dass es mittlerweile fast unmöglich ist, kommunale Aufträge ohne hohe Schmiergeldzahlung und beste Beziehung zu erhalten. Wir waren uns darüber einig, dass selbst kleinste Chargen wie Gemeindedirektoren u. Bürgermeister unter fünf Prozent nichts mehr abwickeln, in den neuen Bundesländern seien manchmal bis zu fünfzehn Prozent zu löhnen. Mein Gesprächspartner erwähnte auch das Projekt ‹Müllverbrennungsanlage in Köln›. Der Auftrag sei noch nicht sicher im Kasten, obwohl schon Anzahlungen gelaufen seien. Die Provisionen (Bestechungsgelder) seien bei diesem Projekt enorm hoch geschraubt worden, sodass neu kalkuliert werden müsse. (...) Die Provision sei mittlerweile auf mindestens 70 Millionen brutto zu erhöhen. (...) Es ist mir schon seit längerer Zeit bekannt, dass die Firma Steinmüller für die Auszahlung der Provisionen eigens drei Firmen im Ausland gegründet hat, die wiederum Technologieleistungen von einigen Drittfirmen erhalten, die u. a. in der Schweiz, in Belgien und den Niederlanden ansässig sind. Auch die Firma, in der ich tätig bin, hat schon einige Male Rechnungen in siebenstelliger Höhe an Auslandsfirmen überwiesen, ohne nachvollziehbare Leistungen dafür erhalten zu haben. Diese Beiträge wurden von uns im Angebot an die Fa. Steinmüller auf deren Wunsch einkalkuliert.... Mein Gesprächspartner nimmt an, dass sämtliche Anteile – wie üblich – treuhänderisch verwaltet werden. Mein Geschäftsfreund kann natürlich nicht benanntwerden. Sollte die Sache an die Öffentlichkeit durchsickern, wäre der Auftrag und gegebenenfalls die Existenz vieler mittelständischer Firmen gefährdet, welche mit dem Generalunternehmer Steinmüller zusammenarbeiten.

Da ich annehme, dass Teile der Öffentlichkeit ahnen, dass hier große Bestechungsgelder im Vordergrund stehen, könnte es ja eventuell zu Ermittlungen kommen. Vielleicht sind meine Hinweise hilfreich zur Aufdeckung der Korruption.»

Der Tippgeber nannte dann auch Namen angeblicher Schmiergeldempfänger. Die Kölner Staatsanwaltschaft legte ein Aktenzeichen an (83 Js 144/96) und vernahm Mitarbeiter der Gummersbacher Firma L&C Steinmüller. Weil sie hier nicht weiterkam, verlief die Sache zunächst im Sande. Der Brief des angeblichen Ingenieurs wanderte in die Ablage. Der Absender konnte nicht befragt werden. Er hatte zwar eine Adresse im rheinischen Düren angegeben, doch die Anschrift war ebenso falsch wie der Name. Die Akte wurde geschlossen.

Vier Jahre später, am 29. Juni 2000, meldete sich abermals ein anonymer Hinweisgeber mit Informationen im Zusammenhang mit der Kölner Müllverbrennungsanlage. Er teilte dem Kölner Finanzamt für Steuerstrafsachen und Steuerfahndung mit, der Geschäftsführer der Fabrik, Ulrich Eisermann, habe beim Bau des Müllofens Millionen Mark an Schmiergeldern kassiert.

Eine neue Akte wurde angelegt. Kripobeamte stießen in den Archiven des Bundeskriminalamtes auf interessantes Material über die Kölner Szene. Die Kölner Staatsanwaltschaft begann nun recht intensiv zu ermitteln und stieß auf ein verzweigtes System schwarzer Kassen. Um die Ergebnisse ihrer Recherchen vorab zusammenzufassen: Beim Bau der mehr als 800 Millionen Mark teuren Müllverbrennungsanlage in Köln-Niehl sollen 21,6 Millionen Mark Schmiergeld geflossen sein. Das Geld wurde über Schweizer Firmen geschleust, die fingierte Rechnungen ausgestellt hatten – Methoden wie bei der Mafia. Korrupte Manager, windige Politiker – ein Abgrund von Filz und Amtsmissbrauch wurde sichtbar.

Verstrickt in den Fall sind der ehemalige Steinmüller-Manager Sigfrid Michelfelder, Mitglied des Präsidiums des BDI, der Müllunternehmer Hellmut Trienekens, die Sozialdemokraten Norbert Rüther und Karl Wienand sowie jener gelernte Verwaltungswirt Ulrich Eisermann, dessen Namen der Unbekannte im Jahr 2000 der Steuerfahndung mitgeteilt hatte.

Die Ermittlungen kamen im Jahr der Bundestagswahl 2002 in Fahrt, und wegen der Verwicklung von Politikern elektrisierte der Fall in Köln die Deutschen. Weil bei der Kölner SPD schwarzes Geld auftauchte, gerieten auch die Sozialdemokraten in Berlin mächtig unter Druck. Monatelang recherchierten die beiden Kölner Staatsanwälte Robert Bungart und Joachim Roth, unterstützt von Spezialisten der Kriminalpolizei und der Steuerfahndung, in der Szene. Zeitweise arbeiteten sechs Strafverfolger, 16 Kriminalbeamte, zwei Wirtschaftsreferenten und zwei Steuerfahnder an dem Fall.

Alle fünf Verdächtigen saßen wochenlang in Untersuchungshaft.

Als Trienekens gegen Zahlung einer Kaution freikommen wollte, forderten die Ermittler zunächst die Rekordsumme von 200 Millionen Euro. Nur die anonymen Briefeschreiber blieben unsichtbar. Vielleicht freuten sie sich, wie Rumpelstilzchen, darüber, dass niemand ihre Identität kannte, obwohl die ganze Republik über die Geschichte sprach.

Am 20. März 2003 setzten Bungart und Roth ihre Namen unter die 215 Seiten umfassende Anklageschrift: Eisermann sollte angeblich rund 9,5 Millionen Mark Schmiergeld bekommen haben, Wienand 4,2 Millionen Mark, Michelfelder 2,4 Millionen Mark und Trienekens 2 Millionen Mark. Angeblich, so der Verdacht der Ermittler, hat Eisermann von seinem Anteil auf Aufforderung Rüthers zwei Millionen Mark an die Sozialdemokraten weitergereicht. Einige weitere Millionen versickerten in Geldwaschanlagen. Gleich zu Beginn des Prozesses im Jahr 2004 musste die Staatsanwaltschaft allerdings eine herbe Niederlage hinnehmen. Da Eisermann als Geschäftsführer der nur zu 51 Prozent im Besitz der Stadt Köln stehenden Müllverbrennungsanlage (die restlichen 49 Prozent gehörten Trienekens) «keine Amtsträgereigenschaft» gehabt habe, entfalle der Anklagevorwurf der Bestechung und Bestechlichkeit von Beamten, erklärte die 7. Große Strafkammer.

Aber verfolgen wir den Fall nun der Reihe nach: Im Dezember 1988 hatte der Rat der Stadt Köln ein Abfallwirtschaftskonzept beschlossen, nachdem zuvor das Heidelberger Institut für Energie und Umweltforschung in einer Expertise die flächendeckende Einführung der Biotonne und, trotz einiger Bedenken, den Bau eines Müllofens mit einer Kapazität von rund 235 000 Tonnen empfohlen hatte. Das von CDU und SPD schließlich verabschiedete Konzept wich davon ab, indem es weniger Biotonnen und einen größeren Ofen vorsah.

Bald schon schnürte der Lobbyist Karl Wienand, der Berater von Trienekens und von Steinmüller war, durch die Szene, um frühzeitig den Boden für das große Geschäft vorzubereiten. Die Staatsanwälte fanden bei einer der vielen Durchsuchungen im Jahr 2002 eine Rechnung Wienands aus den Septembertagen des Jahres 1989. Für Bemühungen im Zusammenhang mit der geplanten Kölner Müllverbrennungsanlage hatte er der Gummersbacher

Firma 11 954,05 Mark in Rechnung gestellt: unter anderem für Gespräche, die er im Interesse von Steinmüller bereits im Mai 1989 mit dem damaligen Kölner SPD-Fraktionschef Klaus Heugel und dem damaligen SPD-Umweltminister Klaus Matthiesen geführt habe.

Zwei Jahre später erst gab die Kölner Stadtverwaltung der Wirtschaftsberatungs AG (Wibera) den Auftrag, ein Gutachten darüber anzufertigen, wie die Abfallverwertungsgesellschaft organisiert sein sollte, die das Großprojekt tragen würde. Die Gutachter schlugen die Gründung einer Gesellschaft vor, in der die Stadt Köln sowie die Stadtwerke Köln 74,9 Prozent der Anteile und ein Privatunternehmen 25,1 Prozent halten sollten. Designierter Chef der neuen «Abfallverwertungsgesellschaft» wurde nach einigen Kämpfen der Leiter des Hauptamtes Dezernat III, Ulrich Eisermann, der in der eignen Partei nicht unumstritten war. Er hatte Anfang der 80er Jahre zu den Gefolgsleuten des Kölner Sozialdemokraten Günther Herterich (Spitzname «Stalin») gehört, der gegen seinen Kontrahenten Heugel die entscheidenden parteiinternen Schlachten um die Spitzenämter verloren hatte. Normalerweise gingen in Köln mit den Anführern auch die Gefolgsleute unter, aber der sehr geschmeidige Eisermann hatte sich halten können.

Zu Eisermanns Aufgaben gehörte es, den privaten Mitgesellschafter zu finden. Eigentlich kamen nur die Unternehmen Trienekens oder Rethmann in Frage, die sich in Nordrhein-Westfalen einen erbitterten Müllkrieg lieferten. Die beiden damals einflussreichsten Sozialdemokraten der Domstadt, Heugel und Rüther, legten dem Parteifreund das Unternehmen Trienekens ans Herz, das wiederum mit dem Konzern RWE verbandelt war. Eisermann zufolge lautete die Botschaft: «Gesellschaft gründen mit Trienekens, aber nicht mit RWE». Heugel habe «persönlich starke Aversionen gegen Richard Klein, den Chef der RWE-Entsorgung» gehabt, weil dieser einmal dem linken Flügel der Kölner SPD angehört und sich mit dem Rechten Heugel oft gezofft hatte. Auch die Vertreter von CDU und FDP setzten sich für den Kaufmann vom Niederrhein ein. Heugel habe stets mit der CDU «seine Vereinbarungen getroffen», sagt Eisermann. «Zwischen den großen Parteien war alles verhandelbar. Das war nur eine Frage der gegenseitigen Verrechnung.»

Trienekens hatte die politische Landschaft am Rhein vorbildlich in Schuss gehalten; ein Staatsbürger, der die Parteien noch ernst nimmt und finanziell unterstützt. Nichts und niemand war diesem Meister des Gebens und Nehmens zu gering. Den Schulanfängern spendierte er reflektierende Schärpen, und ohne eine Mark zu verlangen, lieferte sein Unternehmen auch Material für den Weihnachtsschmuck in Köln. Berühmt war der vom Fußball-Verband Mittelrhein und von Trienekens veranstaltete «Fair-Play-Cup». Wer einen Spielabbruch verschuldete, bekam kräftig Minuspunkte, sportlich faires Verhalten hingegen wurde belohnt. Laut Ausschreibung für den Fair-Play-Cup wegen der «Verantwortung, die ethischen Werte des Spiels nicht dem kurzfristigen Erfolg zu opfern».

So hat es auch Trienekens immer gehalten – er hat langfristig gedacht. Am 14. Mai 1992 beschloss der Rat der Stadt Köln offiziell die Gründung der Abfallentsorgungs- und Abfallverwertungsgesellschaft (AVG) in der empfohlenen Form: Neben Stadt und Stadtwerken wurde die Trienekens Entsorgungs GmbH mit 25,1 Prozent an ihr beteiligt. Die Gesellschaft bekam schon wenige Wochen später beim Amtsgericht Köln die Handelsregisternummer HRB 22790.

Nun konnte es losgehen. Schließlich sollte sich die AVG nicht zuletzt um die Planung, den Bau und den Betrieb der Müllfabrik kümmern. Eisermann schaute sich bei den Anlagenbauern nach potenziellen Partnern um. Der Verhandler von ABB gefiel ihm nicht, bei anderen stimmte die Chemie auch nicht. Eisermann war plötzlich wer: Mehr als 800 Millionen Mark sollten verbaut werden, und alle rissen sich um den Chef der AVG. Ein Manager von

Babcock bot ihm zwei bis drei Prozent von der Bausumme als Schmiergeld an, der Mann von ABB wollte «das Übliche zahlen» – die normale korrupte Republik.

Der Steinmüller-Vorstand Sigfrid Michelfelder hatte schon weitergedacht. Er lud den Chef der Genehmigungsbehörde, den damaligen Kölner Regierungspräsidenten Franz-Josef Antwerpes, ein und diskutierte mit dem Sozialdemokraten, den sie in Köln «Kurfürst» nennen, über die Müllfabrik. Der «Kurfürst» gab Eisermann den Ratschlag: «Vergiss Steinmüller nicht.» Als Regierungspräsident wollte er die Firmen in der Region fördern. Gummersbach gehörte zu seinem Regierungsbezirk, und Steinmüller war in wirtschaftlichen Nöten. Bis Ende der 80er Jahre hatte sich das Unternehmen auf den Bau von Rauchgasentstickungs- und Entschwefelungsanlagen konzentriert, und dieser Markt war mit Ende der gesetzlichen Nachrüstungspflicht 1989 zusammengebrochen. Michelfelder setzte jetzt auf den Bau neumodischer Müllfabriken. Er musste auf diesem Feld reüssieren, ansonsten drohte der Hälfte der Belegschaft die Entlassung. Auch Matthiesen setzte sich für Steinmüller ein, nachdem er zunächst ABB favorisiert hatte.

Helfen wollte auch einer, der schon vielen geholfen hat – der Lobbyist Karl Wienand. Seit 1982 war er für Steinmüller als Berater tätig. Er bekam von den Gummersbachern ein monatliches Fixum und kassierte im Erfolgsfall 0,5 Prozent des Auftragsvolumens. Auf «halblegalen Wegen», sagte Michelfelder später, habe Wienand Informationen besorgt. Außerdem war Wienand Berater von Trienekens. Wienand kannte die richtigen Wege und die wichtigen Leute.

Wer von den Kölner Akteuren zuerst die Idee mit dem Schmiergeld hatte, konnte auch in dem Prozess nicht geklärt werden. Es gibt zwei Möglichkeiten: Entweder war es Wienand oder Eisermann.

Der Hamburger Ingenieur Hans Reimer, der so viele der Abfallöfen in Deutschland geplant hat, erzählt die Geschichte so: Bereits 1991 sei er mit Eisermann in Köln zusammengekommen, um mit ihm über einen Ingenieurvertrag für die geplante Müllfabrik zu reden. Eisermann habe damals die Bemerkung gemacht, zwanzig Millionen Mark Schmiergeld müssten drin sein. Weil Reimer erstklassige Verbindungen in die Schweiz habe, sei er möglicherweise sein Mann. Am 18. November 2002 hat Reimer diese Version der Kölner Staatsanwaltschaft unterbreitet und hinzugefügt: «Ich möchte Herrn Eisermann natürlich nicht Unrecht tun und kann nicht behaupten, dass das von ihm geforderte Geld für ihn bestimmt war. Er war eben nur mein Gesprächspartner. Wie dieses Geld verteilt werden sollte, habe ich nicht erfahren. Offenbar hat er aber später erkannt, dass ein Betrag von zwanzig Millionen Mark in einer Rechnung über Ingenieurleistungen schlecht zu verstecken ist.»

Reimer kam in Köln nicht ins Geschäft, Eisermann bestreitet, dass es einen derartigen Dialog gegeben hat.

Reimer stand zwar auf der 64 Namen umfassenden Zeugenliste der Ankläger, aber die Strafverfolger meinen, nicht Eisermann, sondern Wienand habe die Idee mit dem Schmiergeld gehabt. Wienand soll Eisermann 1993, gleich bei der ersten Begegnung, darüber aufgeklärt haben, dass bei solchen Geschäften Provisionen «von zwei oder drei Prozent» leicht drin seien. Er selbst hätte beispielsweise in Portugal bei einem solchen Geschäft drei Millionen Mark verdient, und in Monaco gäbe es viele diskrete Möglichkeiten, das Geld anzulegen.

Wienand und Eisermann kannten sich von den Parteitagen der SPD. Beide waren Delegierte gewesen, und sie hatten, nach Darstellung Eisermanns zumindest, «persönlich keine Probleme miteinander», was unter rheinischen Sozialdemokraten eher eine Seltenheit ist. Als die Ermittler Eisermann während einer Vernehmung fragten, woher Wienand gleichwohl den Mut nahm, ihn auf derartige Dinge anzusprechen, verwies der AVG-Chef auf die «Klüngeltreffen» der SPD, auf denen er Wienand ebenfalls begegnet war: Bei diesen Treffen seien Vorgehensweisen und Taktiken abgesprochen worden, um innerparteiliche Konkurrenzkämpfe zu beeinflussen. Und es sei dabei keineswegs mit zarten Bandagen zugegangen. Es ging darum, Intrigen zu spinnen, Mehrheiten zu bilden; Geld sei kein Thema gewesen. Jedenfalls habe jeder, der einmal an solchen Runden beteiligt war, über die anderen gelernt, dass «vertrauliche Dinge auch vertraulich behandelt» wurden.

Wienand verabredete sich auch mit Michelfelder. Er soll dem Manager gesagt haben, ein halbes Prozent Provision sei bei einem solch großen Geschäft nicht genug. Drei Prozent seien angemessen. Bei einer Bausumme von rund 800 Millionen Bausumme wären das 24 Millionen Mark Schmiergeld. Das Geld werde er sich mit Eisermann und, seltsamerweise, auch mit Trienekens teilen. Über die Forderung könne nicht verhandelt werden, soll Wienand hinzugefügt haben. Drei Prozent, sonst laufe da gar nichts.

Im Frühsommer 1993 trafen sich schließlich Michelfelder und Eisermann. Der Steinmüller-Manager lobte die Vorzüge seiner Firma, der Beamte wies auf die Schwächen hin. Der für die Anlage erforderliche Schubrost beispielsweise sei bei Steinmüller zu reparaturanfällig. «Aus meiner Sicht stand Michelfelder das Wasser bis zum Hals», sagte Eisermann später. «Er stand unter großem Druck. Er ließ durchblicken, er bräuchte den Auftrag dringend.» Steinmüller sei bereit, Bestechungsgelder zu zahlen, soll Michelfelder gesagt haben. Drei Prozent Schmiergeld in drei Tranchen. Ein Drittel bei Auftragsvergabe, das zweite bei Baubeginn, das letzte nach Abschluss der Arbeiten.

Weder Michelfelder noch Eisermann kannten die richtigen Wege, um ein so großes krummes Ding zu drehen. Jetzt kam der AVG-Mitgesellschafter Trienekens ins Spiel. Der erfahrene Branchenkönig empfahl, Schmiergeldzahlungen über die Schweizer Briefkastenfirma Stenna AG abzuwickeln, deren Geschäftsführer Andreas Hofmann er Anfang der 90er Jahre kennen gelernt hatte. Eingetragener Zweck der Gesellschaft war freilich die Vermittlung von Medienprogrammen und ihre Entwicklung auf dem Sportsektor. Das passte nicht recht zu einer Müllfabrik, und deshalb wurde die Firma 1992 in Stenna Umwelttechnik AG umbenannt.

Die Geldwaschanlage immerhin war damit installiert. Aber es gab noch ein paar Probleme zu lösen. Vor allem musste sichergestellt werden, dass Steinmüller überhaupt den Zuschlag bekam. Zunächst konnte eine europaweite Ausschreibung verhindert werden. Aber es blieben noch immer sieben deutsche Unternehmen übrig, die ihre Angebote machen konnten. Abgabeschluss war Freitag, der 3. Dezember 1993. In der Ausschreibung war die Müllfabrik in neun Lose unterteilt worden. Beispielsweise war die gesamte Prozess- und Leittechnik ein Los. Nun geschah Folgendes: Eisermann nahm am Freitagabend die Angebote mit nach Hause. Er löste über Wasserdampf den Klebefalz der Umschläge, nahm die Angebote vorsichtig heraus und machte sich Notizen. Den Zettel gab er noch in der Nacht Michelfelder, der auch das Originalangebot von Steinmüller einsteckte. Am Sonntag darauf traf sich Michelfelder mit dem Steinmüller-Manager Jörgen Becker in der Firma. Ein neues Angebot wurde zusammengestellt.

Die Manipulation gelang. In einer gemeinsamen Sitzung des Aufsichtsrates und der Gesellschafterversammlung der AVG wurde als «Generalunternehmer der in den meisten Losen günstigste Bieter, die Firma Steinmüller, Gummersbach» benannt. Ironischerweise schließt das Protokoll der Sitzung mit einem Appell des damaligen Kölner Oberstadtdirektors Lothar Ruschmeier: Er erwarte, «dass die Seriosität und Sicherheit im Verfahren wie bisher fortgesetzt wird».

Das Schmiergeld: Ein Kartell der Kassierer

Zwischen März und September 1994 überwies L&C Steinmüller in drei Tranchen neun Millionen Mark auf das Konto der Briefkastenfirma Stenna AG. Kurz darauf reisten Trienekens, Eisermann und Wienand nach Zürich. Nach Feststellungen der Ermittler wurden die drei Rheinländer bereits von einem Mitinhaber der Stenna AG erwartet. Gemeinsam sollen sich die Herren in ein Hinterzimmer begeben haben, um Schmiergeld zu verteilen. Der Stenna-Mann bestritt allerdings in einer Vernehmung, dass er an einem solchen Treffen teilgenommen habe.

Wer wie viel Geld verteilte, steht nicht endgültig fest. Als er sein Geldpäckchen geöffnet habe, sagt Eisermann, habe er zwei Millionen Mark gezählt. Zweitausend 1000-Mark-Scheine. Die Päckchen für die beiden anderen seien etwa ähnlich dick gewesen. Trienekens habe gar nicht hineingeschaut. Er habe sein Päckchen Wienand rübergeschoben und gesagt: «Jetzt sind wir quitt.» Wienand will nur 200 000 Mark bekommen haben, die Ermittler glauben ihm nicht.

Trienekens erklärte später, er habe den anderen bei dieser Gelegenheit gesagt, dass er bei so etwas nie mehr dabei sein werde. Die «große Subventionierung von Wienand als Berater und Türöffner hatte mit dieser Zürcher Begegnung ein Ende». «Ich habe auf Kosten der Firma Steinmüller zwei Millionen Mark erhalten, weil sie mir von Michelfelder wegen der Benennung der Firma Stenna als Geldwäscher so versprochen worden sind», hat Trienekens etwas pathetisch den Ermittlern erklärt. Ihm sei dann aber klar geworden, dass es «sich um eine strafbare Handlung handelte». Er sei «sofort danach abgereist». Schließlich sei er in eine Situation geraten, die «einem ehrlichen Kaufmann nicht ansteht».

Ein bisschen viel Tremolo. Immerhin hat Trienekens selbst in den Jahren 1993 bis 2001 dreißig Millionen Mark aus seinen Unternehmen an die Stenna Umwelttechnik AG überweisen lassen, um seine Kriegskasse mit schwarzem Geld zu füllen. Er habe, sagt er, die Gelder «in der Schweiz benötigt, um Türen zu öffnen und sonstige Dienstleistungen, die nicht immer fakturiert waren, zu erhalten». Andere Müll-Leute nennen das «Beatmen».

Im Zusammenhang mit der Kölner Müllverbrennungsanlage habe er keinem Politiker «irgendwelcher Couleur» einen Beratervertrag gegeben, sagt Trienekens. Als wenn er das nötig gehabt hätte. Er hatte genügend Beratung zur ständigen Verfügung. Allein im Jahr 2001 wendeten seine diversen Unternehmen rund 14 Millionen Mark an Beratungshonoraren auf. Darüber hinaus war er mit der politischen Elite seines Verbreitungsgebietes gut vernetzt. Der Müllunternehmer hat es in all den Jahren verstanden, wie Staatsanwälte 2003 in Vermerken festhielten, Mitspieler aus den Reihen der Parteien in sein Team zu holen.

Der frühere Umweltminister Klaus Matthiesen war bis zu seinem Tod bei einer seiner Tochterfirmen in Lohn und Brot, der ehemalige CDU-Landtags-Fraktionsvorsitzende Bernhard Worms hat als Berater seine guten Beziehungen für Trienekens eingesetzt. Der Kölner CDU-Fraktionschef Rolf Bietmann war mit seiner Sozietät als Rechtsanwalt für Trienekens tätig. Der Freidemokrat Ralph Sterck, der mit seinem Bruder den Kurierdienst «Kölner Flitzer» betreibt, fuhr auch für Trienekens. Der sozialdemokratische Landtagsabgeordnete Hardy Fuß aus Frechen bei Köln war Geschäftsführer einer Trienekens-Tochterfirma. Der CDU-Ratsfraktionschef aus dem rheinischen Pulheim brachte es bei Trienekens zum Geschäftsführer einer Tochterfirma in Krefeld. Ein Düsseldorfer Sozialdemokrat war für ihn als Geldbote unterwegs und kassierte als Lohn Millionen.

Der Geschäftsführer einer Abfallbewirtschaftungsgesellschaft von der Sieg stand ebenfalls bei Trienekens im Sold. Der Müllmillionär zahlte ihm mehr als drei Millionen Mark, weil er ihm Interna über eine Firma verraten hatte, die Trienekens kaufen wollte; außerdem soll der Geschäftsführer Unternehmen der Trienekens-

Gruppe bei Aufträgen bevorzugt haben. Die Moral der Akteure im Kölner Müllskandal ist eine Urwaldmoral: Nehmen, was man braucht und das Übrige ruhig den anderen überlassen.

Trienekens verstand es, sich auch Gegner gewogen zu machen. Egbert Bischoff, abfallpolitischer Sprecher der CDU-Ratsfraktion in Köln, hatte Ende der 80er Jahre gegen den Bau der Müllfabrik geeifert. «Für den war das Teufelszeug», sagt ein Kenner der Szene. Als die Müllfabrik nicht mehr zu verhindern war, kämpfte der Christdemokrat für eine Begrenzung der Kapazität. 1993 wechselte er dann überraschend die Seiten. Der Grundschullehrer gab sein Ratsmandat auf und wurde Geschäftsführer der Kölner Kompostierungs- und Verwertungsgesellschaft, die – auch Trienekens gehörte. Ulrich Eisermann erinnert sich so an den Vorgang: «Vor Gründung der AVG habe ich die Fraktionsvorsitzenden im Kölner Stadtrat (außer den Grünen und den Republikanern) abgeklappert und habe sie gefragt, ob es Probleme oder Vorgaben gibt. Der Fraktionsvorsitzende der CDU, Albert Schröder, hat mir zu verstehen gegeben, dass er Bischoff versorgt wissen wollte. ‹Schaff mir den bitte vom Hals, er ist zu nervös, zu umtriebig›, sagte Schröder. ... Ich habe Trienekens angesprochen, der zunächst auch nicht erfreut darüber war, Herrn Bischoff in seinem Unternehmen beschäftigen zu sollen. Als ich Herrn Trienekens zu verstehen gab, dass es sein müsse, wurde Herr Bischoff Geschäftsführer. ... Entscheidungen durfte er nicht alleine treffen.»

Andererseits: Auf einen Geschäftsführer mehr oder weniger kam es wohl nicht wirklich an. Bischoff und Bietmann sitzen mittlerweile für die CDU im Bundestag.

Viel schwarzes Geld war schon geflossen, und dennoch drohte plötzlich ein blaues Wunder. Das Genehmigungsverfahren hakte. 54 500 Kölner hatten nämlich ein Bürgerbegehren gegen die Müllfabrik unterzeichnet und gefährdeten damit das Projekt. Unbezahlbar war in dieser brenzligen Situation der Regierungspräsident.

Franz-Josef Antwerpes erklärte das Begehren für «unzulässig»; die Bürger hatten die Fristen nicht eingehalten. «Investitionen in dieser Größenordnung kann man keinem Bürgerbegehren anheim stellen» fand Antwerpes. Müllentsorgung gehöre zur Daseinsvorsorge der Kommunen. In der Düsseldorfer Koalition knirschte es daraufhin gewaltig. Die grüne Umweltministerin Bärbel Höhn verhängte einen Baustopp und bestellte den aufmüpfigen Sozialdemokraten Antwerpes ins Ministerium. «Aber der Regierungspräsident hat einfach mit dem Bau der Anlage anfangen lassen», wunderte sich Frau Höhn. «Er hat sich Weisungen meines Ministeriums an diesen Punkten widersetzt, er fühlte sich in seiner Position stark.»

Hat Antwerpes Geld bekommen? «Vier Millionen cash auf die Hand» habe der «RP», verlangt, hatte der erste Anonymus behauptet, der im März 1996 die Behörden alarmierte. Die Ermittler und auch Journalisten sind dieser Spur nachgegangen. Ergebnis: In Bezug auf Antwerpes gibt es keinerlei Hinweise auf nur eine Mark Schmiergeld. Der «Kurfürst» war unbestechlich.

Diese Einschätzung kann für einige seiner Parteifreunde nicht gelten. An dieser Stelle kommt Norbert Rüther ins Spiel, die graue Eminenz der Kölner SPD. Rüther und Eisermann kennen sich seit den 80er Jahren. Inzwischen gilt für beide die im Politbetrieb häufige Steigerung: Feind, Todfeind, Parteifreund. In seinen Vernehmungen im Mai 2002 hat Eisermann den Genossen schwer belastet: «Rüther hat mich im Frühjahr 1994 ganz konkret gefragt, wie viel an Provision ich persönlich aus dem Müllverbrennungsgeschäft erhalten würde. Ich habe gesagt, ich bekäme vier Millionen Mark. Über andere Empfänger ist nicht gesprochen worden. Darauf reagierte Rüther mit der Aussage, da kriegen wir aber die Hälfte von. Dies sollte von mir sukzessiv beigebracht werden.»

Er habe dann dem Parteifreund 1995 und 1998 jeweils eine Million Mark übergeben und Rüther auch Kontakt zu Firmen verschafft, die am Bau der Fabrik mitwirkten. Die Unternehmen, Steinmüller vorneweg, spendeten kräftig: insgesamt rund 830 000

Mark. Rund 460 000 Mark wurden gestückelt und versteckt. «Ich hatte den Eindruck, dass Eisermann seine Parteiverbindlichkeiten, wenn es solche gab, auf diesem Wege begleichen wollte», sagt Michelfelder. Dass Eisermann allerdings einen Teil des Schmiergeldes «an politische Entscheidungsträger weitergeleitet» habe, könne er sich nicht vorstellen. Eisermann habe eine «manische Beziehung zu Geld» gehabt.

Rüther selbst bestreitet, dass an Eisermanns Zwei-Millionen-Geschichte irgendetwas Wahres ist, sie sei erstunken und erlogen. Er habe damals gar nicht gewusst, dass beim Bau der Müllfabrik Schmiergeld geflossen sei. Weder 1995 noch 1998 habe er von Eisermann eine Million Mark bekommen. Er habe Eisermann lediglich gebeten, ihm Kontakte für Gespräche mit potenziellen Spendern zu vermitteln.

In ihrer Anklage war die Kölner Staatsanwaltschaft nicht Rüthers, sondern Eisermanns Darstellung gefolgt. Er war in dem Verfahren immer mehr zum Kronzeugen der Ermittler geworden. Das Gericht hingegen hatte später in der Verhandlung Zweifel an Eisermanns Darstellung.

Im Frühjahr 1995 flog Rüther schon einmal mit Michelfelder nach Zürich, um eine «Dankeschön-Spende» abzuholen. So nennt er Spenden der Unternehmen, die Aufträge erhielten. Die Geldübergabe scheiterte. Im Juli 1995 reiste er nach Recherchen der Kölner Staatsanwaltschaft abermals nach Zürich und besuchte den Rechtsanwalt Heinz Egli, der einschlägig bekannt ist. Der 1937 geborene Jurist ist Honorarkonsul des zwischen Neuseeland und Australien gelegenen Steuerparadieses Vanuatu und bewies sein Fachwissen als Autor des Buches «Grundformen der Wirtschaftskriminalität». In seiner am Zürcher Basteiplatz gelegenen Rechtsanwaltspraxis ist praktischerweise auch das Konsulat untergebracht, das natürlich unter diplomatischem Schutz steht. Rüther erhielt in Zürich einen mit 150 000 Mark gefüllten Umschlag. Das

Geld kam von Steinmüller aus Gummersbach. Rüther sagte später, der Besuch sei ihm «absurd» vorgekommen und er habe danach «einen Brechreiz» gehabt. Das hat ihn nicht daran gehindert, 1997 erneut nach Zürich zu reisen und bei Egli abzukassieren. Bei dem Anwalt handele es sich um eine «Person», schrieben die Staatsanwälte 2003 in ihrer Anklage, «die deutschen Konzernen mit ihren Firmen dazu dient, Geldtransaktionen zu verschleiern». Auch für andere Anlagenbauer, zum Beispiel ABB, war Egli schon aktiv.

Bei einer von Rüthers Reisen in die Schweiz war Steinmüller-Manager Jörgen Becker dabei, der an jenem bewussten Sonntag gemeinsam mit Michelfelder das Angebot frisiert hatte. Er kennt die meisten Akteure dieser Affäre und es wird auch gegen ihn ermittelt, es gibt aber keinen Hinweis darauf, dass er sich persönlich bereichert hat. Der Techniker ist besonders schlecht auf die Stenna Umwelttechnik AG zu sprechen. Er habe die Firma vorher nicht gekannt, erzählte Becker den Staatsanwälten. «Ich bin dann in die Schweiz gefahren und habe dort festgestellt, dass es sich um eine Zwei-Mann-Firma handelt. Herr Hofmann, den ich dort getroffen habe, hat mir bei dieser Gelegenheit gesagt, er würde vier Ingenieure einstellen. In der Folgezeit sind minimale Leistungen schlechter Qualität erbracht worden.»

Auf dem Papier war die Briefkastenfirma für die Überwachung der Ingenieurleistungen in Köln-Niehl zuständig und sollte dem Generalunternehmer Steinmüller helfen, die Preise zu drücken. Die Schweizer hätten Unterlagen willkürlich «mit Stempeln und Paraphen versehen» und «nur so getan, als hätten sie irgendetwas geprüft», sagt Becker. Hofmann habe vom Geschäft keine Ahnung gehabt.

Für den Stenna-Mann hat es sich dennoch rentiert. 14,2 Millionen Mark überwies die Gummersbacher Firma bis 1996 in die Schweiz. Mehr als vier Millionen Mark soll die Briefkastenfirma für Steuern, Bankgebühren und den eigenen Geschäftsbetrieb abgezogen haben – eine Menge Geld für wenig Arbeit. 1996 beendete

Michelfelder die Geschäftsbeziehungen zur Stenna AG. Grund dafür war nicht zuletzt die anonyme Anzeige.

Die Gummersbacher Manager fürchteten, die Ermittler könnten bei einer Überprüfung leicht herausfinden, dass es sich bei der Stenna um eine Briefkastenfirma handelte. Fortan wurden die Geldflüsse über eine Ecoling AG und über die Firma Vacani & Zweig geleitet.

Auch Michelfelder von der Firma Steinmüller hat kassiert. Die Höhe der Summe war allerdings umstritten. Michelfelders Version lautet: Bereits 1993 habe ihn Eisermann einmal angesprochen und ihm eine Million Mark aus dem «Provisionstopf» angeboten. Er habe abgelehnt. Zwei Jahre später habe sich der AVG-Geschäftsführer erneut bei ihm gemeldet und die Million angeboten. Diesmal habe er akzeptiert. Am 28. März 1995 habe er einen Betrag von 985 530 Mark bei der Bank of Scotland eingezahlt.

Die Staatsanwaltschaft fand allerdings, dass diese Schilderung des Ablaufs nicht sehr lebensnah ist. Warum sollte Eisermann auf die Idee kommen, Michelfelder ein solches Geschenk zu machen? Die Geschichte, so glauben die Ermittler, ist vielmehr so abgelaufen, wie Eisermann sie ihnen erzählt hat: Nach der Anzeige des Anonymus im Jahre 1996 habe er sich immer wieder einmal mit Michelfelder «zum Austausch von Informationen ohne Kalender, ohne Begleitung und unter vier Augen getroffen». Bei einem dieser Treffen sei über die noch ausstehenden Schmiergeldzahlungen gesprochen worden. Nachdem Trienekens inzwischen aus dem Kreis der Schmiergeldempfänger ausgestiegen war, habe Michelfelder dem AVG-Chef erklärt, dass dessen Anteil dadurch dann doch ein bisschen zu groß würde. Und deshalb wolle er, Michelfelder, nun den Platz von Trienekens einnehmen. Der Trienekens-Anteil sei jetzt für ihn einzukalkulieren. Im Herbst 1996 habe Michelfelder von ihm Geld bekommen. Nicht eine Million, sondern 2,4 Millionen Mark.

Die Staatsanwälte rätselten lange, warum jemand wie Michelfelder, dessen Gehalt im Jahr 2002 auf 700 000 Euro geschätzt wird und der alle Aussichten hatte, noch weiter nach oben zu kommen, bestechlich war. Sie kamen zu dem Ergebnis, der Topmanager habe schlicht die Gelegenheit genutzt. Es war nicht das erste Mal. In den Vernehmungen hat Michelfelder eingeräumt, 1994 bei Verhandlungen im Zusammenhang mit einem Großauftrag in China zwei Millionen Mark Schmiergeld kassiert zu haben. Die Zahlung wurde auch damals von Egli abgewickelt. Ein Manager von Babcock steckte ebenfalls zwei Millionen ein. Er sei nicht gierig, sagt Michelfelder. Er habe die Schmiergelder genommen, weil er Mitte der 90er Jahre noch nicht so viel verdient und eine «Zukunftssicherung für meinen behinderten Sohn» benötigt habe. «Dies muss man in dem Zusammenhang sehen, dass mein damaliger Vertrag zeitlich befristet war, mein Arbeitgeber möglicherweise verkauft werden sollte und von daher meine finanzielle Zukunftssicherheit begrenzt war.»

Und noch eine Zahlung ist strittig. Eisermann behauptet, er habe Wienand 2,4 Millionen Mark in einem Kölner Café übergeben. Wienand habe noch mehr verlangt, er müsse das Geld teilen. «Mit wem?», will Eisermann gefragt haben, und der Parteifreund soll geantwortet haben, das könne sich Eisermann schon denken. Alles Lüge, sagt Wienand. Er habe den Mann weder in dem Café getroffen noch das Geld bekommen. Die Staatsanwaltschaft glaubte auch in diesem Fall Eisermann und behandelte ihn außerordentlich pfleglich. Im Sommer 2002 hob die Ermittlungsbehörde einen Teil seines Vermögensarrestes auf. Es wurde vereinbart, dass Eisermann aus der «zu erwartenden Schlusszahlung» der Firma Trienekens 200 000 Mark erhält, um seine Verteidigerhonorare bezahlen zu können. Eine solche Regelung ist nach der Strafprozessordnung zulässig. Allerdings muss dabei ausgeschlossen werden, dass es sich um «deliktisches Geld», also Beutegut, handelt.

War das Verhältnis der Staatsanwaltschaft gegenüber Eisermann und dessen Verteidigung zu vertrauensvoll? Mitte März des Jahres 2004 tischte einer der Verteidiger im Kölner Müllprozess einen Kripo-Fragebogen an den Anwalt des Inhabers einer Schweizer Briefkastenfirma auf. Das Dokument befand sich nicht in den Prozessakten.

Nach einem Gespräch mit der Kriminalpolizei gaben die Staatsanwälte eine «dienstliche Erklärung» ab. Der von ihnen befragte Kriminalbeamte glaube, «sich erinnern zu können, seitens der Staatsanwaltschaft sei nach Eingang der Schriftstücke entschieden worden, diese nicht zu den Akten zu nehmen, da dadurch die Glaubwürdigkeit Eisermanns beeinträchtigt würde». Dies entspreche allerdings «nicht den Tatsachen», wehrten die Staatsanwälte ab und verwiesen vorsorglich darauf, dass bei der Kripo «noch verschiedene Schriftstücke» verwahrt würden, die im Laufe des Ermittlungsverfahrens eingegangen seien. Als der Vorsitzende Richter auf Aushändigung des Materials bestand, wurden ihm 30 Aktenkartons übergeben. Der Eklat war da. In den Kartons wurden unter anderem Wahlkampfabrechnungen gefunden, die Rüther entlasteten. Der Vorsitzende Richter Baur erklärte, nach der Beweisaufnahme könne nicht mehr zweifelsfrei den Angaben des Kronzeugen Eisermann geglaubt werden. Mit Eisermann aber standen und fielen die Untreue- und Bestechungsvorwürfe gegen die Mitangeklagten.

Möglicherweise hätten «einzelne Aktenteile» zu einem früheren Zeitpunkt nachgeliefert werden müssen, räumte der Kölner Staatsanwalt Roth ein. «Im Gedränge der Dinge, die erledigt werden müssen, kann man schon mal etwas vergessen», ergänzte sein Kollege Bungart. Was bleibt: Die Ermittler waren gegenüber Eisermann zu vertrauensselig.

Dabei hatte der treue Becker von Steinmüller den Staatsanwälten einmal einen kleinen Vortrag über Macht, Gegenmacht und Eisermann gehalten. Er machte in schöner Offenheit und Klarheit deutlich, wie Korruption funktioniert und auch im Kölner Fall funktioniert hat.

Auszug: «Als Bauherr eines Auftrages in dieser Größenordnung hatte Herr Eisermann eine unglaubliche Machtposition und hätte durch Verweigerung der Abnahme sowie Reklamationen den gesamten Ablauf und die Schlussabrechnung immens erschweren oder sogar verhindern können. Er war auch vom Temperament her jemand, der ausgesprochen unangenehm werden konnte und dieses auch in meiner Gegenwart mir selbst und allen möglichen Subunternehmern oder Konsorten gegenüber zum Ausdruck bringen konnte. Im Zusammenhang mit den von ihm geforderten Zahlungen ist er allerdings mir gegenüber nie massiv oder drohend aufgetreten. ...

Anlässlich eines Mittagessens, was Ende 1997, vielleicht aber auch erst Ende 1998 mit Eisermann stattgefunden hat, äußerte er mir gegenüber, dass es doch bedauerlich sei, dass er und ich für einen so reibungslosen Ablauf eines solch großen Projekts gesorgt hätten, aber dafür keinerlei Belohnung der jeweiligen Arbeitgeber erhalten hätten. Ich stimmte dem zu, hielt das auch für bedauerlich. Damit war zunächst für mich aber das Thema erledigt. Einige Tage später sprach ich mit Dr. Michelfelder, und er sagte mir, Eisermann hätte ihm gesagt, ich sei wohl auf einem Ohr taub. Ich habe daraufhin gefragt, ob wir in diesem Zusammenhang noch etwas tun müssten, und er hat ja gesagt. Wir haben uns dann über die Größenordnung unterhalten. ... Ich habe dann Herrn Eisermann etwa eine Million Schweizer Franken vor dem Schuhhaus Bally in der Bahnhofstraße in Zürich übergeben. ... Es ist nie durch Herrn Eisermann mit irgendwelchen Konsequenzen gedroht worden, für den Fall, dass man seinen Forderungen nicht nachgekommen wäre. Mir und auch Herrn Dr. Michelfelder und allen Fachleuten, die sich damit beschäftigten, war klar, welche Machtposition Herr Eisermann ausübte. Ich hatte ihn von seiner Persönlichkeitsstruktur so erlebt, dass er die Schwierigkeiten, die er aufgrund seiner Stellung hätte machen können, aufgrund seiner Persönlichkeitsstruktur auch gemacht hätte.»

Am 13. Mai 2004 ging der Kölner Korruptionsprozess nach Anhörung von 57 Zeugen und dem Durcharbeiten von 17 000 Blatt Hauptakten zu Ende. Eisermann bekam drei Jahre und neun Monate Haft, Michelfelder kam mit einer Bewährungsstrafe davon, muss aber eine Million Euro Schadenswiedergutmachung zahlen. Rüther wurde freigesprochen. In der Begründung erklärte Richter Baur, nicht nur «in irgendwelchen Bananenrepubliken, sondern auch in Deutschland ist es üblich, dass man sich bei großen Bauprojekten irgendwo bedient». Die Ratsmitglieder hätten sich «allseits einbinden lassen». Müllunternehmer Trienekens habe dafür gesorgt, dass «eine nicht enden wollende Liste von Donationen» an Ratsherren ging. Es sei ein «immens hoher Schaden» entstanden.

Die juristische Aufarbeitung des Falles ist noch nicht abgeschlossen. Die Staatsanwaltschaft Köln legte unmittelbar nach Verkünden des Urteils Revision ein.

Die Stadt: «Echte Fründe stonn zesamme»

Fast ein ganzes Leben lang hat der Schriftsteller Heinrich Böll in Köln gelebt. «Man könnte auch», hat er in seiner Wohnung an der Hülchrather Straße 7 vor mehr als zwanzig Jahren dem Freund Werner Koch gesagt, «ein Stück über aktuelle Probleme in Köln machen.» Ein «witziges, parodistisches Stück über Kölner Politiker, meinetwegen auch den Kölner Klerus, warum eigentlich nicht?». «Köln, Rhein, Rheinland», war sein «Arbeits-Material, Erfahrungs-Material, Seelen-Material. Ich bin nun mal hier geboren und habe hier mein Material gefunden.» Wahrscheinlich assoziiere der «Nichtkölner bei kölnisch etwas, das sich – in verschiedenen Mischungsgraden – aus dunkel, fromm, bürgerlich, Dom, Karneval, Rhein, Wein, Mädchen zusammensetzt». Regierende und Opposition seien oft «osmoseartig» miteinander verbunden.

Regeln und Gesetze werden in der viertgrößten deutschen Stadt des Öfteren geknetet und gebogen, bis sie passen. Dieses Phänomen wird gerne mit dem Begriff «Kölner Klüngel» umschrieben, doch das ist eine Verniedlichung. Ein Gemeinwesen, in dem Gesetzesmacher nicht selten Gesetze nur als Richtschnur für die anderen begreifen, in dem Parteien wie Staatsparteien, aber ohne staatsbürgerliches Bewusstsein regieren, ist gemein im gebräuchlichen Sinne des Wortes. In Köln vereinen sich manchmal Landschaftspflege und Korruption auf seltsame Weise.

«Leben und leben lassen», sagen die Kölner gern. Das Umgehen von Moral und Regeln gilt als pfiffig. Beim Helfen kommt es, wie aus der umfangreichen Kölner Klüngelliteratur hervorgeht, gar nicht darauf an, wer zu welcher Partei gehört: Die Sieger lassen die Verlierer nicht verkommen, denn unten kann ja bald schon wieder oben sein. Lange Jahre hat die SPD regiert, dann kam die CDU dran, aber die Granden beider Parteien hatten schon vorher das Terrain fair aufgeteilt. Hier ein gut bezahlter Posten, dort ein schöner Auftrag. «Echte Fründe stonn zesamme», beschreibt ein Kölner Karnevalsschlager das Prinzip.

Als Kulturdezernent war in Köln einige Zeit der Genosse Manfred Biciste im Gespräch, der 15 Jahre lang die Kasse der SPD geführt hat. Ein gebildeter Mann mit Manieren. Im Frühsommer 1994 brachte ihm sein Parteifreund Norbert Rüther erstmals einen Briefumschlag vorbei, gefüllt mit 1000-Mark-Scheinen. Rüther kam fortan regelmäßig und Biciste kassierte regelmäßig. Mehr als 400 000 Mark wurden dem Schatzmeister auf diese Weise zugesteckt. Geld, das von Steinmüller und den anderen stammte. Biciste stückelte es in kleine Tranchen unter 20 000 Mark, um die Anzeigepflicht der Spenden zu unterlaufen.

Damit er einen glaubhaften Rechenschaftsbericht vorlegen konnte, rief er Parteifreunde an, die er dann als angebliche Geldgeber aufführte. Sie erhielten Spendenquittungen, die sie beim Finanzamt einreichen konnten. «Ich hatte das Bewusstsein, das ist nicht legal, aber ich tue es für einen vermeintlich guten Zweck», hat Biciste gesagt. Manchmal sei man «von einer Sache so überzeugt und glaube, die Ziele seien so hervorragend und gut, dass man sich über geltendes Recht» hinwegsetze. Die staatstragenden Parteien arbeiten am Staat vorbei, und Staatsdiener wie Biciste, der Lehrer am Gymnasium ist, machten mit.

Über Jahrzehnte gab es in der Kölner SPD darüber hinaus eine schwarze Fraktionskasse. Rüther hat die meisten Unterlagen vernichtet, als die Kohl-Affäre auflog. Viele der in den Müllfall verwickelten Akteure, darunter Rüther und auch der traurige Biciste, sind aus der SPD ausgetreten. Ein Dutzend verdienter Genossen hat die Partei verlassen, als die Affäre publik wurde.

Eigentlich hatten sich die Kölner immer arrangiert. Auch in der Kölner SPD waren die Verhältnisse jahrzehntelang klar und übersichtlich gewesen. Die Partei zerfiel in einen linken und einen rechten Flügel. Ideologisch war das nur bedingt von Bedeutung, es ging vorwiegend um Posten und Macht. Vor Wahlen trafen Verhandlungskommissionen beider Flügel Absprachen, die die Genossen das «Kölner Pendel» nannten. Manchmal schlossen die Rechten die diskutierfreudigeren Linken im Rathaus ein und ließen sie erst um zwei Uhr morgens frei. Wer zu wem gehörte, um später auf dem richtigen Ticket gefördert zu werden, war sehr wichtig. «Welche Genossinnen und Genossen deines Distrikts/Ortsvereins siehst du oder sahst du aus welchen Gründen als deine politischen Gegner an?», forschte die Partei einmal per Fragebogen.

Aber auch bei der Kölner CDU, der kundige Parteifreunde in der Landeshauptstadt Düsseldorf nur das Schlechteste zutrauen, gibt es merkwürdige Gebräuche. Die Partei ist chronisch zerstritten, und die Umgangsformen sind entsprechend. «Du lausiger Maurer», beschimpfte Parteichef Richard Blömer bei einer Debatte über die Verkehrspolitik einen im Rat vertretenen Bauunternehmer. «Du mieser Volksschullehrer», erwiderte der Parteifreund. «Bring du erst einmal deine Familie in Ordnung», kam es zurück. «Du kompletter Vollidiot», lautete der Konter. Später erklärte der damalige CDU-Bürgermeister Harry Blum, die Unterhaltung sei zwar keine «normale Umgangsform» unter Parteifreunden gewesen. Aber so schlimm sei der Zoff nun auch nicht gewesen.

Wer nicht mitmacht, gilt als Außenseiter. Das Kölner Ehepaar Professor Erwin K. Scheuch und Dr. Ute Scheuch beschäftigte sich seit mehr als einem Jahrzehnt mit dem monströsen Phänomen des Filzes und der politischen Korruption unter besonderer Berücksichtigung des so genannten Kölner Klüngels. Die Scheuchs erfuhren immer wieder, dass ihre Analyse so falsch nicht sein kann. Filz ist in Köln nicht nur ein Wort, sondern hat Namen und Gesichter. Weil die von den Korruptionsforschern nimmermüde beschriebenen Politiker, Kirchen- und Medienvertreter offenkundig tatsächlich so einflussreich sind, wie das Autoren-Ehepaar immer behauptet hatte, wurden die Scheuchs zum Schweigen gebracht – in Köln wenigstens, der Feste der rheinischen Toleranz.

Der traditionsreiche J. P. Bachem Verlag, der unter anderem die Kirchenzeitung für das Erzbistum Köln herausgibt, lehnte nach Auffliegen des Müllskandals die Veröffentlichung eines Manuskripts der Scheuchs mit dem Titel: «Der Kölner als solcher beherrscht das Klüngeln (manchmal) in Perfektion» ab. Der Beitrag sollte in dem Buch «Ganz unter uns» veröffentlicht werden, einer Anthologie über das Leben in der Stadt. «Eine Vielzahl von Personen und Ereignissen» werde «in einer Form mit dem Kölner Klüngel in Verbindung gebracht, die wir als Kölner Verlag so nicht veröffentlichen können», teilte die Geschäftsführung den Scheuchs mit. J. P. Bachem befürchtete «rechtliche wie auch ökonomische Konsequenzen».

Für die streitbaren Scheuchs keine neue Erfahrung: Anfang der 90er Jahre hatte eine CDU-Wirtschaftsvereinigung bei ihnen ein Arbeitspapier darüber in Auftrag gegeben, wie sinnvolle Personalauswahl der Partei aussehen könnte. Das Ergebnis ihrer Expertise geriet parteiintern schnell in Misskredit und wurde «klammheimlich unterdrückt» (Erwin K. Scheuch). Der Soziologieprofessor und seine Ehefrau, eine promovierte Sozialwissenschaftlerin, hatten den Parteienklüngel, die Ämterpatronage und die Selbstbedienungsmentalität in Köln beschrieben. Ihr Opus wurde auch von namhaften CDU-Größen als «ausgesprochen schädlich» bewertet. Es erschien dann als Taschenbuch und wurde ein Bestseller. In der Nacht zum 13. Oktober 2003 starb Erwin K. Scheuch, der gegen die korrupte Republik ausgezogen war. Er hat sich bemüht, und er hat ein paar Verbündete gefunden.

Das große Sittengemälde der «sagen wir: leichtfertigen Stadt» hat Heinrich Böll zwar nicht geschrieben, aber seine literarischen Texte verschaffen immer wieder Einblicke in das ewige Kölner Milieu.

In Bölls «Sole-Mio – Zur Ästhetik diskreter Geldübergaben» beispielsweise ist alles schon angelegt, was im Müllskandal an üblen Gerüchten aufsteigt:

«Die Sorte Giftmüll, um die es hier geht, heißt Bargeld, und obwohl das angeblich nicht riecht, fängt es an zu stinken, aus allen Kanälen, in die es geflossen ist.» Ein «regelrechter Bargeldporno» sei da abgelaufen. Welch ein «redlicher, nützlicher und notwendiger Beruf» sei es angesichts dessen doch, «Fäkaliengruben zu leeren oder Kanalarbeiter zu sein».

Verschiedentlich hat Böll darüber nachgedacht, welches Wappen zu Köln passen würde. Jedenfalls solle die Stadt sich möglichst ein neues zulegen: ohne Dom, aber mit weltlichen Emblemen, darunter ein «Versicherungsgebäude oder ein Bankhaus. Daneben unbedingt zwei Hände – die eine die andere waschend». Bedenkenswert sei «auch das Stadtgefängnis am Klingelpütz». Da «sitzen sie nun, die das komplizierte Instrument Klüngel nicht zu benutzen verstanden, deren Unnettigkeit aktenkundig werden musste». Vielleicht, so Böll, wäre «ein kleines Gitter ... als zusätzliches Moment in meinem imaginären Stadtwappen angebracht».

Beraten und verkauft –
Wie Müllmagnat Trienekens die Landschaft pflegte

Beim Streifzug durch die Korruptionslandschaft der Müllbranche sind wir schon vielen Typen begegnet: Bestechern, Absahnern, Erfindern von Geldwaschanlagen, raffgierigen Managern, Trickbetrügern. Sie stehen für die wachsende Zahl von Mitbürgern, die glaubt, außerhalb der Gesetze Kasse machen zu müssen. Am Ende der Betrachtung dieser speziellen, etwas streng riechenden Branche wollen wir noch einen Blick auf ihr Netzwerk in den Kommunen werfen. Seit Jahren fordern Korruptionsbekämpfer, die Kontrollen zu intensivieren. In Sonntagsreden gaben Politiker ihnen Recht. Sie waren dafür, dass die Landesrechnungshöfe genauer hinsehen dürften und mobile Prüfgruppen aufgestellt würden, die unangemeldet Kontrollen durchführen. Denn die Risiken für die Korrupten müssten unkalkulierbar werden. Und plötzlich geschah es tatsächlich. Wie es an der Basis so zugeht und was passiert, wenn eine Antikorruptions-Task-Force ihre Aufgaben ernst nimmt, wird in den beiden folgenden Abschnitten geschildert.

Der Aachener Professor Max Dohmann ist eine Berühmtheit in der Abfall- und Wasserwirtschaft. Der geschäftige Wissenschaftler, Jahrgang 1939, sitzt in 15 nationalen und internationalen Fachausschüssen. Sein Wort hat Gewicht. Auch die rot-grüne Bundesregierung holt zu heiklen Umweltproblemen gerne Expertisen des renommierten Professors ein.

Im Sommer des Jahres 2000 tummelte sich Dohmann häufig in der sauerländischen Provinz, in Lüdenscheid. Diskret hatten die Fraktionsspitzen von CDU und SPD des dortigen Kreistages den weltläufigen Professor angeheuert. Er sollte sie bei der geplanten Teilprivatisierung der Abfallentsorgungsgesellschaft Märkischer Kreis (AMK) beraten. Die Kreispolitiker wollten 49 Prozent der AMK an die Entsorgungswirtschaft verkaufen. Die Perle im Besitz der AMK war das für 180 Millionen Euro erbaute Müllheizkraftwerk im westfälischen Iserlohn. Hier werden pro Jahr bis zu 260 000 Tonnen Abfall verbrannt. Der Teilverkauf ihrer Abfallgesellschaft, so das Kalkül der Kommunalpolitiker, werde zu einer 35-prozentigen Senkung der Müllgebühren im Märkischen Kreis führen.

Allein bei der grünen Kreistagsfraktion hatte die hektische Verpflichtung von Dohmann Misstrauen geweckt. Denn der Aachener Professor war per Dringlichkeitsentscheidung und im Wege der freihändigen Vergabe engagiert worden – ausgerechnet während der parlamentarischen Sommerpause. Wegen der «speziellen Fragestellung» sei eine breite Ausschreibung nicht möglich gewesen, begründete die Kreisverwaltung ihre Eilentscheidung. Ein Experte wie Dohmann hat seinen Preis. Insgesamt 225 000 Mark verlangte der Wissenschaftler für die Erarbeitung eines Gesamtkonzeptes zur zukünftigen Organisation der Abfallentsorgung im Märkischen Kreis und deren Umsetzung.

Nicht nur die Grünen, auch einzelne SPD-Kreistagsabgeordnete rieben sich an dem teuren Spezialisten. Der Vorsitzenden des Umweltausschusses, Angelika Machelett (SPD), war Dohmann in der Vergangenheit weniger wegen seiner wissenschaftlichen Studien, sondern vielmehr als «Haus- und Hofgutachter eines großen niederrheinischen Entsorgers» aufgefallen. Gemeint ist der Viersener Trienekens-Konzern.

Tatsächlich holte sich Müllmagnat Hellmut Trienekens gerne Rat bei Dohmann und dessen angesehenem Aachener Hochschulinstitut für Siedlungswasserwirtschaft. Der Professor hatte seine langjährigen Beziehungen zu dem hemdsärmeligen Müllmann als eine der «üblichen Verbindungen» zwischen Hochschule und Wirtschaftsunternehmen heruntergespielt. Nichts Besonderes, alles *business as usual*, versicherte Dohmann. Allerdings war die Aachener Hochschulleitung einigermaßen alarmiert, als ihr Forschungsinstitut für Wasser- und Abfallwirtschaft (FIW) irgendwann in den Akten der Staatsanwaltschaft zur Kölner Korruptionsaffäre auftauchte.

Der frühere Geschäftsführer der Kölner Müllverbrennungsanlage, Ulrich Eisermann, hatte nach wochenlanger Untersuchungshaft über das kommunalpolitische Beziehungsgeflecht in der Abfallbranche ausgepackt. Er berichtete, Trienekens habe dem Aachener FIW-Institut mit einem 50 000-Mark-Darlehen großzügig unter die Arme gegriffen. Als Eisermann sein Gedächtnis weiter strapazierte, fiel ihm noch ein, dass der ehemalige Kölner SPD-Fraktionschef Norbert Rüther, die Schlüsselfigur der «Dankeschön-Spenden»-Affäre in der Domstadt, Mitte 2000 einen lukrativen Beraterjob bei dem Hochschulinstitut von Professor Dohmann erhalten sollte. Das fällige Honorar von 50 000 bis 100 000 Mark habe Trienekens übernehmen wollen. Der Deal platzte laut Eisermann, weil Rüther die Sache schließlich «zu heiß» geworden sei. Nach seiner Wahl in den Düsseldorfer Landtag hätte Rüther solche Beraterverhältnisse offen legen müssen.

So sei es nicht gewesen, widerspricht Rüther. Eisermann sei auf die Idee gekommen, Dohmann in dieser Sache anzusprechen, und habe auch das Gespräch mit Trienekens arrangiert. Seine Aufgabe hätte es sein sollen, «Informationen zu beschaffen und politische Beratung für die wissenschaftliche Tätigkeit durchzuführen». Weil ihm aber klar geworden sei, dass am Ende Trienekens zahlen werde, habe er das Angebot abgelehnt.

Trienekens und Dohmann waren geschäftlich spätestens seit Anfang der 90er Jahre verbandelt. Damals gründete Dohmann eine privatwirtschaftliche Firma: das Forschungsinstitut für Abwasser- und Abfallwirtschaft (F.I.W.). Sie wurde am 7. Dezember 1992 mit einem Stammkapital von 100 000 Mark ins Handelsregister eingetragen. Das Institut residierte in Erftstadt an der Seestraße 2a – zur Miete bei Trienekens, der in unmittelbarer Nachbarschaft seine Büroräume für das örtliche Müllverwertungszentrum unterhält. Die Namensgleichheit der kommerziellen Gesellschaft mit dem Aachener Hochschulinstitut von Professor Dohmann war kein Zufall. Beide Institute firmierten nicht nur unter demselben Logo. Der Abwasser-Papst und der Müll-Pate machten auch beim F.I.W. gemeinsame Sache. Eine nicht unproblematische Zusammenarbeit für einen Hochschulprofessor, der sich der Freiheit von Forschung und Lehre verpflichtet fühlt und immer wieder als unabhängiger Gutachter in der Entsorgungsbranche auftritt.

Als Geschäftsführer des von Trienekens und Dohmann privatwirtschaftlich initiierten Forschungsinstituts heuerte am 1. September 1995 der damalige Hürther SPD-Bundestagsabgeordnete Klaus Lennartz an. Lennartz gehörte seinerzeit zu den maßgeblichen Strategen der Sozialdemokraten am Mittelrhein. Er habe sich «ein zweites Standbein schaffen müssen», erklärte der gelernte Versicherungskaufmann seinen staunenden Genossen den plötzlichen Wechsel in die Abfallwirtschaft. Diese aber dachten darüber nach, ob sich der SPD-Politiker in den Jahren zuvor als Landrat des Erftkreises womöglich nicht nur aus Gründen der Standortpolitik für das Viersener Entsorgungsunternehmen stark gemacht hatte. Ihnen war noch lebhaft in Erinnerung, wie Lennartz sich gegen allerlei lokale Widerstände für die Ansiedlung eines umstrittenen Recyclingzentrums von Trienekens in die Bresche geworfen hatte.

Lennartz hatte mit Trienekens gute Erfahrungen gemacht. Gerade drei Monate zuvor hatte er den Assistenten seines Bundestagsbüros, Hardy Fuß, bei einer Trienekens-Tochter untergebracht, der damaligen Mönchengladbacher Gesellschaft für Umwelttechnik (U.T.G.). Sie wurde später in Isis umbenannt und ist nach Feststellungen der Staatsanwaltschaft nicht unerheblich in den Kölner Korruptionsskandal verwickelt gewesen. Die Isis soll Trienekens als Geldwaschanlage und Schmiergeldtopf gedient haben. Gegen Isis-Geschäftsführer Fuß, der seit Mitte 2000 als SPD-Abgeordneter dem Düsseldorfer Landtag angehört, läuft ein Strafermittlungsverfahren wegen des Verdachts der Vorteilsgewährung und Steuerhinterziehung. Er steht auch auf der Zeugenliste für den Prozess um die Kölner Müllfabrik.

Welche Funktion das F.I.W. für Trienekens hatte, ist für die Ermittler weitgehend undurchsichtig geblieben. Die Verpflichtung des SPD-Politikers Lennartz spricht dafür, dass es um Lobbyarbeit ging. Lennartz jedenfalls empfand den Job bei dem F. I. W. als nicht sehr prickelnd. Anfang 1997 räumte er frustriert seinen Schreibtisch, weil er «kein Frühstücksdirektor» mehr sein wollte.

Wenig später kam das F.I.W. für einige Zeit unter das Dach des Beratungsinstituts für Kommunalwirtschaft (IKW), das am Kölner Bayenthalgürtel residiert. Auch die Gründung des IKW war von Trienekens eingestielt worden. Er hatte das Institut am 5. Februar 1990 in seiner Heimatstadt Viersen gemeinsam mit der Westdeutschen Landesbank (WestLB) und dem Rechtsanwalt Klaus-Jürgen Haupt ins Leben gerufen. Haupt, Jahrgang 1947, kennt die Abfallwirtschaft und ihre Bedeutung in der Kommunalverwaltung aus dem Effeff. Unmittelbar bevor er die Geschäftsführung des IKW übernahm, war er – auf dem Ticket der FDP – einige Jahre Umweltdezernent in Mönchengladbach.

Haupt habe Ende der 80er Jahre erkannt, dass «an der Schnittstelle zwischen Verwaltung und Privatwirtschaft viel Geld zu verdienen ist», sagt dessen Rechtsanwalt Udo J. Rohrig. Mit dem Trienekens-Unternehmen im Rücken und seinen vielfältigen Verbindungen in die Kommunalpolitik war der ehemalige Verwaltungsbeamte eine Größe. Er kannte sich aus im ewigen Kampf um den Müll. Auf der *pay-roll* der IKW stand auch Ulrich Eisermann, der wegen schwerer Untreue und Steuerhinterziehung zu drei Jahren und neun Monaten Freiheitsstrafe verurteilte Geschäftsführer der Kölner MVA. Der Manager von Europas größter und modernster Müllfabrik sei nach der Wende für die IKW «der ideale Türöffner im Osten» gewesen, sagt Haupt-Anwalt Rohrig. Die Kölner Staatsanwaltschaft jedoch kann keine Beratertätigkeit von Eisermann für die IKW erkennen, die diese Bezeichnung verdient hätte. Nach ihren Feststellungen hat der Geschäftsführer der Kölner MVA über die IKW regelmäßig Schmiergelder von Trienekens bezogen. Der Beratervertrag sei nur eine Legende gewesen. Deshalb wird gegen IKW-Geschäftsführer Haupt im Kölner Korruptionskomplex wegen Beihilfe zur Bestechung ermittelt.

Wegen desselben Delikts beschäftigt sich die Staatsanwaltschaft Bonn mit Haupt. Die IKW hatte für den Rhein-Sieg-Kreis 1999 eine europaweite Ausschreibung der Teilprivatisierung seiner Abfallwirtschaft durchgeführt. Als günstigste Anbieter machten die von der Trienekens-Gruppe beherrschten Unternehmen das Rennen. Von den geschäftlichen Beziehungen der IKW zu dem Viersener Entsorgungsunternehmer hatten die Kommunalpolitiker im Rhein-Sieg-Kreis zum Zeitpunkt der Ausschreibung keine Ahnung. Für Haupt jedoch ist das Verfahren einwandfrei gelaufen: «Diese Ausschreibung kann ich mir übers Bett hängen, so sauber ist die.»

Dagegen hat Trienekens inzwischen eingeräumt, an den Geschäftsführer der Rhein-Sieg-Abfallbewirtschaftungsgesellschaft (RSAG), Karl-Heinz Meys, zwischen 1999 und 2001 insgesamt drei Millionen Mark an «Provisionen» gezahlt zu haben. Die Bonner Staatsanwaltschaft sieht darin die Bestechung eines Amtsträgers. Am 6. Juni 2003 erhob die Staatsanwaltschaft Bonn Anklage gegen Meys wegen Verdacht der Bestechlichkeit und Steuerhinterziehung jeweils im besonders schweren Fall. Nach den Berechnungen der Ermittler soll Meys sogar 4,15 Millionen Mark erhalten haben. Meys habe das Geld «als Gegenleistung für die Berücksichtigung bzw. Bevorzugung von Firmen der Trienekens-Gruppe bei der Vergabe von Aufträgen durch die RSAG unter Verletzung seiner Dienstpflichten erhalten». Die Voraussetzungen dafür soll Haupt geschaffen haben: nach den Erkenntnissen der Ermittler durch Manipulationen bei den von ihm gesteuerten Ausschreibungsverfahren des Rhein-Sieg-Kreises.

Als die Staatsanwälte im August 2002 die Büros der IKW in Köln und Berlin filzten, fielen ihnen etliche Terminkalender von Haupt in die Hände. Sie stellten fest, dass Haupt 1999 auffällig oft in Lüdenscheid zu tun hatte. Mal traf er dort den CDU-Landrats-kandidaten Aloys Steppuhn, mal die Fraktions- und mal die Verwaltungsspitzen des Märkischen Kreises. Alleine die Grünen und Vertreter der Unabhängigen Wählergemeinschaft fehlten auf der langen Terminliste.

Haupt war im Märkischen Kreis kein Unbekannter. Anfang der 80er Jahre hatte der Karrierebeamte im Lüdenscheider Kreishaus den Dezernentenposten für das Personal-, Organisations- und Hauptamt innegehabt. Drei Jahre später war er im Märkischen Kreis alleine für die Abfallwirtschaft zuständig. Dann verhakte sich Haupt immer häufiger mit dem damaligen Oberkreisdirektor Bernhard Schneider (CDU). Im September 1986 beantragte der Dezernent schließlich seine Entlassung aus dem Beamtenverhält-nis. Mit Beschluss vom 11. September 1986 erteilte ihm der Kreis-ausschuss die Erlaubnis, künftig die Amtsbezeichnung «Leitender Kreisrechtsdirektor a. D.» im Briefkopf führen zu dürfen.

Haupts Verbindungen in den Märkischen Kreis sind nie ganz abgerissen. Insbesondere mit dem Kreis-Kämmerer Robert Schüwer verbindet ihn eine langjährige Freundschaft. Schüwer war seiner-zeit von Personaldezernent Haupt über die FDP-Schiene in die Kreisverwaltung geholt worden. Ab Frühjahr 1999 sahen sich die alten Freunde wieder häufiger in Lüdenscheid. Es ging um die ge-plante Privatisierung der Abfallwirtschaft, aber auch um den be-vorstehenden Kommunalwahlkampf.

Die CDU schickte mit ihrem Sozialdezernenten Aloys Step-puhn, Jahrgang 1950, einen krassen Außenseiter ins Rennen. Doch Steppuhn wurde im Herbst 1999 nach den erdrutschartigen Ver-lusten der SPD in Nordrhein-Westfalen überraschend zum Land-rat des Märkischen Kreises gewählt. Die Ermittler der Task-Force aus dem Düsseldorfer Innenministerium glaubten Indizien dafür gefunden zu haben, dass Haupt den Landratswahlkampf finanziell kräftig angeschoben hat. Später habe er dann vermutlich Steppuhn für seine Müllgeschäfte in Anspruch genommen.

In den beschlagnahmten Terminkalendern findet sich bereits am 7. Januar 1999 ein Treffen Haupts mit Steppuhn, zwei Wochen bevor dieser überhaupt zum CDU-Landratskandidaten nominiert worden war. Noch auffälliger war für die Fahnder der Task-Force ein Termineintrag in Haupts Kalender unter dem 19. November 1999. Für 17.30 Uhr ist dort eine Verabredung mit Steppuhn und der Werbeagentur Kolöchter & Partner vermerkt. Die Schwerter Werbeagentur arbeitete für die IKW, war zugleich aber auch im Landratswahlkampf des CDU-Kandidaten Steppuhn engagiert. Unter anderem produzierte sie für Steppuhn einen Kandidaten-Flyer («Unseren Märkischen Kreis immer im Blick»), den alle Haushalte – «Für Sie persönlich!» – im Landkreis mit der Tagespost in die Briefkästen gesteckt bekamen.

Eine teure Wahlkampfaktion, deren Finanzierung über Haupt lief. Der überwies am 27. September 1999 – also zwei Wochen nach der Landratswahl – einen Betrag in Höhe von 18 586,78 Mark an die CDU-Kreistagsfraktion in Lüdenscheid. Diese Summe entspricht exakt dem Rechnungsbetrag der Agentur Kolöchter vom 7. September 1999 für Konzeption, Druck und Verteilung der 131 000 Steppuhn-Flyer. Bereits im Januar 1999 hatte Haupts IKW den klammen Christdemokraten im Märkischen Kreis mit 20 000 Mark unter die Arme gegriffen.

Die märkische CDU-Führung will nichts davon wissen. Niemals seien ihr in der Vergangenheit Spenden aus der Müllbranche zugeflossen, und der gesamte Kommunalwahlkampf im Herbst 1999 habe die Partei nicht mehr als 120 000 Mark gekostet. Doch für die Finanzierung des kostspieligen Landratswahlkampfes fehlt den Christdemokraten eine plausible Erklärung.

Nach Steppuhns Wahl kam die Privatisierung der Abfallwirtschaft zügig voran. Und der Trienekens-Agent Haupt zog offenbar in der Kulisse die Fäden. Bei Kreiskämmerer Schüwer, der an dem Privatisierungsverfahren maßgeblich beteiligt war, fanden Fahnder die Notiz: «...bestätige ich die Terminvereinbarung über Herrn Haupt mit Professor Dohmann.» Der Aachener Spezi nahm das Ausschreibungsverfahren im Sommer 2000 als Berater in die Hand und ließ es zielsicher auf die Trienekens-Tochter Edelhoff als den «wirtschaftlichsten Anbieter» zulaufen.

Zwar musste Dohmanns Gutachten am Ende zweimal nachgebessert werden, um es den Gegebenheiten der Abfallwirtschaft im Märkischen Kreis anzupassen. Der Vergabekommission war aufgestoßen, dass der Professor seinen Datenkranz allzu offensichtlich zugunsten von Edelhoff geflochten hatte. Aber es gab überall hilfreiche Hände, um die Dinge glatt zu ziehen und passend zu machen. Die Beschlussvorlagen für die zuständigen Kreistagsausschüsse zur «Neustrukturierung AMK/Teilprivatisierung» wurden von den Fahndern in ihrer Originalfassung auf Computerfestplatten in den Büroräumen der IKW in Köln und Berlin gefunden.

Die Konkurrenz von Trienekens merkte offenbar rasch, was im Märkischen Kreis unter der Regie von Haupt und Dohmann gespielt wurde. «Von der Vorlage von Bilanzen und Bilanzauszügen wurde in dieser Phase auch deshalb abgesehen», schrieben die Anwälte des anfangs mitbietenden Entsorgungsunternehmens Rethmann aus Lünen im Herbst 2000 an die Kreisverwaltung, weil der Märkische Kreis «von dem Dienstleistungsunternehmen IKW beraten wurde». An der IKW, so führten die Anwälte weiter aus, sei «ein Wettbewerber beteiligt», der in dem Privatisierungsverfahren auch als Bieter auftrete. Im Klartext: die Firmengruppe Trienekens. Solch «intransparente Sachverhalte», stellte die Anti-Korruptions-Einheit in ihrem Abschlussbericht zum Müll-Milieu im Märkischen Kreis fest, seien «der ideale Nährboden für Korruption und die typische Situation des ‹Anfütterns› von Amtsträgern».

Am Ende drohte das Ausschreibungsverfahren zum Fiasko zu werden. Ein sich übervorteilt fühlender Mitbieter, die Entsorgung Dortmund GmbH, hatte eine Vergabebeschwerde erhoben, und das Bundeskartellamt hatte ein Verfahren eingeleitet. Doch nun schlug die Stunde des juristischen Beraters, den die Kreisverwaltung eigens für ihr Ausschreibungsverfahren in Sachen AMK-Teilprivatisierung engagiert hatte: Der Bonner Rechtsanwalt Arnold Boesen ist ein anerkannter Fachmann im Vergaberecht. Da störte es die Kreisverwaltung nicht weiter, dass Boesen in der Vergangenheit bereits häufiger für Trienekens vor Gericht gezogen war. Ein Dohmann kommt selten allein.

Eine Zeit lang arbeitete Boesen offenbar Tag und Nacht für den Märkischen Kreis. Für einen Beratungszeitraum von etwa sechs Monaten stellte er der Kreisverwaltung schließlich 700 Arbeitsstunden und ein Honorar in Höhe von 406 000 Mark in Rechnung. Mit Hilfe des Vergabeexperten fand der Märkische Kreis am Ende einen Ausweg aus der juristischen Sackgasse, in der das Verfahren zum Teilverkauf der Abfallbetriebe monatelang steckte. Die Trienekens-Tochter Edelhoff – sie hatte aufgrund des Dohmann-Gutachtens gemeinsam mit dem Unternehmen Lobbe am 6. Dezember 2001 vom Märkischen Kreis den Zuschlag erhalten – zog sich wegen der kartellrechtlichen Bedenken zurück. Stattdessen haben das Unternehmen Lobbe und die im Vergabeverfahren zweitplatzierte Dortmunder EDG den 49-prozentigen Anteil der Abfallwirtschaft im Märkischen Kreis erhalten. Trienekens soll lediglich mit einer so genannten «Patronatserklärung» zum Zuge kommen. Ein selbst für Experten ziemlich undurchsichtiges Konstrukt, das im Bedarfsfall bestimmte Leistungen zusichert. Aber Transparenz ist nicht die Schutzpatronin der Müllbranche. Das Entsorgungsunternehmen Schönmackers, ein konzernunabhängiges Familienunternehmen, das in Kempen am Niederrhein residiert, klagte vor dem Oberlandesgericht Düsseldorf gegen die nachträgliche Abänderung des Ergebnisses im Bieterverfahren.

Alles in allem muss Trienekens mit dem Job von Haupt im Märkischen Kreis ganz zufrieden gewesen sein. Nach den Feststellungen der Task-Force-Fahnder berechnete die IKW dem Viersener Müll-Magnaten insgesamt 674 000 Euro «für laufende Beratung zur Teilprivatisierung der Abfallwirtschaft Märkischer Kreis GmbH». Haupts Anwalt bezweifelt die Höhe der Summe, stellt aber den Vorgang nicht in Abrede. Die Bochumer Schwerpunkt-Staatsanwaltschaft für Wirtschaftskriminalität eröffnete Mitte April 2003 ein Strafermittlungsverfahren wegen des Verdachts der Untreue gegen Landrat Steppuhn, dessen Kämmerer Schüwer, den IKW-Netzwerker Haupt, den Berater Dohmann und den Vergabe-Experten Boesen. Zu diesem Zeitpunkt gingen die Ermittler davon aus, dass die in den Privatisierungsverträgen festgelegte «Gewinngarantie» für den Kreis in Höhe von jährlich 250 000 Euro deutlich zu niedrig angesetzt war. Damit sei der Entsorgungswirtschaft ein unverhältnismäßiger Vorteil zu Lasten des Kreises und der Gebührenzahler gewährt worden.

Zehn Monate später war es mit dem Anfangsverdacht zu Ende. Am 16. Februar 2004 stellte die Bochumer Staatsanwaltschaft das Ermittlungsverfahren gegen die Amtsträger des Märkischen Kreises, den Aachener Professor Dohmann und den Bonner Anwalt Boesen ein. In ihrer über 100-seitigen Einstellungsverfügung kommt die Anklagebehörde zu dem Ergebnis, dass bei der Teilprivatisierung der AMK weder Betrug noch Untreue vorliege. Die Berater Dohmann und Boesen hätten «nicht im Lager des Bieters» gestanden. Auch bei den beiden Spenden von Haupt und dessen IKW an die CDU im Märkischen Kreis – wg. «Spende Wahlkampf A. Steppuhn» – sei keine Unrechtsvereinbarung erkennbar. Zum Zeitpunkt der Spende sei Steppuhn noch nicht Landrat gewesen, urteilt Oberstaatsanwalt Bernd Bienioßek. Tatsächlich aber erfolgte die Zahlung der letzten Tranche von Haupt an die märkische CDU zur Begleichung der Agenturrechnung für den Landratswahlkampf erst zwei Wochen nach Steppuhns Wahl am 12. September 1999. Nicht zuletzt deshalb hatte die Task-Force «zureichende tatsächliche Anhaltspunkte für verfolgbare Korruptions-Straftaten» gesehen.

Doch zwischen dem Untersuchungsstab beim Innenminister und der Bochumer Staatsanwaltschaft war es bereits zu Beginn des Ermittlungsverfahrens zu heftigen Meinungsunterschieden und atmosphärischen Störungen gekommen. Bald kursierten Spekulationen, die Bochumer Staatsanwaltschaft arbeite zielgerichtet auf eine Verfahrenseinstellung hin, um die Task-Force mit ihrem Ermittlungskonstrukt zu düpieren. Dieser Verdacht war durch etliche Auffälligkeiten während des Ermittlungsverfahrens genährt worden. So hatten die Anwälte der Beschuldigten ungewöhnlich rasch Akteneinsicht erhalten. Vertreter der märkischen CDU erklärten im Sommer 2003 triumphierend, sie hätten verlässliche Hinweise, dass es zu keiner Anklage in der Causa Steppuhn kommen werde. Im Innenministerium und beim Landeskriminalamt soll es wiederholt Klagen über die laxe Ermittlungsarbeit der Bochumer Staatsanwälte gegeben haben.

Die Lokalpresse im Märkischen Kreis berichtete, der Leiter der Bochumer Anklagebehörde, Bernd Rüdiger Schulte, wohne wie einer der in diesem Korruptionsverfahren beschuldigten Amtsträger in Lüdenscheid, er spiele dort mit diesem Tennis und beide verkehrten im örtlichen Rotary-Club. «Bei diesen Unterstellungen hört der Spaß auf», empörte sich Oberstaatsanwalt Bienioßek über Spekulationen eines «Netzwerks Bochum-Lüdenscheid». Die Bochumer Ermittler hätten in diesem Verfahren «nicht gedrängt oder angeschoben werden müssen», versicherte Bienioßek. «Unter jedem Stein, den wir auf dem Weg der Ermittlungen gesehen haben, haben wir gesucht und ihn von unten nach oben gedreht.»

Landrat Steppuhn hat der Staatsanwaltschaft «froh und erleichtert» für ihre «akribische Ermittlungsarbeit» und die Einstellung des Verfahrens gedankt. «Ich hatte auch nichts anderes erwartet.»

Der Kreisdirektor Michael Rolland (SPD), der als Vorsitzender der Vergabekommission für das umstrittene Verfahren verantwortlich war, erwartet «im Interesse einer effektiven Arbeit von Politik und Verwaltung», dass die Ermittlungsergebnisse der Staatsanwaltschaft «als Wahrheit akzeptiert werden». Aber die Wahrheit hat keiner gepachtet – nicht mal die Staatsanwaltschaft in Bochum.

«Eberhard, schmeiß die raus!» –
Wie NRW-Kommunen
Korruptionsermittlungen verhinderten

Winfried Schittges muss man nicht kennen. Der Krefelder CDU-Landtagsabgeordnete, Jahrgang 1946, verrichtet sein parlamentarisches Tagwerk recht unauffällig. Wenn Schittges sich einmal im Landtag zu Wort meldet, dann geht es zumeist um seine niederrheinische Heimatstadt, in der seine Partei seit Jahrzehnten fast durchgängig das Sagen hat. Schittges ist so etwas wie der Aufpasser der Krefelder Christdemokraten in der Landeshauptstadt Düsseldorf.

Im Herbst 2002 war Gefahr im Verzuge. Auf dem Höhepunkt der Kölner Müllaffäre hatte der damalige Ministerpräsident Wolfgang Clement (SPD) im Innenministerium eine Task-Force zur Aufspürung von Korruption in den Kommunen installieren lassen. Eine 13-köpfige Ermittlungsgruppe aus erfahrenen Staatsanwälten, Kripobeamten, Steuerfahndern und Preisprüfern sollte Unregelmäßigkeiten bei städtischen Entsorgungsbetrieben aufspüren. Auch in Krefeld? Der Auftrag war sehr allgemein formuliert. «Kommunale Verfahren zur Vergabe von Aufträgen zur Errichtung bzw. Erweiterung von Müllverbrennungsanlagen und die dazu abgeschlossenen Verträge» sollten nach einem Kabinettsbeschluss der nordrhein-westfälischen Landesregierung «einer umfassenden Prüfung auf korruptives Verhalten unterzogen» werden. Nur so werde es gelingen, glaubte Regierungschef Clement, «das Feld pauschaler Verdächtigungen zu bereinigen und gleichzeitig die Ernsthaftigkeit des Willens zur Selbstreinigung unter Beweis zu stellen».

Doch mit der Selbstreinigung hatten es längst nicht alle Kommunen so eilig wie der notorisch ungeduldige Ministerpräsident. Als die Fahnder dann tatsächlich auch im Krefelder Rathaus anrückten, legte sich die christdemokratische Rathausführung quer. Im Landtag schickten die sichtlich nervösen CDU-Strippenzieher den Abgeordneten Schittges vor, um die Korruptionsermittler wortreich abzublocken. Der Rechtsstaat sei in Gefahr, rief Schittges aufgeregt ins Plenum. Ja, sollte denn dem Recht nicht gerade zum Sieg verholfen werden? In seiner Not bot der CDU-Politiker, ein strammer Rechtsausleger, sogar den Gesellschaftskritiker Hans Magnus Enzensberger als Kronzeugen auf. In Nordrhein-Westfalen drohe «der totale Überwachungsstaat», wenn das Beispiel der Task-Force Schule mache, warnte der CDU-Abgeordnete: «Wehret den Anfängen!»

Noch dreister äußerte sich der Krefelder CDU-Fraktionschef Wilfrid Fabel. Er verglich die Ermittlungspraktiken des Untersuchungsstabes «Anti-Korruption» mit Nazi-Methoden. Es könne nicht sein, dass in Nordrhein-Westfalen von einer SPD-geführten Landesregierung alle Rathauschefs unter Generalverdacht gestellt würden, dröhnte Fabel, nur weil der sozialdemokratische Wuppertaler Oberbürgermeister Hans Kremendahl unter Korruptionsverdacht geraten sei.

«Nazi-Zeit», «Generalverdacht» – wer um alles in der Welt ist Wilfrid Fabel? In der Vergangenheit hatte es um seine Rolle beim Bau der offenbar überdimensionierten Müllverbrennungsanlage (MVA) in Krefeld-Elfrath immer wieder Spekulationen gegeben. Dem Krefelder CDU-Fraktionschef, der hauptberuflich als Anwalt arbeitet, war ein enges Verhältnis zu dem Viersener Müllmagnaten

Hellmut Trienekens nachgesagt worden, der mit dem Unternehmen HST (Holzmann – Schönmackers – Trienekens) seit 1989 auch bei der Krefelder MVA im Geschäft war. Mitte der 90er Jahre ging die HST vollständig in dem Viersener Müllkonzern auf. Nebenbei trat Trienekens als finanzstarker Trikotsponsor beim Eishockey-Bundesligisten Krefelder EV auf. Dort wiederum hat CDU-Fabel als Generalbevollmächtigter das Sagen. Ein weites Feld.

Hinter den Kulissen schmiedete Krefelds Oberbürgermeister Dieter Pützhofen, der vor Jahrzehnten mal wegen seines Aussehens der «Kennedy vom Niederrhein» genannt wurde, Ränke und Koalitionen, um die gefürchtete Task-Force auszubremsen. Deren Arbeit sei «rechtsstaatswidrig», beschwerte sich Pützhofen. Die in der Task-Force tätigen Staatsanwälte, klagten die Rechtsberater der Stadt Krefeld, «können – und wollen – ihre in Ausbildung und langer Praxis eingeübte investigative Ermittlungstechnik nicht ablegen». Die Anwälte der städtischen Entsorgungsbetriebe, deren Chef der Christdemokrat Klaus Evertz ist («Wir müssen dafür sorgen, dass die Rechte unserer Mitarbeiter gewahrt werden»), formulierten immer neue Bedingungen für den Einlass der Korruptionsfahnder in die Müllfabrik. Am Ende rückten sie, von den Scharmützeln mit den Anwälten zermürbt, tatenlos wieder ab, ohne auch nur einen Aktenordner gesichtet zu haben.

Gleichzeitig waren bei der Task-Force zahlreiche Hinweise «auf korruptive Handlungen» beim Bau und Betrieb der Krefelder Müllfabrik eingegangen. Etliche dieser Informationen ließen auf Insiderwissen der anonymen Hinweisgeber schließen. Die Fahnder gingen den Dingen nach. Bei der Bezirksregierung Düsseldorf wälzten sie 75 Aktenordner zum Genehmigungsverfahren der Krefelder MVA. Dabei stießen sie auf «Auffälligkeiten im Zusammenhang mit der Planung, dem Bau sowie der Vergabe der Anlagentechnik» bei dem Müllofen. Am Ende erstattete die Task-Force Strafanzeige. Seit Herbst 2003 ermittelt die Wuppertaler Schwerpunkt-Staatsanwaltschaft für Wirtschaftskriminalität im Krefelder

Müll-Milieu. «Es geht um die klassischen Korruptionsdelikte», sagt Oberstaatsanwalt Alfons Grevener.

Nicht nur den Krefeldern war vor der Task-Force bange. Im Filz-Land NRW, wo Rote und Schwarze seit Jahrzehnten die Pfründe und Sinekuren untereinander verteilen, bildete sich rasch eine große Koalition der Verweigerer. Christdemokrat Pützhofen verbündete sich mit etlichen SPD-Rathauschefs, denen die Aufdeckung dubioser Müllgeschäfte anderthalb Jahre vor der nächsten Kommunalwahl ebenso ungelegen gekommen wäre. Zugleich mobilisierte er die Führung des nordrhein-westfälischen Städtetages um den Kölner Oberbürgermeister Fritz Schramma (CDU). Der verlangte von Clement-Nachfolger Peer Steinbrück (SPD) die umgehende Auflösung des umstrittenen Ermittlungsstabes. Der Vorstand des Städtetages habe «massive Bedenken», ob das Vorgehen der Task-Force rechtsstaatlich sei. Es gebe «schwerwiegende Vorwürfe» gegen die Fahnder, schrieb Schramma an Steinbrück.

Noch einmal ganz langsam: Deutsche Staatsdiener wollen den Staat sauber halten, aber die Repräsentanten des Staates wittern einen Anschlag auf den Staat und starten eine Gegenoffensive. Mit ihrem Schnellschuss mit der Task-Force waren Regierungschef Clement und seine juristischen Berater einer gravierenden Fehleinschätzung erlegen. Sie waren nämlich davon ausgegangen, dass der Einsatzgruppe «Anti-Korruption» die Türen in den Kommunen weit offen stehen würden. Diese, so glaubte Clement, würden nach dem Kölner Müllskandal alles tun, «um das Vertrauen unserer Bürgerinnen und Bürger zu erhalten oder zurückzugewinnen». Juristisch, auch staatsrechtlich, war die Konstruktion der Task-Force in der Tat fragil. Sie war ein bloßes Angebot der Landesregierung; die Korruptionsermittler agierten mehr oder weniger im rechtsfreien Raum, ohne originäre Zugriffsmöglichkeiten. Sie waren alleine auf die Kooperationsbereitschaft der Kommunen angewiesen. Und die tendierte nach ersten Überraschungserfolgen der Ermittler schnell gegen null.

«Man will diese Untersuchungen nicht», stellte der Leiter der Task-Force, Arno Neukirchen, im Mai 2003 nach über einjähriger Ermittlungsarbeit nüchtern fest. Neukirchen, Jahrgang 1952, ist ein erfahrener Oberstaatsanwalt. Innenminister Fritz Behrens rühmte ihn als «Enthüller im Staatsdienst». Bei der Staatsanwaltschaft Düsseldorf hatte der hartnäckige Rechercheur eine Serie heikler Fälle zu knacken. Neukirchen ermittelte wegen der Freiflüge von der Westdeutschen Landesbank (WestLB) für prominente Landespolitiker, er war den Schmiergeld-Millionen für die Fuchs-Spürpanzer der Firma Thyssen auf der Spur und kümmerte sich um die dubiosen Lobbygeschäfte der ehemaligen Verteidigungs-Staatssekretärin Agnes Hürland-Büning (CDU). Er war es auch, der jene umfangreichen Strafermittlungsverfahren gegen renommierte Großbanken führte, die Anfang der 90er Jahre damit aufgeflogen waren, das Kapital ihrer Kunden in großem Stil in Steuerparadiese wie Luxemburg geschleust zu haben.

An diese Bankenverfahren erinnert sich Neukirchen nicht gern, allzu oft biss er auf Granit. Die meisten Mitarbeiter der Geldinstitute waren so verschlossen wie ihre Tresore. Und ihre Vorstände bemühten beredt das Bankgeheimnis, um dann eisern zur Sache zu schweigen. Das alles jedoch wurde deutlich übertroffen von den juristischen Finessen etlicher Rathauschefs und MVA-Betreiber, die alles daransetzten, Korruptionsermittlungen der Task-Force ins Leere laufen zu lassen. «Wenn wir dann schließlich doch tätig werden konnten», klagte Neukirchen, «dann sollten diese Untersuchungen so sein, dass wir nichts finden.»

In den Rathäusern war man alarmiert, weil die Korruptionsermittler es offenkundig ernst meinten. Mit Erbitterung war registriert worden, dass die Fahnder im September 2002 in den Verwaltungsgebäuden der MVA Weisweiler und ihrer Betreibergesellschaft, der Abfallwirtschaft Kreis und Stadt Aachen GmbH (AWA), auftauchten, die Akten durchkämmten – und wenige Wochen später hatte die Staatsanwaltschaft Aachen Ermittlungsverfahren eingeleitet. Die Korruptionsermittler hatten gegen die Geschäftsführung und Teile des Aufsichtsrates einen Anfangsverdacht auf Untreue geschöpft.

Bei einem der Verdächtigen handelte es sich um den Aachener Oberbürgermeister Jürgen Linden (SPD), der zugleich stellvertretender Vorsitzender des AWA-Aufsichtsrates ist. Den Ermittlern von der Task-Force war ein Ordner mit der Aufschrift «Spenden» in die Hände gefallen. Darin fanden sie einen Vorgang, der sie stutzig machte. Der Generalunternehmer beim Bau der MVA Weisweiler, die Deutsche Babcock AG (DBA), hatte nach Beendigung der Probebetriebsphase der Müllfabrik 100 000 Mark für den Fußballverein Alemannia Aachen gespendet. Aus dem beigehefteten Schriftwechsel ging nach Auffassung der Ermittler hervor, dass Linden, damals Verwaltungsratsvorsitzender der Alemannia, die Spende für seinen klammen Club eingeworben hatte. Im Gegenzug soll der OB als Aufsichtsrats-Vize der AWA dafür gesorgt haben, dass dem spendablen Oberhausener Anlagenbauer Millionen teure Filternachrüstungen in der MVA in Weisweiler erlassen wurden. Im Juni 2003 erweiterte die inzwischen mit dem Fall befasste Kölner Schwerpunkt-Staatsanwaltschaft den Verdacht gegen Linden auf Vorteilsannahme, Beihilfe zu Betrug und Bestechung. Bei einer groß angelegten Razzia waren am 12. Juni die Wohnung des Aachener OB, dessen Diensträumen im Rathaus sowie 34 weitere Objekte durchsucht und umfangreiches Material zum Komplex MVA Weisweiler beschlagnahmt worden. In den beschlagnahmten Dokumenten stießen die Ermittler auf einen neuen Verdacht: Womöglich sei die Vergabe der Müllabfuhr an sechs Aachener Stadtbezirke zu Gunsten der Trienekens-Gruppe verschoben worden, mutmaßten sie. Offenbar hatten sie eine Reihe von Indizien dafür gefunden, dass der Zehnjahresvertrag mit einem Gesamtvolumen von 22 Millionen Euro durch gezielte Einflussnahme von zwei leitenden Mitarbeitern des Amtes für Abfallentsorgung im Aachener Rathaus zu Stande gekommen sei. Müll-Magnat Trienekens soll sich die Zustimmung der beiden Beamten zu dem Vertragsdeal erkauft haben: mit der Renovierung ihrer Privathäuser, Urlaubsreisen und einem BMW Cabrio. OB Linden geriet bei dieser dubiosen Auftragsvergabe erneut ins Visier der Ermittler. Die fanden «auffällig», dass Trienekens zwischen 1998 und 2001 – also im Zeitraum der Verhandlungen über den Zehnjahresvertrag – jedes Jahr 20 450 Euro auf ein Konto der Stadt Aachen überwiesen hatten. Für einen guten Zweck. «Hilfsbedürftige und Vereinsförderung städtischer Veranstaltungen» lautete der Titel des karitativen Kontos, über das Rathauschef Linden nach eigenem Ermessen verfügen konnte. Aber heiligt der Zweck die Mittel?

Linden hat sich gegen die Verdächtigungen energisch zur Wehr gesetzt. Zwar sei ihm der Fußball immer ein Herzensanliegen gewesen, aber «es käme mir nicht in den Sinn, die Stadt Aachen zu Gunsten der Alemannia zu benachteiligen». Die Aachener Staatsanwälte sahen dies anders und schlossen sich der Lesart der Task-Force-Fahnder an. Es bestehe der gerechtfertigte Verdacht, «dass durch die Herbeiführung der Spende für Alemannia Aachen die finanziellen Interessen der AWA verletzt worden sind». Drei Tage vor Ablauf der Verjährungsfrist schaffte es die Staatsanwaltschaft noch, gegen Oberbürgermeister Linden ein Strafermittlungsverfahren wegen des Verdachts der Untreue einzuleiten. Am 18. März 2004 hat die Kölner Schwerpunkt-Staatsanwaltschaft für Wirtschaftskriminalität das Strafermittlungsverfahren gegen Linden wegen des Verdachts der Vorteilsannahme nach §153a gegen die Zahlung einer Geldauflage in Höhe von 14 000 Euro eingestellt. Dem Oberbürgermeister sei ein längeres Ermittlungsverfahren wegen seiner «herausgehobenen Position» nicht zuzumuten gewesen, erklärte eine Sprecherin der Staatsanwaltschaft.

Die Causa Linden aber ist keineswegs der Kern des Aachener Müllskandals. Am Ende ihrer mehr als zweimonatigen Überprüfungen stieß die Ermittlercrew aus dem Innenministerium bei den Aachener Abfallbetrieben und der MVA Weisweiler auf eine Reihe von Indizien für weitere «korruptive Handlungen». Auffällige Geldflüsse legten den Verdacht nahe, dass die Firma Trienekens (49-prozentiger Anteilseigner der AWA) durch dubiose Deals zu Lasten der Kommunen, nämlich des Kreises und der Stadt Aachen (51-prozentiger Anteilseigner der AWA), begünstigt worden war. Das Volumen dieser Geschäfte liegt nach den Erkenntnissen der Task-Force deutlich über zehn Millionen Mark.

Eines dieser seltsamen Geschäfte lief so: Im Regelfall liefert ein Entsorger Müll an die MVA und bezahlt dafür. In Weisweiler kostete die Müllverbrennung den Entsorger pro Tonne 220 Mark. Die Task-Force-Fahnder stießen indessen auf einen Vorgang, bei dem es umgekehrt gelaufen war: Die Firma Trienekens hatte für angelieferten Müll sogar von dem MVA-Betreiber, den Aachener Abfallbetrieben, kassiert. Am 14. Juli 1998 schickte die Trienekens-Firma R+T Entsorgung GmbH der AWA eine Rechnung für 10 000 Tonnen gelieferten Müll über eine Million Mark, zuzüglich Mehrwertsteuer. Dieser Müll sei «speziell aufgearbeitet und vorsortiert worden», um den Müllofen im Probebetrieb «exakt einzustellen», erklärte die AWA-Geschäftsführung den erstaunten Fahndern. Eine entsprechende Müllqualität sei zu dieser Zeit im Raum Aachen «nicht zu organisieren gewesen». Die Trienekens-Tochter R+T habe die Vorbehandlung und den Transport des Mülls der AWA zwar in Rechnung gestellt, für deren Verbrennung aber den Kontingentpreis von 220 Mark pro Tonne an die MVA bezahlt.

Doch die Fahnder blieben misstrauisch. Sie hielten die Erklärung vom Spezialmüll auf Bestellung für eine «Legende». Schließlich sei der Probebetrieb der MVA Weisweiler fast ein Jahr abgeschlossen gewesen, als die 10 000 Tonnen Müll für angebliche Testläufe eingekauft wurden. Außerdem existierten keinerlei Protokolle oder spezielle Auswertungen dieses angeblichen Probebetriebes. Die AWA-Geschäftsführung verwies darauf, dass «über alle Phasen technische Messprotokolle archiviert» worden seien.

Doch die Kölner Staatsanwaltschaft hielt die Erklärungen der AWA-Geschäftsführung für wenig glaubwürdig. Am 10. Juni 2003 erwirkten die Korruptions-Ermittler auf der Grundlage der Task-Force-Ermittlungen beim Amtsgericht Köln einen Haftbefehl gegen Ulrich Koch, den Geschäftsführer der AWA und MVA Weisweiler. Koch, der als persönlicher Referent beim Kölner Regierungspräsidenten Franz-Josef Antwerpes (SPD) tätig war, ehe er eine gut dotierte Karriere in der Müllbranche startete, wird der Untreue in sieben Fällen beschuldigt. Er habe, heißt es in dem zwischenzeitlich aufgehobenen Haftbefehl (502 Gs 2025/03), bei der AWA und MVA Weisweiler seine Befugnisse «als Amtsträger missbraucht». In der Zeit zwischen dem 29. August 1997 und dem 30. Dezember 1999 habe er durch strafbare Handlungen «einen Vermögensverlust großen Ausmaßes herbeigeführt».

Mit solch akribischen Ermittlungen der Task-Force hatte offenbar niemand gerechnet, als sie eingesetzt wurde. «Viele haben uns am Anfang doch für eine harmlose Turnertruppe gehalten, die irgendwie ihre Zeit totschlägt», sagt Task-Force-Ermittler Jürgen Hintzmann, der von der im Korruptionsmilieu gefürchteten Bochumer Schwerpunkt-Staatsanwaltschaft zum Untersuchungsstab ins Innenministerium abgeordnet worden ist. Hintzmann wundert sich über die Blauäugigkeit mancher Rathauschefs. «Die haben gedacht, wir würden ihre Akten durch Handauflegen im Rahmen einer Feierstunde für korruptionsfrei erklären.»

Im Laufe der Jahre ist der Korruptionsermittler Hintzmann zum Experten für Vergabemanipulationen avanciert. Mit einer Task-Force-Crew rückte er im September 2002 bei der Kreis Weseler Abfallgesellschaft mbH (KWA) im niederrheinischen Kamp-Lintfort an. Dort war 1997 für 800 Millionen Mark die MVA Asdonkshof fertig gestellt worden. Die Task-Force-Fahnder suchten in den Ausschreibungsunterlagen nach Auffälligkeiten und wurden bei Bau-Los null: «Infrastruktur» gleich fündig. Sie stellten fest, dass die Arbeitsgemeinschaft («Arge») zweier Baufirmen aus Krefeld und Kamp-Lintfort, die schließlich den Zuschlag bekommen hatte, ihre Angebotssumme durch Manipulationen am Rechenwerk nachträglich erhöht hatte.

Die beiden Baufirmen hatten mit ihrem Angebot nach Feststellungen der Fahnder sieben Millionen Mark günstiger als der zweitbeste Bieter gelegen. Eine Lücke, die den Arge-Firmen offenbar allzu groß erschien. Aber sie hatten möglicherweise vorgesorgt: Durch zuvor bewusst eingebaute Rechenfehler in den Angebotsunterlagen soll die Arge ihr Angebot im Nachhinein um 2,5 Millionen Mark hochgeschraubt haben. Die Druckstellen bei den nachgebesserten Zahlen seien auf den Originalunterlagen immer noch erkennbar gewesen, sagt Hintzmann. «Wie bei einer Moorleiche.» Solche Praktiken jedenfalls sind dem Bochumer Ermittler nicht neu. Es sei üblich, etliche Rechenfehler in die spezifizierten Angebotspositionen einzubauen, um die Endsumme später, je nach Bedarf, herauf- oder heruntermanipulieren zu können. Der Bundesrechnungshof bietet zu diesem Komplex inzwischen eigene Schulungen für Staatsanwälte und Kriminalbeamte an.

Weitere Nachforschungen der Task-Force ergaben, dass einer der beiden Arge-Bieter, der im September 2001 verstorbene Kamp-Lintforter Bauunternehmer Wilfried Holstein mit dem Geschäftsführer der MVA Asdonkshof, Hans-Joachim Haustein, verbandelt war. Ihre Jagdleidenschaft hatte die beiden Männer offenbar zusammengebracht. Beide besaßen in dem Eifel-Örtchen Großlittgen ein Wochenendhaus; im örtlichen Telefonbuch fanden die Fahnder die Jagdgenossen in einer Spalte, nur 26 Namen voneinander getrennt.

Die Task-Force informierte die zuständige Staatsanwaltschaft Kleve über ihren Anfangsverdacht auf «korruptive Handlungen» beim Bau der MVA Asdonkshof. Es war nicht der erste. Die Strafverfolger im benachbarten Moers hatten 1998 nach dem Eingang anonymer Anzeigen schon einmal ein Ermittlungsverfahren gegen die beiden Weidmänner eingeleitet. Es war allerdings im Sande verlaufen. Diesmal aber waren die Indizien, die von der Task-Force zutage gefördert wurden, so interessant, dass die Schwerpunkt-Staatsanwaltschaft Wuppertal den Fall an sich zog. Am 5. März 2003 rückten hundert Polizeibeamte und zehn Staatsanwälte zu einer Großrazzia aus. Sie durchsuchten die MVA Asdonkshof und weitere 22 Objekte, die mit dem Bau der Müllfabrik in Zusammenhang standen. Wenige Tage später wurde MVA-Geschäftsführer Haustein, zugleich Schriftführer im Unterbezirksvorstand der Weseler SPD, freigestellt.

Die vom Generalstaatsanwalt mit dem Fortgang der Ermittlungen beauftragten Wuppertaler Korruptionsfahnder haben Ende Juni 2004 gegen Haustein beim Landgericht Kleve Anklage wegen Bestechlichkeit und Untreue «im besonders schweren Fall» erhoben. Gemeinsam mit Haustein, der immer noch als SPD-Fraktionsgeschäftsführer im Düsseldorfer Regionalrat tätig ist, sind der Bruder und der Sohn des verstorbenen Bauunternehmers Holstein angeklagt. Ewald und Friedrich Holstein sind nach Auffassung der Staatsanwaltschaft in die kriminellen Machenschaften um die MVA Asdonkshof tief verstrickt. Den beiden Unternehmern wird Betrug im besonders schweren Fall, Friedrich Holstein darüber hinaus Bestechung vorgeworfen. Die Mauscheleien bei der Müllfabrik sind laut Anklage durch zwei mit der Ausschreibung beauftragte Aachener Ingenieurbüros erst «ermöglicht» worden. Insgesamt vier Diplom-Ingenieure wurden wegen Beihilfe zu schwerem Betrug und schwerer Untreue angeklagt. Allesamt honorige Herren. Professor Thomas Pretz, Geschäftsführer der Ingenieurgesellschaft pbo, leitet an der RWTH Aachen den Lehrstuhl «für Aufbereitung und Recycling fester Abfallstoffe». Der ebenfalls mitangeklagte Aachener Ingenieur Hermann Tilke gilt als international anerkannter Rennstreckenbauer. Bei der Einweihung der von ihm konstruierten Wüsten-Rennpiste in Bahrain im Frühjahr 2004 feierten ihn die Medien als «Schumi der Streckenbauer».

Über den Bau der MVA Asdonkshof hatte es schon immer viel Streit, Aufregung und Empörung gegeben. Die Bürger im Kreis Wesel klagten über die höchsten Müllgebühren in der Bundesrepublik: mehr als 400 Euro pro Jahr. Den Grund dafür sahen sie nicht zu Unrecht in der überdimensionierten Müllfabrik Asdonkshof. Ihre Jahreskapazität von 230 000 Tonnen war allenfalls zu 60 Prozent mit dem heimischen Haus- und Gewerbemüll ausgelastet. Schließlich musste die Weseler Abfallgesellschaft Industriemüll zu Dumpingpreisen annehmen, um ihre teuren Müllofen voll zu bekommen. Auf Kosten der Gebührenzahler.

«Überall, wo wir drin waren, haben wir auch was gefunden», stellt Oberstaatsanwalt Neukirchen fest. In dem sparsam möblierten Großraumbüro seiner Eingreiftruppe im Düsseldorfer Innenministerium steht eine Regalwand mit lauter weiß etikettierten Aktenordnern: die Zentralakten der Task-Force. Am Ende ihrer Tätigkeit hatten die Müll-Ermittler über 7500 Blatt zusammen getragen. Tausende Auffälligkeiten in der kommunalen Entsorgungsbranche. Im Laufe der Zeit erhielten sie über 250 zumeist anonyme Hinweise, die der Task-Force nicht selten auf die Sprünge halfen. «Wir haben bei null angefangen», sagt Neukirchen. Nach etwa einem Jahr aber waren seine Ermittler über die kriminellen Strukturen im Müllgeschäft recht gut im Bilde. In insgesamt fünf Fällen haben sie die Staatsanwaltschaft eingeschaltet.

Womöglich ist die Task-Force auf ihren ersten beiden Ermittlungsstationen in den Müllfabriken Weisweiler und Wesel unterschätzt worden. «Dort hat man uns eigentlich alles gezeigt, was wir sehen wollten», staunt Neukirchen. Als sich herumsprach, dass die Task-Force keine Spaßtruppe war und ihre Ermittler bei jedem Anfangsverdacht umgehend die zuständige Staatsanwaltschaft einschalteten, waren die Türen plötzlich verschlossen. In Krefeld. In Oberhausen. In Duisburg. Hamms Oberbürgermeister Thomas Hunsteger-Petermann (CDU) fertigte die Ermittler binnen fünf Minuten ab. Im Zusammenhang mit dem Bau der MVA Hamm sei 1989 bereits ein städtischer Mitarbeiter wegen Bestechlichkeit und Urkundenfälschung verurteilt worden. Die Fahnder könnten die Unterlagen gerne beim Landgericht Bochum einsehen. Das müsse reichen. «Für die Stadt Hamm ist diese Angelegenheit abgeschlossen», entschied Hunsteger-Petermann und komplimentierte die Fahnder aus seinem Dienstzimmer.

Umgänglicher gab sich zunächst der Bielefelder Oberbürgermeister Eberhard David (CDU). Er ließ die Fahnder in sein Rathaus hinein. Doch dort sahen sie sich schnell kaltgestellt. In den ihnen zugewiesenen Arbeitsräumen gab es weder Telefone noch Fax- und Kopiergeräte. Das ihnen von der Rathausspitze überlassene Aktenmaterial habe aus Fahrtenschreibern, Wiegekarten und Fahrplänen der Bielefelder Müllabfuhr aus den 70er Jahren bestanden. Laut Ermittler Hintzmann «reines Spielmaterial». Kein Wunder: Vor dem Eintreffen der Fahnder war Oberbürgermeister David von seinem Krefelder CDU-Parteifreund und Amtskollegen Pützhofen entsprechend eingenordet worden: «Eberhard, schmeiß die raus!»

DIE «PARTEIBUCHVERWALTUNG»

Ämterpatronage ist mehr als ein Ärgernis – sie ist verfassungsfeindlich

Wenn Geschichten derart flächendeckender Korruption bekannt werden, wie jene in diesem Buch, dann ist oft von der «Bananenrepublik» und von der drohenden Parallelgesellschaft die Rede. Das ist nicht ganz falsch, aber auch nicht ganz richtig.

Das öffentliche Bewusstsein über Filz und Vetternwirtschaft hat zugenommen; gleichzeitig sind Egoismus und moralische Ignoranz gewachsen.

Die großen Parteispendenskandale der 80er Jahre, die Flick-Affäre, später die Kohl-Affäre, der Schwarzgeld-Skandal der hessischen CDU und das Gewese der Kölner Sozialdemokraten haben das Gemeinwesen perforiert. Berufspolitiker haben viel getan und wenig unterlassen, um die Vorurteile gegen sie zu bestätigen. Bedenklicher noch als der sachliche Kern jeder Affäre war das stets fehlende Unrechtsbewusstsein, die Behauptung, es sei alles staatspolitisch achtbar, was parteipolitisch angeblich notwendig sei.

Der Staat ist, wie Max Weber schon 1919 voraussagte, zum «Beuteobjekt» der ihn tragenden Parteien geworden. Das Gebot des Alten Fritz, der Beamte habe stets «mit Rechtschaffenheit, mit Weisheit oder mit völliger Uneigennützigkeit zu handeln», klingt angesichts von Figuren wie Ulrich Eisermann nur noch komisch. Ein ehemaliger Inspektor, der die Prüfung für den gehobenen Verwaltungsdienst bestanden hatte, machte mit Hilfe des Parteibuches (und, zugegeben, auch mit Geschick und Fleiß) eine atemraubende Karriere. Gemeindeinspektor, Stadtoberinspektor, Stadtamtmann, Oberamtsrat, persönlicher Referent, Oberverwaltungsrat,

Stadtverwaltungsdirektor, schließlich Chef einer Müllfabrik. Nie hat er die vergessen, die seinen Aufstieg ermöglicht haben. Der Beamte Eisermann hatte in fast allen Parteien seine Leute, und die setzten auf ihn.

Seine Käuflichkeit hat etwas mit Verrat zu tun: mit dem Verrat an alten Prinzipien, mit dem Verrat des Vertrauens der Bürger. Aber allein auf die individuelle Verfehlung abzuheben würde die institutionelle Malaise verdecken. Der Fall Eisermann führt auf ein ganz anderes Feld, das in Nachkriegsdeutschland zum ersten Mal vor mehr als 40 Jahren von Thedodor Eschenburg ausgemessen worden ist.

1961 erschien Eschenburgs berühmte Schrift über die «Ämterpatronage» durch politische Parteien. Der Begriff bezeichnet die Begünstigung bestimmter Bewerber (und entsprechend die Benachteiligung anderer) bei der Rekrutierung von Personal für den öffentlichen Dienst. Eschenburg warnte nach seinem Streifzug durch die Geschichte der Patronage vor «Herrschaftspatronage» und «Versorgungspatronage», aber auch vor voreiligen Schlussfolgerungen: Die Einwirkung von Fraktionen auf die Personalpolitik habe nachgelassen, «während individuelle Patronagebemühungen einflussreicher Abgeordneter immer wieder zu spüren» seien.

Das war vor 50 Jahren. Gut 20 Jahre später stellte der Staatsrechtler Josef Isensee fest: «Die Spatzen pfeifen es von den Dächern, dass hierzulande die Besetzung öffentlicher Ämter und die Karriere im öffentlichen Dienst oftmals von Gunst oder Missgunst der jeweils regierenden Partei abhängt, dass die Parteipatronage heute auf allen Ebenen der Staatlichkeit um sich greift, vom Bund abwärts bis zu den Gemeinden. Doch den Spatzen hört niemand zu. Kein Dienstherr dementiert. Keine Regierungspartei wehrt sich gegen den Vorwurf. Keine parlamentarische Opposition greift den Vorwurf auf.»

Der britische Politikwissenschaftler Kenneth Dyson hatte 1979 zur Beschreibung der Verhältnisse in der Bundesrepublik den Begriff der «Parteibuchverwaltung» geprägt, die sich dadurch grundsätzlich vom britischen *civil service* unterscheide. Der Freiburger Staatsrechtler Rainer Wahl machte eine «Erosion und Aushöhlung» der Verwaltung aus. Es gebe eine «von Jahrzehnt zu Jahrzehnt immer ungehemmter voranschreitende Parteipolitisierung der Verwaltung.» Anzuprangern sei der «permanente und vieltausendfache Verfassungsverstoß gegen Artikel 33 Absatz 2 des Grundgesetzes, nach dem Beamte nach ihrer Leistung und nur nach ihrer Leistung eingestellt werden sollen». Alle Regierungen reagierten auf das Phänomen vorzugsweise mit Verdrängung: «Ein parteipolitischer Zugriff auf öffentliche Ämter findet nicht statt», erklärte 1987 die damalige Bundesregierung auf eine Kleine Anfrage der Grünen. Die Regierung des Dr. Helmut Kohl hatte den Apparat fest im Griff.

Eigentlich wäre alles einfach: In der Staatsrechtslehre gibt es fast völlige Einigkeit darüber, dass die Auswahl von Bewerbern im öffentlichen Dienst nur nach den Kriterien Eignung, Befähigung und fachliche Leistung erfolgen darf. Es ist, wie Artikel 3 des Grundgesetzes betont, verfassungsrechtlich unzulässig, jemanden wegen seiner politischen Anschauungen zu benachteiligen oder zu bevorzugen. Weil in der Verfassung eine Herrschaft der Parteien nicht vorgesehen ist, bezieht sich die Befugnis der Parteien, an der politischen Willensbildung teilzunehmen, natürlich nicht auf die Personalauswahl im öffentlichen Dienst. Das Grundgesetz hat in Artikel 21 Absatz 1 nur diesen einen Satz für die Parteien übrig: «Die Parteien wirken bei der politischen Willensbildung mit.» Bescheidener kann man es kaum ausdrücken. Aber bescheiden geht es nicht zu, wo Parteien wirken.

Der Parteienfilz breitet sich bei der Besetzung von Stellen im öffentlichen Dienst immer weiter aus. Die Ämterpatronage durch politische Parteien wird immer ungenierter betrieben. Politikwissenschaftler schätzen, dass im CSU-regierten Bayern fast 90 Prozent der Spitzenbeamten der Staatspartei angehören. Ähnliches galt, mit anderem Vorzeichen, früher in Hamburg. Der Staatsrechtler Reinhold Zippelius nennt die Parteienpatronage eines der «Hauptärgernisse unseres Staates». Und das ist noch eine Untertreibung. Sie ist ein Übel.

Hans Herbert von Arnim, Staatsrechtsprofessor an der Hochschule für Verwaltungswirtschaft in Speyer, kam 1995 in einer Fernsehsendung des Südwestrundfunks mit dem schönen Titel «Aus der Residenz des Rechts» zu dem Schluss, die Ämterpatronage erschüttere die Demokratie: «Die Besetzung nach dem Parteibuch beeinträchtigt die Leistungsfähigkeit, sie benachteiligt Leute, die kein Parteibuch haben oder solche mit dem falschen Parteibuch.»

Sie ist ungerecht.

Natürlich darf es kein unpolitisches Berufsbeamtentum und kein Politikverbot für Beamte geben. Einer wie Eisermann darf in der SPD, CDU, FDP oder bei den Grünen sein, er darf auch an Parteitagen teilnehmen. Aber er darf nicht zum Knoten im Netz der Oligarchen werden.

Parteien haben sich zumindest Teile des Staates zu Eigen gemacht, und der öffentliche Dienst ist im doppelten Wortsinn zu ihrem Versorgungsposten geworden. In einigen Parlamenten gehören mittlerweile über 40 Prozent der Parlamentarier dem öffentlichen Dienst an. Parallel dazu hat der Einfluss der Parteien auf die Personalauswahl der Beamten zugenommen.

Es gibt vielfältige Gründe für die wechselseitige Durchdringung von politischen Parteien und öffentlichem Dienst. Durch die Patronage in der Verwaltung wollen Parteienvertreter mehr Einfluss auf die Entscheidungen ausüben. Darüber hinaus sollen verdiente Parteiangehörige versorgt und neue Mitglieder angelockt werden. Treue Dienste werden mit Positionen aller Art entlohnt. Abweichler werden zur Ordnung gerufen. Ämterpatronage dringt immer stärker auch in die unteren Besoldungsgruppen der Verwaltung, aber auch in den öffentlich-rechtlichen Rundfunkanstalten, Hochschulen und in privatisierte ehemalige Staatsbetriebe ein.

Ämterpatronage ist verfassungswidrig. Aber es gibt auch eine Spezies Beamte, deren Ansichten ganz offiziell mit den grundsätzlichen Zielen der Regierung übereinstimmen sollen. Das sind die politischen Beamten, vor allem Staatssekretäre, Ministerialdirektoren oder andere ranghohe angebliche Staatsdiener. Aber auch für die Auswahl der politischen Beamten gilt, auf dem Papier zumindest, die alte Leistungstrias Eignung, Befähigung und fachliche Leistung.

Die Wirklichkeit sieht anders aus. Der ehemalige Ministerialdirigent Wolfgang Franz stellte 1999 in dem Fachblatt *Der öffentliche Dienst* heraus, dass sich die Regierenden hinter dem zulässigen Kriterium der politischen Übereinstimmung versteckten. Sie protegierten vor allem Bewerber ihres persönlichen Vertrauens.

Belohnt würden Beamte, die früher an der Seite der Politiker gestanden und im persönlichen und privaten Bereich geholfen hätten. Der Kofferträger wird wie ein Spitzenmann bezahlt. «Sie bevorzugen Bewerber, die ihnen persönlich ergeben sind und Macht und Einfluss ausschließlich in ihrem Sinn ausüben», schreibt Franz. Das Kriterium der politischen Übereinstimmung sei zum «Einfallstor für eine Fülle sachfremder Erwägungen geworden». Auch der frühere Präsident des Bundesverfassungsgerichts, Ernst Benda, kritisierte den «unguten Brauch, die Spitzenpositionen fast ausnahmslos parteipolitisch zu besetzen» und die «Verwendung von Beamten in Positionen, für die sie nicht hinreichend geeignet sind».

Vor und nach Wahlen werden Schlüsselpositionen des Staates ungeniert unter Parteifreunden aufgeteilt. Wenn die Entscheidung näher rückt und die Vorhersagen für die Regierungsparteien pessimistisch ausfallen, dann grassiert in den Amtsstuben ein heftiges Wechsel- und Beförderungsfieber.

Es sind, so oder so, meist nicht die Besten, die es trifft. Der ehemalige Ministerialdirigent Franz hat sich insbesondere die Praxis im Saarland mal näher angeschaut: Als die Sozialdemokraten noch regierten, hat sich der Landespersonalrat in elf Fällen die Unterlagen potenzieller Staatssekretäre näher angeschaut. Nur ein Bewerber hatte die Diplomprüfung für Volkswirte mit Prädikat bestanden. In den anderen Fällen seien die Laufbahn- oder Studienabschlüsse zum Teil nur mit «ausreichend» bestanden worden. «Der Zugang zu Studienfächern wäre in vielen Fällen an der mangelnden Qualifikation gescheitert.» Mancher Berufsanfänger als «so genannter politischer Beamter wäre in einem offenen Wettbewerb gescheitert», befanden die Personalräte. «Nach unserer Rechtsordnung kann zwar zu Recht jedermann – ohne irgendeine förmliche Qualifikation – Minister werden, nicht aber zum Beispiel Leiter der Zahlstelle in einem Ministerium. (...) Die dienstrechtliche Gewaltenteilung in unserer Rechtsordnung wird in den Führungsetagen der Politik wohl nur müde belächelt, jedenfalls aber durchgehend ignoriert.»

Als 1999 die Christdemokraten die Regierung im Saarland übernahmen, wurden ein gelernter Bankkaufmann, eine gelernte Klein-Verlegerin und eine Diplomkauffrau die obersten Beamten. «Keiner von ihnen». recherchierte Franz, hatte eine Laufbahnprüfung des gehobenen Dienstes abgelegt. Die Entwicklung zeige, schrieb er resigniert, «dass die rechtswidrige Praxis bei der Ernennung von so genannten politischen Beamten ‹nicht einer bestimmten politischen Partei angelastet werden kann, sondern die politische Elite über alle Parteigrenzen hinweg verbindet. Hier werden Strukturen eines politischen Kartells sichtbar».

In Deutschland gibt es bei den Beamten zwei Berufswege: einen gesetzeskonformen, auf dem die fachliche und persönliche Qualifikation die entscheidende Rolle spielen, und einen rechtswidrigen, auf dem allein politische Gesichtspunkte ausschlaggebend sind.

Die anständigen Verlierer können sich allerdings wehren. Als sich in Niedersachsen ein hoch qualifizierter Jurist um die Stelle des Kreisdirektors in Peine bewarb, bekam er den Posten nicht. Ihm wurde eine 31 Jahre alte städtische Assessorin vorgezogen, die kaum Berufserfahrung, aber dafür das richtige Parteibuch hatte. Der Mann klagte vor dem Bundesgerichtshof und bekam Recht. Der Staat muss ihm nun bis ans Ende aller Tage die Differenz zwischen seinem aktuellen Gehalt und dem Gehalt eines Kreisdirektors zahlen.

Wenn bei Beförderungen das Parteibuch entscheidet, wenn jede Schwimmmeisterstelle von den Parteien beachtet wird, gerät die Unabhängigkeit der Verwaltung in Gefahr.

In den 90er Jahren griff der Schriftsteller Martin Walser einen realen Fall von Ämterpatronage auf, «Finks Krieg»:

Stefan Fink, Familienvater und Ministerialrat in Hessen, seit fast 20 Jahren Verbindungsmann der Landesregierung zu Kirchen und Religionsgemeinschaften, wird am 23. November 1988 von seinem Vorgesetzten zu einem Gespräch gebeten. Ein anderer soll die Arbeit übernehmen, ein Parteifreund (CDU) des neuen Ministerpräsidenten. Einer, der Fraktionsassistent war und jetzt ganz nach oben soll. Ministerialdirigent soll er werden. Fink hat keine Chance. Er hat das falsche Parteibuch.

Fink wehrt sich. Es geht um Recht und Gerechtigkeit, um Rechtsstaat und Gerechtigkeitserwartungen.

Fink leidet. Er ist wehrlos gegen die Intrigen der Mächtigen. Ein altmodischer Mann, dem es um Ehre geht. Fink wird zum Außenseiter: «Was nicht mit meinem Rechtsstreit zu tun hatte, interessierte mich nicht mehr. Auch an mir selbst interessierte mich nur, was mit meinem Rechtsstreit zu tun hatte. Meine Haare fielen aus, einige Zähne auch, ich wurde dicker, der Garten vor dem Häuschen verwilderte, ich dachte: Später, wenn alles vorbei ist, wenn du wieder jemand bist, dann... (...) Die ganze Kraft für die Wiederherstellung meiner Ehre, meiner Person».

Fink legt Aktenordner an, auf denen «DGG» zu lesen steht

(David gegen Goliath); er teilt auf Listen seine Feinde in Gegner und Feiglinge ein und wird einsam. Ein Schlüsselroman aus der Gegenwart. Der wahre Fink war der hessische Beamte Rudolf Wirtz, der den Mühlsteinen der Wiesbadener Politikmaschine nicht entkommen konnte.

Vor einigen Jahren hat der frühere Kölner Oberstadtdirektor Professor Kurt Rossa, der in der Domstadt dazugehörte und dennoch ein Außenseiter blieb, seine Wut auf die Bühne gebracht. Er schrieb das Theaterstück «Alle Macht den Mittelmäßigen.» Für Fachbeamte sei es demütigend, «für jeden legalen Vorgesetzten loyal zu arbeiten und Respekt zu bezeugen für jene, die keinen Respekt verdienen».

In einem Essay schilderte er den Fall einer gelernten Fernmeldesekretärin aus Ostwestfalen, die 13 Beförderungsstufen auf einmal nahm, weil ihre Parteifreunde sie zur Landrätin gemacht hatten. Die politische Arbeit nähre die «skrupellose Selbstüberschätzung», sagt Rossa. Früher habe man «das Schmieren verdienter Parteifreunde zum eigenen Nutzen Nepotismus» genannt. Jetzt haben «wir uns daran gewöhnt».

FÜR EINE SAUBERE REPUBLIK

Einige Bemerkungen und Vorschläge zum Schluss

Beim Streifzug durch die Korruptionslandschaft führte der Weg allzu oft in Gerichtssäle. Änderungen ließen sich nicht im Gerichtssaal durchsetzen, hat der Strafverteidiger Heinrich Hannover einmal geschrieben. Erst müsste es außerhalb des Gerichtssaals bessere Verhältnisse geben, bevor sich in den Gerichten etwas ändern könne.

Es müsste sich in der Gesellschaft ein Gefühl dafür entwickeln, was anständig und was unanständig ist, was unser Zusammenleben erleichtert und was es bedroht. Rechtlichkeit und Ehrgefühl sind Tugenden und keine altmodischen oder gar untergegangenen Begriffe. «Die Kraft der Institutionen, die Qualität der Herrscher und die Tugend der Bürger» seien zur Systemerhaltung notwendig, hat vor vielen Jahren der Freiburger Politikwissenschaftler Wilhelm Hennis festgestellt. Und sein Befund ist immer noch richtig.

In diesem Buch kam es mir darauf an, das Ausmaß offen zu legen, das Korruption inzwischen in Deutschland angenommen hat. Es ist eine Art Bestandsaufnahme geworden, mehr kann es nicht sein. Dennoch sollen am Schluss ein paar Hinweise stehen, wie die Korruption besser bekämpft werden könnte. Im folgenden «ABC der Korruption und ihrer Verhinderung» finden sich neben einer Auswahl wichtiger Begriffsbestimmungen weitere, vor allem auf Unternehmen und Behörden bezogene Empfehlungen.

Zwanzig Vorschläge für eine saubere Republik:

Ämterpatronage, Lobbykratie

1. Die Rechnungshöfe und die Finanzkontrollbehörden der Länder müssen sich mehr um die Beförderungspraxis in den Behörden kümmern.

2. Es sollte das Amt eines unabhängigen Beauftragten geschaffen werden, um die Ämterpatronage zu bekämpfen. Er sollte ähnliche Befugnisse haben wie der Datenschutzbeauftragte.

3. Warum keine Quotenregelung? Der Berliner Professor Michael Kloepfer hat vorgeschlagen, 50 Prozent der Neubesetzungen für Parteimitglieder zu sperren. Schritt für Schritt könnte eine Art Chancengleichheit zwischen Parteimitgliedern und Parteilosen angestrebt werden.

4. Der Kreis der politischen Beamten sollte kleiner, ihre Zahl sollte deutlich verringert werden.

5. Ämterpatronage ist auch ein Fall für den Staatsanwalt; sie kann in verschiedener Hinsicht den Tatbestand der Untreue erfüllen. Um die Bevorzugung von Parteigünstlingen bei der Stellenbesetzung zu beenden, hat der Waiblinger Oberbürgermeister Werner Schmidt-Hieber, ein früherer Oberstaatsanwalt, die verstärkte strafrechtliche Verfolgung der Ämterpatronage gefordert. Denkbar wäre auch die Einführung eines Straftatbestandes für die Besetzung von Stellen des öffentlichen Dienstes aus erkennbar unsachlichen Gründen.

6. Jede Form von Bestechlichkeit oder Bestechung bei Parlamentariern muss strafbar sein. Bislang ist nur der Stimmenkauf unter Strafe gestellt. Die Vereinten Nationen, die auf ein internationales Übereinkommen zur Bekämpfung der Korruption drängen, haben einen entsprechenden Entwurf vorgelegt. Deutschland muss seine Vorbehalte gegen das Abkommen aufgeben.

7. Kandidaten für Kommunal- oder Parlamentswahlen belegen künftig öffentlich, woher sie das die Geld für die Wahlkampagne haben. Ein gesetzlich geregeltes Öffentlichkeitsprinzip zwingt zur Offenlegung. Der Wähler muss erkennen können, in welchen Interessenbeziehungen ein Abgeordneter steht und ob solche Beziehungen Konsequenzen für politische Entscheidungen haben oder hatten.

8. Der Einfluss der Parteien muss zurückgedrängt werden. Signale setzen: Ministerposten könnten öffentlich ausgeschrieben werden.

Korruption

9. Die Verwaltung muss transparenter werden. Es sollte bundesweit ein allgemeines Akteneinsichtsrecht eingeführt werden, das dem Bürger den Zugang zu Akten der Verwaltung ermöglicht. Die bisher in vier Bundesländern mit dem Informationsfreiheitsgesetz gemachten Erfahrungen sind positiv. In Schweden haben Bürger bereits seit dem 18. Jahrhundert das Recht, bei allen Verwaltungsstellen des Landes fast alle Informationen abzurufen. Ausnahmen kann es nur aus Gründen des Datenschutzes oder zum Schutz von Betriebs- und Geschäftsgeheimnissen geben.

10. In korruptionsanfälligen Bereichen des öffentlichen Dienstes muss es ein Totalverbot von Geschenken geben.

11. Planung, Vergabe und Abrechnungen bei Beschaffungen und Bauleistungen müssen getrennt werden. In besonders gefährdeten Bereichen muss das Personal nach einigen Jahren rotieren.

12. Die Verhaltensregeln in den Betrieben müssen auch das Schmieren von Geschäftspartnern im Ausland verbieten und mit Sanktionen belegen.

13. Bei Auftragsvergaben und im Beschaffungswesen muss das Vier-Augen-Prinzip eingeführt werden. Das bedeutet, nicht eine Person allein soll die Verhandlungen führen und Aufträge vergeben, sondern immer mindestens zwei.

14. Das Prinzip der öffentlichen Ausschreibung muss strenger befolgt werden.

15. Auf Länderebene müssen bei Polizei und Staatsanwaltschaften Spezial- und Schwerpunktdienststellen zur Korruptionsbekämpfung aufgebaut werden.

16. Es sollte für Korruptionsdelikte eine Kronzeugenregelung geschaffen werden.

17. Es sollte eine sinnvolle und verfassungsgemäße behördenübergreifende Zusammenarbeit zwischen Strafverfolgungsbehörden, Rechnungshöfen, Kartellämtern und Rechnungsprüfungsämtern über alle Landesgrenzen hinweg gestiftet werden.

18. Das Unrechtsbewusstsein in Bezug auf Korruption in Betrieben, Behörden, an Universitäten und Schulen muss planmäßig und nachhaltig gestärkt werden.

19. Unternehmen sollten, wie dies in den USA praktiziert wird, einen betriebsinternen Ehrenkodex einführen.

20. Eliten müssen Vorbild sein.

Das Abc der Korruption
und ihrer Verhinderung

Amtsträger: In den Antikorruptionsgesetzen verwendeter Sammelbegriff für Angehörige (Beamte oder Angestellte) des öffentlichen Dienstes, Regierungsmitglieder und gewählte Abgeordnete, die als Täter, Mittäter oder Gehilfen von Korruptionsdelikten in Betracht kommen. In Paragraph 11 des Strafgesetzbuches wird der Begriff näher definiert. Nach dem EU-Bestechungsgesetz und nach dem Gesetz zur Bekämpfung internationaler Bestechung gehören dazu auch alle ausländischen Amtsträger.

Anfüttern: Mit kleinen Geschenken fängt es an. Am Anfang der Korruption steht oft die Zuwendung von Vorteilen geringen Wertes. Mit Aufmerksamkeiten werden Personen abhängig gemacht.

Angebotsabsprache («Submissionsbetrug»): Abgabe eines Angebots im Rahmen einer Ausschreibung oder eines Teilnahmewettbewerbs, das auf einer rechtswidrigen Absprache beruht. Dies geschieht mit dem Ziel, den Veranstalter der Ausschreibung oder des Wettbewerbs zur Annahme eines bestimmten Angebots unter Ausschluss des freien Wettbewerbs zu veranlassen. Eine «wettbewerbsbeschränkende Absprache» ist nach Paragraph 298 Strafgesetzbuch mit Freiheitsstrafe bis zu fünf Jahren bedroht.

Anschein (Eindruck): Was nur dem Aussehen, dem Anschein nach geschieht, ist nicht ganz klar. Die Grenzen zwischen korrekten, mehrdeutigen oder missverständlichen und korruptiven Verhaltensweisen sind nicht trennscharf, sondern eher fließend. Ob eine geschäftliche Besprechung im Dienstzimmer oder bei einer Einladung zum Essen stattfindet, kann für Befangenheit oder Unabhängigkeit Bedeutung haben.

Antikorruptionsgesetze: Sammelbegriff für alle Gesetze, die der Prävention oder Bekämpfung von Korruption dienen. Dazu zählen im Einzelnen: Strafgesetze, Steuergesetze, Gesetz gegen Wettbewerbsbeschränkungen, Gesetz gegen den unlauteren Wettbewerb, Informationsfreiheitsgesetz, Parteiengesetz, auf internationalen Übereinkommen beruhende deutsche Antikorruptionsgesetze (EU-Bestechungsgesetz, Gesetz zur Bekämpfung internationaler Bestechung), internationale Übereinkommen (OECD-Konvention zur Bekämpfung der Korruption im internationalen Geschäftsverkehr; Übereinkommen über die Bekämpfung von Bestechung; Übereinkommen zum Schutz der finanziellen Interessen der Gemeinschaft), Richtlinie der Bundesregierung vom Juni 1998 zur Korruptionsbekämpfung in der Bundesverwaltung.

Anzeigepflicht: Mittel zur Prävention. Mitarbeiter eines Unternehmens oder einer Verwaltung müssen verpflichtet werden, ihrem Vorgesetzten mögliche Interessenkonflikte anzuzeigen. Darüber hinaus ist eine Anzeigepflicht immer dann geboten, wenn der Mitarbeiter Zweifel hat, ob eine bestimmte Handlungsweise erlaubt, unerwünscht oder untersagt ist.

Bewirtungen: Beliebtes Mittel zum Anfüttern. Zulässigkeit und Grenzen von Bewirtungen müssen eindeutig und verbindlich geregelt werden. Dies gilt insbesondere für die Einladung von Amtsträgern oder Geschäftspartnern.

Buchführung: Um Korruption wirksam bekämpfen zu können, müssen Unternehmen zu vollständiger, präziser und transparenter Buchführung angehalten werden. Alle geschäftlichen Transaktionen müssen ordentlich und nachvollziehbar aufgezeichnet werden. Neben- oder Geheimkonten sind zu untersagen.

Code of Conduct: International gebräuchlicher Terminus für verbindliche Verhaltensrichtlinien in Unternehmen, Behörden oder anderen Institutionen.

Dienstleistungen (als Bestechung)**:** Das Gewähren oder Empfangen von Dienstleistungen ist ebenso zu bewerten wie das von Geld, Sachgeschenken oder anderen materiellen Zuwendungen.

Um diese Gleichbewertung zu gewährleisten, verwendet das Strafgesetzbuch den Begriff Vorteil. Damit ist jede materielle oder immaterielle Zuwendung gemeint, die den Empfänger in wirtschaftlicher, rechtlicher oder auch nur persönlicher Hinsicht besser stellt.

Dunkelfeld: Nicht entdeckte beziehungsweise angezeigte Straftaten im Bereich der Korruption. Es gibt keine spezielle Dunkelfeldforschung. Es liegt in der Logik, dass das Dunkelfeld erheblich größer ist als das Hellfeld. Wie groß es ist, wird unter Fachleuten kontrovers diskutiert.

Entscheidungen beeinflussen: Ziel jeder aktiven Korruptionshandlung oder -absicht ist es, Einfluss auf die Entscheidungen eines Partners zu gewinnen. Bei ersten Anzeichen einer versuchten rechtswidrigen Einflussnahme sollten Mitarbeiter den Vorfall melden.

Funktionstrennung: Typisches Einfallstor für Korruption ist die Kombination bestimmter Funktionen und Entscheidungskompetenzen bei einer Stelle oder Person (Investitions- und Einkaufsentscheidung, Planungs- und Durchführungsfunktion, Operativ- und Kontrollfunktion). Mit einer strikten organisatorischen Trennung zwischen Entscheidung, Ausführung, Kontrolle und Berichterstattung kann dieser Gefahr begegnet werden.

Geschäftsbericht: Die Selbstverpflichtung des Unternehmens, Korruption weder zu fördern noch zu dulden, sollte auch der Öffentlichkeit im Geschäftsbericht mitgeteilt werden. Über Maßnahmen und Ergebnisse der Korruptionsbekämpfung sollte berichtet werden.

Geschenke: Das Fordern von Geschenken und das Annehmen von Geldgeschenken muss ausnahmslos verboten werden. Das Annehmen sonstiger Geschenke sollte nur zugelassen werden, soweit dies der Höflichkeit entspricht und wenn es sich um Aufmerksamkeiten und Annehmlichkeiten von unbedeutendem

Wert handelt. Manche Unternehmen definieren die Grenze für akzeptable Geschenke durch einen Höchstbetrag. Empfehlenswert wäre es, auch die Häufigkeit zu begrenzen. Andere Unternehmen untersagen alle Geschenke.

Hellfeld: Dabei handelt es sich um die von den Strafverfolgungsbehörden ermittelten Straftaten. Es wird unterschieden zwischen der polizeilichen Kriminalstatistik und gerichtlichen Verurteiltenstatistik.

Hinweisgeber: Deutsche Übersetzung des international gebräuchlichen Begriffs «Whistleblower», der Personen beschreibt, die im Gemeinwohlinteresse und uneigennützig auf Missstände aufmerksam machen, die sie an ihrem Arbeitsplatz oder in ihrem Tätigkeitsfeld bemerkt haben. Hinweisgeber spielen wegen der besonderen Struktur von Korruptionsdelikten (kein direkt Geschädigter) für deren Aufdeckung eine sehr wichtige Rolle. Anders als Länder wie Großbritannien oder die USA kennt Deutschland keine arbeits- oder dienstrechtlichen Schutzgesetze, die einen Hinweisgeber vor Diskriminierungen und Repressalien am Arbeitsplatz schützen. Den Unternehmen wird dringend empfohlen, diese Lücke in ihren Verhaltensregeln zu schließen. Das geschieht am wirksamsten durch Bestellung eines neutralen internen Korruptionsbeauftragten oder eines externen Ombudsmanns sowiedurch die Installierung einer Hotline. Ihnen können sich Hinweisgeber anonym und ohne Furcht vor Nachteilen offenbaren.

Integritätspakt: Von Transparency International entwickeltes, im internationalen Geschäftsverkehr vielfach erprobtes Modell für die Vermeidung von Korruption bei Planung, Vorbereitung, Ausschreibung und Abwicklung von Großprojekten, zum Beispiel von Bauprojekten, Betreiberprojekten, Privatisierungen, Lizenz- und Konzessionsvergaben. Auftraggeber und Bewerber verpflichten sich in einem privatrechtlichen Vertrag, auf jede Korruptionshandlung, insbesondere auf Bestechung und auf wettbewerbsbeschränkende Absprachen, zu verzichten, sich weit reichenden Transparenzvorschriften und Sanktionen zu unterwerfen und eine neutrale Überwachung zuzulassen.

Interessenkonflikt: Schlüsselbegriff in der Korruptionsprävention. Konflikte zwischen privaten und beruflichen, im öffentlichen Dienst oder privatwirtschaftlich anvertrauten Interessen schaffen Anfälligkeit für Korruption. Interessenkonflikte können in vielfältigen Formen entstehen. Neben der allgemeinen Aufforderung, private und geschäftliche Interessen getrennt zu halten, müssen Verhaltensrichtlinien konkrete Beispiele nennen und regeln. Das Auftreten von Interessenkonflikten sollte mit Geboten und Verboten belegt werden, Verstöße sollten mit Sanktionen bedroht sein.

Kaffeekasse: Die verbreitete Übung, Geschäftspartner Geld für die in Büros oder Behörden geführte Kaffeekasse spenden zu lassen, sollte insbesondere bei öffentlichen Dienststellen unterbunden werden.

Kick-Back: International gebräuchlicher Begriff für Bestechungs- oder Schmiergeldzahlungen, die auf dem Umweg über überhöhte Rechnungen oder Provisionsvereinbarungen an den Auftraggeber oder an von ihm begünstigte Dritte zurückfließen. Dieses Einfallstor für Korruption muss durch ein striktes Verbot geschlossen werden.

Korruption: Wie in den meisten Ländern gibt es auch in Deutschland keinen gesetzlich definierten Begriff oder Straftatbestand «Korruption». Im Wesentlichen wird zwischen situativer, fortwährender, struktureller und systematischer Korruption unterschieden. Unter situativer Korruption wird eine Korruptionshandlung verstanden, bei der ein spontaner Willensentschluss vorliegt. Bei der strukturellen Korruption handelt es sich um Fälle, bei denen es langfristig korruptive Beziehungen gibt und das Schmieren im Vorfeld bewusst geplant wurde. Die Wissenschaft definiert Korruption als Missbrauch eines öffentlichen

Amtes, einer Funktion in der Wirtschaft oder eines politischen Mandats in folgenden Beziehungen: zugunsten eines anderen; auf dessen Veranlassung oder aus Eigeninitiative; zur Erlangung eines Vorteils für sich oder einen Dritten; für die Allgemeinheit (in politischer und amtlicher Funktion); für ein Unternehmen. Charakteristisch für die Mehrzahl der Korruptionsdelikte ist das Zusammenwirken von zwei oder mehr Tätern – Vorteilsgeber und Vorteilsnehmer – zum eigenen Vorteil, ohne dass ein Opfer unmittelbar erkennbar ist. Der Schaden entsteht durch die beeinflusste Diensthandlung, nicht durch die Vorteilsnahme. Den Schaden hat der Auftaggeber, der Auftragnehmer oder die Allgemeinheit.

Korruptionsbeauftragter: Der/die Korruptionsbeauftragte (Integritätsberater) ist eine von Unternehmensleitungen bestellte Vertrauensperson, an die sich Mitarbeiter – auf Wunsch auch vertraulich – wenden können, die einen Korruptionsverdacht haben, sich aber nicht ihren Vorgesetzten offenbaren wollen. Korruptionsbeauftragte müssen neben ihrer besonderen Vertrauenswürdigkeit die Gewähr der Neutralität bieten. Lässt sich dies, zumal in kleineren Unternehmen, personell nicht realisieren, sollte eine externe Persönlichkeit (Anwalt, Notar) als Ombudsmann benannt werden. Große Unternehmen sollten sowohl einen Korruptionsbeauftragten als auch einen Ombudsmann bestellen.

Korruptionstatbestände: Sammelbegriff für alle Gesetze, die der Prävention oder Bekämpfung von Korruption dienen, sind die so genannten Antikorruptionsgesetze. Korruptionstatbestände finden sich in folgenden Paragraphen des materiellen Strafrechts: § 108 (Abgeordnetenbestechung), § 299 (Bestechlichkeit und Bestechung im geschäftlichen Verkehr), § 300 (Besonders schwere Fälle der Bestechlichkeit und Bestechung im geschäftlichen Verkehr), § 331 (Vorteilsannahme), § 332 (Bestechlichkeit), § 333 (Vorteilsgewährung), § 334 (Bestechung),

§ 335 (Besonders schwere Fälle der Bestechlichkeit und Bestechung). Die Freiheitsstrafe kann bis zu zehn Jahren betragen. Daneben sind für die Bekämpfung der internationalen Korruption das EU-Bestechungsgesetz und das Gesetz zur Bekämpfung der internationalen Bestechung von Bedeutung. Durch sie ist auch die Bestechung von ausländischen Amtsträgern mit Strafe bedroht. Beide Gesetze wurde 1999 in nationales Recht umgesetzt.

Mitbewerber: Verhaltensregeln sollen deutlich machen, dass mit dem Korruptionsverbot auch das Ziel verfolgt wird, einen fairen Wettbewerb zu gewährleisten und damit die legitimen Interessen der Mitbewerber zu wahren.

Nebentätigkeiten: Nebentätigkeiten dürfen im geltenden Arbeitsrecht unter anderem dann untersagt werden, wenn sie den Mitarbeiter in Konflikt mit den Interessen seines Unternehmens bringen können. Um dies prüfen zu können, muss ihre Aufnahme an eine Anzeige- beziehungsweise Genehmigungspflicht gebunden werden.

OECD-Leitsätze für multinationale Unternehmen: Diese in einer Neufassung 2000 vorgelegten Leitsätze, die sich an Unternehmen aller Größenordnungen richten, enthalten sowohl allgemeine als auch spezielle, in einem eigenen Kapitel «Bekämpfung der Korruption» formulierte Empfehlungen für unternehmensinterne Maßnahmen, die in einem Anhang erläutert und begründet werden. Auch rein nationalen Unternehmen wird die Berücksichtigung der Empfehlungen nahe gelegt.

Prävention: Leitgedanke jedes Antikorruptionsprogramms ist es, möglichst das Entstehen von Situationen zu verhindern, aus denen sich Korruption entwickeln kann.

Rotation: Erfahrungen sowohl im öffentlichen Dienst als auch in der Wirtschaft sprechen dafür, dass in korruptionsgefährdeten Funktionen Korruption umso wahrscheinlicher wird, je länger ein und dieselben Personen diese Funktionen wahrnehmen.

Langjährige Zusammenarbeit derselben Personen kann zu engen Bindungen führen, in denen die Grenzen zwischen privaten und dienstlichen Interessen verschwimmen. Um dem vorzubeugen sollte, soweit es die Unternehmensgröße zulässt, ohne Rücksicht auf konkrete Verdachtsmomente und ohne Ansehensverlust für die Betroffenen, in angemessenen Zeitabständen ein Personalwechsel vorgenommen werden.

Sanktionen: Sanktionen bilden den repressiven Teil der Verhaltensregeln, die Transparency International Unternehmen empfiehlt. Mit ihrer Ankündigung und Anwendung dokumentiert das Unternehmen seine Absicht, den Kodex durchzusetzen. Sie machen den Mitarbeitern deutlich, mit welchen Folgen sie bei Verstößen rechnen müssen. Die Sanktionen können arbeitsrechtlicher (disziplinarischer), zivilrechtlicher oder strafrechtlicher Art sein und nebeneinander (kumulativ) wirken. Arbeitsrechtlich drohen dem Mitarbeiter – häufig als «Disziplinarmaßnahmen» bezeichnete – Folgen wie Abmahnung, Verweis, «Strafversetzung», Gehaltskürzung und Kündigung. Zivilrechtlich kommen Schadenersatzforderungen in Betracht. Strafrechtlich muss der Mitarbeiter mit einer Anzeige und den Strafen des Strafgesetzbuches und anderer Strafbestimmungen rechnen. Die Verhaltensregeln sollen unmissverständlich klarstellen, dass die Unternehmensleitung entschlossen ist, die für die Einleitung der Strafverfolgung notwendigen Initiativen zu ergreifen.

Schmiergeld: Der Begriff beschreibt in der Regel kleinere Bestechungszahlungen, die an – zumeist subalterne Amtsträger – mit dem Ziel geleistet werden, einen behördlichen Vorgang zu beschleunigen, auf den ein Anspruch besteht. Innerdeutsche Schmiergeldzahlungen fallen in der Regel unter den Tatbestand der Vorteilsgewährung und sind verboten. Im Auslandsgeschäft hat die OECD-Konvention die Zahlung von Schmiergeldern ausdrücklich von der Strafbarkeit ausgenommen. Die deutschen Gesetze sind nur für den Tatbestand der Bestechung auf ausländische Amtsträger ausgedehnt worden, nicht für die Vorteilsgewährung. Damit sind Schmiergeldzahlungen im Ausland nach dem Strafgesetzbuch nicht strafbar. In Deutschland ist die Zahlung von Schmiergeldern steuerlich nicht mehr absetzbar.

Transparency International (TI): Weltweit die einzige Nichtregierungsorganisation, die sich auf die Bekämpfung von Korruption konzentriert. Sie wendet sich an Staat, Wirtschaft und Zivilgesellschaft, um mit ihnen zu kooperieren und Koalitionen gegen die Korruption zu bilden. TI besteht aus dem Internationalen Sekretariat mit Sitz in Berlin sowie über 80 unabhängigen nationalen Sektionen *(national chapters)* und beschäftigt sich mit nationaler und internationaler Korruption sowohl auf der Angebots- wie auch auf der Nachfrageseite. TI/Deutschland (Transparency International – Deutsches Chapter e.V.) hat seinen Sitz in München.

Transparenz: Korruptionsdelikte werden dadurch begünstigt, dass sie «unter Ausschluss der Öffentlichkeit» geschehen und meist kein leicht identifizierbares Opfer haben. Der wirksamste Schutz gegen Korruption ist Transparenz. Die Rahmenbedingungen und Transaktionen des Geschäftsverkehrs müssen ebenso nachvollziehbar gemacht werden wie das Verhalten der für das Unternehmen handelnden Personen.

Unabhängigkeit: Grundbedingung für das Vermeiden von Korruptionsrisiken ist die Wahrung der Unabhängigkeit von Dritten, die als «Partner» einer korruptiven Verbindung in Betracht kommen könnten. Auf Prävention ausgerichtete Verhaltensregeln müssen die Mitarbeiter exemplarisch darüber aufklären, wie sie Gefährdungen ihrer Unabhängigkeit begegnen können.

Verschwiegenheit: Die Pflicht zur Verschwiegenheit über dienstliche Interna ist allgemeine arbeitsrechtliche Nebenpflicht des Mitarbeiters. Im Antikorruptionsprogramm hat sie besondere Bedeutung im Zusammenhang mit der Auftragsvergabe (wettbewerbsbeschränkende Absprachen).

Vier-Augen-Prinzip: Ein zur Verhinderung von Korruption nützlicher Organisationsgrundsatz. Wenn einer dem anderen über die Schulter schaut, geht es in der Regel korrekter zu. Wer beispielsweise das Leistungsverzeichnis ausstellt, sollte nicht über den Zuschlag entscheiden dürfen. Kompetenzen und Zuständigkeiten sollten gesplittet werden.

Zentralregister: Bei Gebietskörperschaften (Bund, Länder, Gemeinden) geführtes, öffentliches oder nicht öffentliches («Schwarze Listen», «Antikorruptionsregister») Verzeichnis von Unternehmen, die wegen Korruption auffällig geworden sind und deswegen – auf Zeit – von der Vergabe öffentlicher Aufträge ausgeschlossen wurden. Der seit 1998 bestehenden Forderung der deutschen Innenministerkonferenz sind vorläufig erst sechs Bundesländer gefolgt, deren Gesetze jedoch nur für die jeweiligen Landesbehörden verbindlich sind. Beim Bundeszentralregister wird darüber hinaus ein Gewerbezentralregister geführt, in das Entscheidungen von Behörden eingetragen werden, die die mangelnde Eignung oder Unzuverlässigkeit von Gewerbetreibenden betreffen. Der Gesetzentwurf für ein Antikorruptionsregister des Bundes ist am 27. September 2002 im Bundesrat zunächst gescheitert.

Unter Verwendung einer Zusammenstellung von
Transparency International vom 24. 10. 2002

Dank

Mein Dank gilt vor allem Michael Mueller und Johannes Nitschmann. Ohne die Hilfe dieser beiden Kollegen hätte das Buch in dieser Form nicht erscheinen können. Johannes Nitschmann, einer der erfahrensten deutschen Rechercheure, hat mir immer wieder und auf vielerlei Weise geholfen. Er kennt sich im Wuppertaler Korruptionsbiotop wie kein anderer deutscher Journalist aus. Der Kollege Michael Mueller hat wertvolle Arbeit bei der Aufarbeitung des Materials und insbesondere bei der Betrachtung der Korruptionslandschaft an der Saar und in Rheinland-Pfalz geleistet. Hans-Jürgen Jakobs, vermutlich der kundigste Medienredakteur der Republik, gab wichtige Hinweise zum Fall Leo Kirch.

Meine Frau Marlies hat ein weiteres Mal mehr getan, als man erwarten darf. Sie hat mich auch diesmal geduldig ertragen; eine Partnerin, die für das meiste sorgt, was gut in unserem Leben ist.